"一校一策"课程体系建设丛书　杨四耕　丛书主编

黄　沁　主编

课程坐标及其应用

教师专业视角

华东师范大学出版社
·上海·

图书在版编目（CIP）数据

课程坐标及其应用：教师专业视角/黄沁主编. --
上海：华东师范大学出版社，2024
（"一校一策"课程体系建设丛书）
ISBN 978-7-5760-4768-4

Ⅰ.①课… Ⅱ.①黄… Ⅲ.①课程教学-教学研究-
小学 Ⅳ.①G622.421

中国国家版本馆 CIP 数据核字（2024）第 091723 号

课程坐标及其应用：教师专业视角

丛书主编	杨四耕
主　　编	黄　沁
责任编辑	刘　佳
项目编辑	林青荻
特约审读	李　鑫
责任校对	李琳琳
装帧设计	卢晓红

出版发行	华东师范大学出版社
社　　址	上海市中山北路 3663 号　邮编 200062
网　　址	www.ecnupress.com.cn
电　　话	021-60821666　行政传真 021-62572105
客服电话	021-62865537　门市（邮购）电话 021-62869887
地　　址	上海市中山北路 3663 号华东师范大学校内先锋路口
网　　店	http://hdsdcbs.tmall.com/
印 刷 者	上海锦佳印刷有限公司
开　　本	787 毫米×1092 毫米　1/16
印　　张	19.5
字　　数	186 千字
版　　次	2024 年 8 月第 1 版
印　　次	2024 年 8 月第 1 次
书　　号	ISBN 978-7-5760-4768-4
定　　价	62.00 元

出版人　王　焰

（如发现本版图书有印订质量问题，请寄回本社客服中心调换或电话 021-62865537 联系）

编委会

主编

黄 沁

编委

钟毅萍　严 慧　王嘉颖

乔 燕　施颖琼　谈雯倩　谭 健

丛书总序

众所周知，课程文化是课程研究的重要领域。然而，课程文化是一种怎样的存在？它是由什么构成的？课程文化的本质是什么？如何推进学校课程文化变革？怀特海在《过程与实在》一书中指出：事件才是宇宙的唯一组成部分。维特根斯坦在《逻辑哲学论》中也指出：世界是一切发生的事情；世界是事实的总体，而不是事物的总体。应该说，事物和事实是不同的，我们看到的世界不是静止孤立的单个事物，而是处于不断变化中的事实状态。基于这一观点，笔者认为，课程是文化的存在，文化是课程的存在方式和存在本身。课程文化不仅仅是事物的集合，更是事件的生成，并以事件本体论立场赋予自身以合法性。课程文化是课程的事物形态和课程的事实状态的合生体，应该从"事物"和"事件"两个方面进行理解。

从"事物"角度看，课程文化是一组文化要素。 文化是人类精神活动的产物以及衍生出来的实物，其中蕴含信仰、价值观、规范、技术和语言等要素。从"事物"角度看，课程文化包含信仰、价值观、规范、技术和语言等文化要素，这些文化要素构成了课程文化的此在和基质。

课程文化的内核是信仰。信仰是课程文化的价值系统，是课程文化的核心要素，是对课程价值基础的笃信和奉行。课程文化是信仰的文化表达，信仰是课程文化的终极体现。信仰是一种精神追求，是学校课程发展的精神动力。从这个意义来说，课程文化是一种力量。

课程文化的基石是价值观。价值观是基于思维而作出的认知、理解、判断和选择，也就是明辨是非的思维取向。价值观的本质是一种判断、一种选择。课程文化内蕴价值系统，特定的价值观为课程文化导航，是课程文化的基石。

课程文化的载体是规范。课程文化包含着明文规定或约定俗成的标准，如课程制度等。学校课程制度是为学校课程开发和实施提供价值引领与行为索引，为学校课程变革提供价值辩护、程序说明、技术规范以及改进提升的工具，具有教育性、价值性、策略性、规约性和反思性等基本特征。可以说，制度规范是课程文化的运行载体，是课程文化的合理构成。

课程文化的表现是技术。技术是关于特定领域有效的理论和研究方法的全部，以及在该领域为实现一定目标而设计解决问题的规则的全部，核心是回答"做什么"和"怎么做"的问题。文化内蕴着行动，如何行动便成为课程文化的旨趣。课程文化是一种自为的实践文化，有着清晰的行动逻辑与技术要旨。技术的基本任务是规划课程、设计课程、编制课程、实施课程、评价课程以及管理课程，以更好地满足学生的学习需求。

课程文化的家园是语言。海德格尔说：语言是存在的家。每一种课程文化都有自己的语言，都有自己的假设、目的和要求。文化不同，语言自然不同，其中的思想、观念也就很不一样，假设和要求自然也就不同。课程文化是澄明着和遮蔽着的道的存在，语言和文化具有共生性。课程文化总是以语言的形式存在，总是寓于语言之中，或澄明，或遮蔽，只要在场，就会有意义。

一句话，从"事物"角度看，课程与文化不是二元的，而是密不可分的整体。课程内蕴文化，文化渗透课程，二者的完美结合生成了意义整体——课程就是文化，我们谓之为"课程文化"。

从"事件"角度看，课程文化是一个生成过程。课程文化不是简单的要素组合。正如巴迪欧在《存在与事件》一书中所言："真正的哲学并非始于文化的、语言的、制度的等结构事实，而是仅始于发生的事件，始于仍保持完全不可逆料的突现形式的事件。"实质上，事件是通向解放的唯一方式。换言之，作为"事件"的课程文化之真理即是在完整的课程实践中成就人、发展人和完善人。从"事件"角度看，课程文化是一个不可能重复出现的生成过程，处于不断运动变化着的育人实践状态之中。

作为"事件"，课程文化是"合生"的过程，是课程文化诸要素相互参与和多维互动的创造过程，是"事件"的生成与发生过程。"一种文化首先意味着一种眼光。"课程文化是我们做事的眼光、处事的方式或思维的习惯，是生长着的"事件"，是我们理解课程实践、推进课程变革的眼光。

值得说明的是，课程文化虽然是一个"事件"，但在本体论意义上，课程文化仍然是一种不易感知的"事件"。文化与日常生活融为一体，无法分辨，文化以未被审视的方式作用于人。人们一般意识不到他们身边的文化，因为此类文化表现为平常的生活，表现为看上去正常和自然的东西；文化以无意识的状态或者说未被检查的状态悄悄地让我们作出选择、进入生活。课程文化也是如此，它总是以无意识的状态悄悄地作用于课程育人实践，总是在人们蓦然回首时静悄悄地发生。

当然，课程文化的这种无意识状态并不妨碍我们认识课程文化，我们仍然可以用智慧感知课程文化的存在，仍然可以用眼睛捕捉课程物质文化、制度文化、行为文化和精神文化。课程物质文化是以物质形态存在的设施和空间，这是课程文化赖以存在的物质基础与场域条件；课程制度文化是学校制定的规约课程实践的活动程序和价值规范，是学校课程变革过程中形成的价值体系和活动规则；课程行为文化是行为主体在长期的课程实践过程中形成的处理课程事务的一以贯之的行为方式，这种行为方式具有长期稳定性、潜意识性和自觉性等特点；课程精神文化是学校课程文化的核心，是主导学校课程实践的理念和精神，通常会借助富有哲理的语言加以概括，如办学理念和课程理念等。这些课程文化要素，我们可以"看见"它们的合生性存在，也可以"分辨"它们的原子性存在。

综上，课程文化作为"事件"，不仅仅是一个静态概念，而且是动态的、实践的和生成着的过程。在更宽泛的意义上，课程文化作为"事件"表征着参与事件的人与物之间的关系。因此，有关课程文化的阐释需要从"事件本体论"的角度予以确认。"事件本体论"以事件作为课程文化知识表征单元，为求解课程文化的内涵提供了新的思路，以文化的生成性标示了学校课程文化变革的进路。基于此，我们可将课程文化理解为事件之展开而不仅仅是事物之集合，由此所展现的将是课程文化要素、课程文化形态、课程文化主体共同构成的一幅兼容动人的文化图景。

2023年，教育部办公厅印发《基础教育课程教学改革深化行动方案》，要求坚持因校制宜"一校一策"，制订学校课程实施规划，把国家统一制定的育人"蓝图"细化为学校的育人"施工图"，明确课程教学改革的具体路线和措施，提出问题破解之策。学校要立足办学理念和学生发展需要，分析资源条件，因校制宜规划学校课程及其实施，以促进学生全面而有个性地发展，高质量落实国家课程，建设校本课程，构建体现学校办学特色的课程育人体系。"'一校一策'课程体系建设丛书"正是在这样的背景下产生的。

马克思说："社会生活在本质上是实践的。凡是把理论诱入神秘主义的神秘的东西，都能在实践中以及对这种实践的理解中得到合理的解决。"实践是课程文化价值实现的根本途径，推进学校课程文化变革，需要进一步把握学校课程实践的内在机制。

"一校一策"课程体系建设系列成果说明：立足课程文化的"事物"与"事件"本质，推进学校课程文化变革可以采取"概念先行——实践验证"的方式，也可以采取"实践探索——归纳提炼"的方式。大多数情况下，学校课程文化变革宜采取"理论、研究与实践互动"的方式，这种方式不完全依赖于概念或理论，也不脱离学校实际情境。在学校课程实践中，我们可以学校课程情境为基础，以课程实践问题为切入点，以理论为指导，以概念为圆心，边研究边行动，在实践中总结提炼，又在实践中加以验证与改造，在理论与实践的互动互补、碰撞对话中生成学校独有的课程文化框架。

杨四耕

2024 年 7 月 5 日于上海市教育科学研究院

目　录

前言
基于教师专业视角的课程坐标 / 1

第一章
整体涵涉性：以系统思维建构学校课程 / 1

　　课程坐标是课程建设进入理性时代的产物，是以系统思维设计、开发、推进学校课程的工具，具有整体涵涉性。通过课程坐标及其衍生工具，可以将课程站位和育人定位相融合，突出核心素养的价值体认，整合学校课程的全部要素。无论从宏观、中观还是微观的层面来看，课程坐标都有着整体考量与系统布局的特点，是全方位建构课程体系的一个探索。

课程坐标

源语文：回归语文教育本源的系统思维

第一节　整体把握学科核心理念 / 3
第二节　聚焦学科素养能级提升 / 8
第三节　系统构建学科课程框架 / 14
第四节　尽情享受学科学习智趣 / 19

第二章
目标导向性：聚焦课程目标的育人要求 / 53

　　课程坐标让教师依据目标更好地设计课程。在某种意义上，课程坐标是课程开发的设计图和施工图，课程坐标的运用可以为课程实施指明方向。每一个课程坐标中的"点坐标"都会通过衍生，形成课程内容与课程目标的二维矩阵。借助课程坐标，教师在课程实施中能充分认识课程的理念指向，使课程实施与课程目标有机统一，贯彻落实课程目标的育人要求。因此，课程坐标具有鲜明的目标导向性。

课程坐标

务本道法：凸显道德与法治学科的育人立场

第一节　以核心价值观实现学科育人理念导向 / 55
第二节　以课程标准为依据设计学科课程目标 / 58
第三节　基于目标导向科学设计学科课程框架 / 63
第四节　聚焦目标实现扎实推进学科课程实施 / 68

第三章
时空指向性：真实地反映儿童学习的经历 / 83

课程坐标以学生认知基础为原点，从时间与空间的角度构建促进学生发展的课程体系。纵坐标指向课程的时间属性，横坐标指向课程的空间属性。课程坐标的时空指向，既包括时间上的动态性与过程性，以及空间上的静态性与结构性，也包括时间上的变化性、延展性，以及空间上的作用性与方向性。课程坐标不仅呈现学生在不同学段、不同学期、不同单元，甚至不同课时等不同时间尺度中的学习进程与课程内容，也能够反映出在不同时间里学生参与了什么样的课程经历。

课程坐标

开放科学：在具有时空感的探究实践中培养科学素养

第一节　让天然的好奇心在探究实践中得到释放 / 86
第二节　让科学核心素养在课程目标中逐渐细化 / 89
第三节　课程内容的时空整合设计思维与再造 / 92
第四节　在富有立体感的课程实践中探索科学 / 99

第四章
逻辑序列性：系统地推进课程深度变革 / 123

用逻辑化的观点探索课程深度开发路径，实现课程体系的规范化、科学化和系统化，全方位进行课程的组织变革，是解决当前课程割裂问题的最优角度。课程坐标的逻辑序列性强调课程各要素之间的交互和印证，学校在充分把握和解读课程性质和理念的基础上，使课程目标的设定、课程内容的设计、课程实施的路径、课程评价的操作形成逻辑闭环。

课程坐标

融英语：在富有逻辑感的课程中落实学科育人

第一节　课程理念由学科性质逻辑演绎 / 125
第二节　课程目标由核心素养细化生成 / 129
第三节　课程框架由语言要素推导建构 / 131
第四节　课程实施由学科实践充分推展 / 137

第五章
专业自主性：创生教师的课程实践理性 / 153

"教师即课程"不仅仅是一种理念，更是一种实践。实现教师的课程自觉，让教师主动参与学校课程建设，掌握课程坐标这一工具，有利于教师提升课程领导力。教师不仅能自主开发"点坐标"课程，而且能分析该课程在什么条件下能实现学习目标、实现到什么程度。课程坐标具有典型的专业自主性，可以指导教师的课程实践，提升教师的课程实践理性，提高教师的课程实践效能。

课程坐标

智享数学：以专业自主性实现学科课程自觉

第一节　学科课程理念的专业理解 / 156
第二节　学科课程目标的专业设计 / 159
第三节　学科课程框架的专业建构 / 165
第四节　学科课程实施的专业推进 / 168

第六章
操作指导性：提升课程领导力的新介质 / 195

课程坐标作为课程建设工具，最大的特质就是具有操作指导性。学校以课程坐标和课程矩阵为抓手，提取学校和教师课程领导力提升的证据，形成普适性的经验，使该工具可操作、可复制。课程坐标作为工具不但呈现"可视化"的课程架构与实施路径，而且通过其衍生的课程矩阵工具，帮助教师准确把握课程设计中内容与目标两大关键要素，为优化基于学生核心素养的课程建设提供了指导操作、解决问题的"脚手架"。

课程坐标

燃体育：技术开发课程引领学生面向未来挑战

第一节　全面把握学科课程理念 / 197
第二节　精准定位学科课程目标 / 201
第三节　可视化架构学科课程内容 / 203
第四节　技术化导航素养培育历程 / 207

第七章
价值建构性：对教育本质的课程化体现 / 227

每一个时代的课程都应该有其价值取向，课程价值取向决定了课程建设的整体走向，涵盖映射到课程的各个要素，即课程目标、内容、实施和评价，从而直接决定学校教育的品质。在核心素养培育的背景下，核心素养与学校课程建设的终极价值都是明确"培养什么人、怎样培养人、为谁培养人"，优化学校育人蓝图。学校课程深化发展的出发点和落脚点就是充分实现课程价值。只有以儿童发展为中心，结合校情和学情，优化补充课程内容，促进学生的全面发展、个性发展与可持续发展，才能确保学校课程的价值体现。

课程坐标

启智育人：在德育活动课程中探索育人价值

第一节　奠定"立德树人"的育人愿景 / 229
第二节　强化"课程育人"的育人目标 / 232
第三节　指向"核心素养"的育人课程 / 233
第四节　丰富"知行合一"的育人实践 / 237

第八章
文化传达性：学校课程文化的空间培育 / 263

哲学和文化都与课程有着密切的关联。在课程设计和实施中，如若摒弃了对文化的关注，缺少了在哲学层面上的思考，就等于放弃了对人的关注，放弃了对儿童的关注。在运用课程坐标进行课程设计时，应使用文化分析模式，凸显其文化传达性，梳理办学理念，发现课程内涵，创设丰富的课程，把获得的价值、态度、规范、动机隐含在学校的"非正式文化的传递"之中，让课程成为一种文化范式。

课程坐标

创空间课程：走进浸入式文化创享空间

第一节　凸显文化哲思的空间课程理念 / 265
第二节　基于文化创生的空间课程目标 / 269
第三节　构建文化引领的空间课程架构 / 270
第四节　注重文化体验的空间课程实施 / 274

后记 / 291

前　言

基于教师专业视角的课程坐标

二十几年来，上海市黄浦区卢湾二中心小学一直在课程领域深耕：2000年，在我国新一轮课程改革的思路刚刚形成，试点工作尚未正式启动时，学校就着手进行小学综合探究活动的课改实践探索；2005年，我们在践行百年"务本"办学理念的过程中，将"尚智"即"培养有智慧的人"作为新的办学追求，对学校课程进行了总体规划，学校的"阶梯式课程"涵盖八个门类，设计了具有螺旋上升特点的课程系列，覆盖了学生综合素养提升所需要顾及的方方面面，正确诠释了基础教育"为学生终身学习和发展打基础"的内涵；2010年，学校又开始了优化阶梯式课程实施的研究，围绕学校办学特色，进一步开发了相应的"务本尚智"课程群，提升了课程设计的科学性；2013年，学校再接再厉，延续之前的课程变革，以课程评价为切入口，研制了L-ADDER课程评估工具，充分体现了脉络评价、过程评价、结果评价理念，实证地、动态地评价学校课程，促进了学校课程的深度变革；近年来，随着"核心素养"的培育作为课程发展进入新阶段的重大趋势和挑战，学校课程成为核心素养从基础理论研究向实践落地研究的主要依托。同时，教师专业发展在课程改革中的核心环节地位也日益凸显，促使学校对课程改革的研究与实践逐步走向更完善的"工具研发"，进入到全面推动基层教师参与课程建设的深化阶段。因此，2021年起我校提出的"基于教师专业视角的课程坐标及其应用研究"是学校面对教育迈向核心素养时代，发起的一次对学校课程深化发展的更高层次的追求。它是学校课程体系多维联动，将管理和资源、课程和教学、实施和评价以及教师专业提升和学生核心素养发展融为一体的一场更科学，更具实践性、整体性和系统性的课程变革。

本课题聚焦学生核心素养发展，把课程坐标及其衍生的课程矩阵作为教师架构、设计与实施课程的工具，以此为抓手有序推进学科课程、活动课程以及空间课程的建设，优化基于学生核心素养的课程体系。

我校围绕核心素养，在厘清原有基础型、拓展型和探究型课程的基础上，遵循以儿童为本、以素养为先、以学科为融合、以实践为导向的基本原则，从"领域要素维度"展开课程结构的分析，完善了学校课程体系的系统化统整思路，设置了三大领域课程。第一领域是以系统知识为本位的学科课程领域；第二领域是以学生兴趣和需求为本位的活动课程领域（主要立足于专题教育活动以及跨学科的主题综合实践和项目式学习）；第三领域则是以办学理念和课程资源整合为本位的空间课程领域。

我们从教师参与课程建设的现状入手，找到问题与对策，明确帮助教师深度卷入课程建设的路径、方法及所需支持。在此基础上，开发教师介入课程建设的新介质——课程坐标及其衍生工具课程矩阵，厘清它们的内涵特征，研制模型，明确课程坐标和课程矩阵的使用特点及方法，将两类工具投放于学校课程优化与完善中，针对学科、活动、空间三大领域课程，积极提炼课程坐标和课程矩阵运用的办法及步骤，并根据实际情况不断完善，反思开发过程中存在的问题，形成典型案例。学校通过对课程坐标和课程矩阵这两项工具的使用进行效益评估，提取相关证据，使其可操作、可复制，从而推动更多的教师参与到学校课程体系变革中来。

学校开发的课程坐标以学生发展为原点，横坐标指向课程的空间属性，纵坐标指向课程的时间属性，在本质上是课程时空属性的概念化表达。空间属性即课程内容，是聚焦学生核心素养培育所必需的课程静态属性；时间属性即课程的动态属性，是时间序列与学习进程，是课程在不同时期的时间延伸与纵向贯通，坐标中的点就是"课程"，是学生学习内容的选择和学习经历的不断推进。学校把这些散在课程坐标中的"课程"进行有逻辑的、序列化的布点研究，形成学校学科课程、活动课程和空间课程基于学生核心素养发展的课程坐标图。横轴是学校学科课程、活动课程以及空间课程的课程内容（学习/主题）领域；纵轴是不同年级的进阶；纵横交错的点表示不同年级在不同的（学习/主题）领域为了达成该领域主要核心素养所设置的项目课程。

从空间属性来看，我们既可以从学校三大领域课程架构的宏观层面去绘制课程坐标图，也可以从各领域课程（学科、活动和空间）中观的层面和点坐标课程微观的层面来进行序列化的研究；从时间属性来看，则可以从小学阶段宏观的层面，学期中观的层面和单元微观的层面去绘制课程坐标图。

每一个课程坐标中的点坐标都会衍生形成一个内容与目标的矩阵。矩阵是一种横纵坐标之间的支撑关系。课程矩阵就是依据课程目标对课程内容整合、设计成模块后，横行和纵列（课程模块与目标）关系的形象表示。该项目课程的内容模块支持哪些课程目标的实现，以及它的支持度，可以通过赋值来分析，反映的是课程对目标的支持以及目标对课程的指导性，也就是说教师根据课程目标来设计和实施课程，开发的课程要通过内容的设计和实施支持基于学生核心素养发展的课程目标的实现。课程矩阵不仅体现了课程目标与课程内容的关联程度，也能充分体现出课程纵深推进中，目标达成度逐步递进的动态过程，有利于教师在课程实施与评价中有的放矢，合理制定教学计划和评价方案。

除了以上矩阵图之外，还可以以此为模型形成其他级别的矩阵图。比如：宏观的课程矩阵可以是学校课程体系的学科、活动和空间课程（纵列）与学校课程目标（横行）关系的形象表示；微观的课程矩阵还可以是任务项目（纵列）与单元目标（横行）的形象表示。

课程矩阵是教师依据目标开发和实施课程的"设计图"和"施工图"，引导教师基于课程标准开发的课程要通过内容的设计和实施支持基于学生核心素养发展的课程目标的实现。

我们在优质落实国家基础课程的基础上，有序推进学校三大领域课程的建设与完善，拓展小学核心素养落地的理论视野，推动师生发展的系统创新。课程坐标和课程矩阵主要运用在此三大领域课程的建设中。如果把一门课程比作是一颗星星，那么课程坐标就可以帮助我们找到它所属的星座。借助坐标，我们可以为每一门课程找到它所属的课程领域，明晰它所要达成的核心素养和学科（跨学科）素养，在充分把握课程性质和解读课程理念的基础上，深度开发学校课程，明确每门课程从目标设定、内容设计、实施路径到评价操作所应该呈现的最好样态。

经过几年的研究，学校获得了以下实践成效。

一是具有鲜明的问题意识。近年来，教育改革进入深水区，学校课程建设不断深入，特别是随着学生核心素养的提出，学校如何科学地设计课程、如何有序地开发课程、如何深度地推进课程，这一系列的问题就出现在我们眼前。学校敢于直面问题，实施课程坐标研究就是对于"科学设计课程、有序开发课程、深度推进课程"这些问题的回应。

二是体现价值引领。通过课程坐标及其衍生工具课程矩阵的研制和运用,学校将课程站位和育人定位相融合,整合课程要素,突出核心素养的价值体系,发挥课程育人效应。课程坐标无论从宏观、中观还是微观的层面来看,都有着整体的考量与布局,是一次全方位构建课程体系的探索,系统地将各门课程有机串联起来,实现课程间的要素整合。从宏观层面看,学校课程体系将学校三大领域课程(学科、活动、空间)与育人目标、核心素养目标也就是学生的整体发展目标保持高度内在一致;从中观层面看,不同学科的课程目标将核心素养转化为学科核心素养和跨学科素养,实现课程目标、课程内容、课程实施和课程评价等课程要素的整体统筹设计;从微观层面看,课堂教学设计进一步细化明确课程能培养何种关键能力,培养到何种程度,选择什么样的内容和素材,通过什么样的途径和方式去培养,如何检测和评估目标的达成度……因此,一线教师在绘制课程坐标时,更需要在理解课标相关内容的基础上,遵循本学科教学的特点与规律,寻求与本学科教学内容最为适切的教学策略、模式、途径,结合"教—学—评"细化相关核心素养的具体表现,即厘清、划定素养的表现标准,也就是明确"学生能够做什么"达到哪项关键能力,就表明形成了某种素养,从而使学科核心素养落地生根,发挥学科育人功能。

三是创新破解途径。基于本课题的核心概念课程坐标而延伸了一系列创新性的内涵,给人耳目一新的感觉,对学校课程发展,基于概念有了工具的创新。课程坐标作为课程建设的"支架工具",帮助学校把一门门课程,依据核心素养的内涵及学段特征,实现课程由无序到有序、由分散到整合、由点到面的系统配置和整体架构,呈现了"可视化"的课程架构与实施路径。而课程坐标衍生的课程矩阵则帮助教师准确把握课程设计中内容与目标两大关键要素,不仅体现了课程目标与课程内容的关联程度,也能充分体现出课程纵深推进中,目标达成度逐步递进的动态过程,有利于教师在课程实施与评价中有的放矢,合理制定教学计划和评价方案,为优化基于学生核心素养的课程建设提供了指导操作、解决问题的"脚手架"。

四是撬动教师创造性实践。通过本课题的研究引领,学校教师在"核心素养"和"课程"之间找到了嫁接点。在运用课程坐标及其衍生工具课程矩阵设计开发校本课程的过程中，各学科组教师和跨学科研究小组成员立足核心素养，精研《义务教育课程方案（2022年版）》和各学科课程标准，结合新课标的"课程性质、课程理念、课程目标、课程内容、课程实施"等要求，探索具有学校特色的学科、活动和空间三大领域的课程哲学与价值追求，明晰学科课程理念，制定学科课程目标并赋予其校本化特色，创造性地整合教材与各类课程资源，整体设计学校三大领域的课程内容。并通过同年级的任课老师横向协同，不同年级的任课老师上下联动，构建课程坐标和课程矩阵，聚焦大单元教学设计；通过国家课程的校本化实施和学校三大领域课程的落实，使学生核心素养通过课程在学校得以真正落地。

总之，学校以使用课程坐标和课程矩阵工具为抓手，提取学校和教师课程领导力提升的证据，形成普适性的经验，使该工具可操作、可复制。

（撰稿者：上海市黄浦区卢湾二中心小学　黄沁）

第一章
整体涵涉性：以系统思维建构学校课程

课程坐标是课程建设进入理性时代的产物，是以系统思维设计、开发、推进学校课程的工具，具有整体涵涉性。通过课程坐标及其衍生工具，可以将课程站位和育人定位相融合，突出核心素养的价值体系，整合学校课程的全部要素。无论从宏观、中观还是微观的层面来看，课程坐标都有着整体考量与系统布局的特点，是全方位建构课程体系的一个探索。

课程坐标的创设是一次全方位构建课程体系的探索。课程坐标无论从宏观、中观还是微观的层面来看，都体现着整体的考量与布局，它系统地将各门课程有机串联起来，实现课程间的要素整合。从宏观层面看，学校课程体系将学校三大领域课程（学科、活动、空间）与育人目标、核心素养目标也就是学生的整体发展目标保持高度内在一致；从中观层面看，不同学科的课程目标将核心素养转化为学科核心素养和跨学科素养，实现课程目标、课程内容、课程实施和课程评价等课程要素的整体统筹设计；从微观层面看，课堂教学设计进一步细化明确课程能培养何种关键能力，培养到何种程度，选择什么样的内容和素材，通过什么样的途径和方式去培养，如何检测和评估目标的达成度……例如，语文学科课程坐标是中观层面的课程实践，立足于小学语文学科核心素养的整体设计，聚焦于全校学生语言运用水平的整体发展。《义务教育语文课程标准（2022年版）》指出："义务教育语文课程围绕立德树人根本任务，充分发挥其独特的育人功能和奠基作用，以促进学生核心素养发展为目的，以识字与写字、阅读与鉴赏、表达与交流、梳理与探究等语文实践活动为主线，综合构建素养型课程目标体系。"[1]据此，小学阶段的语文课程应该通过以上语文实践活动，帮助引导学生在真实的情境中，在完成各种学习任务的过程中，发现、理解、学习、积累、运用语言文字；在学生个体语言经验发展过程中提升思维能力，落实审美创造，增强文化自信。因此，语文学科课程坐标必须整体涵涉落实语文核心素养的实现途径和关键能力。结合我校育人目标、语文学科特点、学生特点，课程横轴坐标依次为：源识写、源阅读、源习作、源交际、源探究。

从课程实施角度看，课程坐标还将管理、课程、教学、评价以及教师专业提升和学生核心素养发展融为一体，使核心素养通过课程在学校真正落地，发挥课程育人效应，实现教育迈向核心素养时代后学校课程发展的更高层次追求。例如，语文课程面向全体学生，语文学科课程坐标必须涵涉全校学生的整体发展，课程纵轴坐标依次为一年级到五年级的全体学生。坐标平面内，每一门语文微课程点坐标的构成分别是某一项语文实践活动和某一个年级的学生。从横向看，每

---

1 中华人民共和国教育部. 义务教育语文课程标准（2022年版）[S]. 北京：北京师范大学出版社，2022：2.

一门课程是并列分类的,起步相当,学生无论选择哪门课程的学习都能够适应,不会存在明显的先后关系。从纵向看,每门课程都隶属于某一项语文实践活动,是按照学习内容的前后顺序依次分级进行排列的,合适的课程提供给合适的学生。语文学科课程坐标将语文核心素养、语文实践活动与学生整体发展融为一体,致力于全体学生核心素养的形成与发展。

总之,整体涵涉性作为课程坐标的一个重要属性,不仅关系到课程领域的方方面面,还涉及所有的年级、所有的学生,需要整体设计、有机实施。

课程坐标

源语文:回归语文教育本源的系统思维

我校语文学科组是一个朝气蓬勃、富有钻研精神和敬业精神的教师团队,共31位成员。具体情况如下:硕士研究生4人,本科学历25人,大专学历1人;高级教师3人,一级教师17人。学科组师资结构合理,有市区学科带头人、市区学科骨干教师4人,她们在教学方面发挥了辐射引领的作用,语文大组和各年级备课组的教研常态、高效。此外,学科组年龄结构也很合理,既有经验丰富的老教师,又有开拓创新的中青年教师,还有朝气蓬勃的新教师,传帮带的氛围浓厚,是一个温馨有爱的大家庭。我们根据《义务教育语文课程标准(2022年版)》绘制学科课程坐标。

第一节 整体把握学科核心理念

一、学科课程性质

《义务教育语文课程标准(2022年版)》指出:"语文课程是一门学习国家通

用语言文字运用的综合性、实践性课程。工具性与人文性的统一，是语文课程的基本特点。语文课程应引导学生热爱国家通用语言文字，在真实的语言运用情境中，通过积极的语言实践，积累语言经验，体会语言文字的特点和运用规律，培养语言文字运用能力；同时，发展思维能力，提升思维品质，形成自觉的审美意识，培养高雅的审美情趣，积淀丰厚的文化底蕴，继承和弘扬中华优秀传统文化、革命文化、社会主义先进文化，全面提升核心素养。"[1]

二、学科课程理念

基于以上思考，我们通过研读《义务教育语文课程标准（2022年版）》和相关理论书籍，提出了"源语文"的概念。"源"字在《现代汉语词典》中的解释是：水流起头的地方、来源，常见的词语搭配有：本源、源头、源泉、资源、源源不断、源远流长等。[2]我们认为，"源语文"的关键词是"源"，落脚点是"语文"，它是通过设计更适合学生的课程体系使教学回归语文教育的本色，以提高学生学习语言文字运用的能力为使命，不断提升学生的语文核心素养和道德水平，培养学生爱学语文的积极性，提升学生会学语文的能力。其内涵为：所有的语文教育教学活动都要回归语文教育的本源，符合语文教育的规律，体现语文教育的本质，实现语文教育的本真。具体来说，"源语文"中的"源"主要包括以下几个方面：

（一）"源语文"是生命的语文

《义务教育语文课程标准（2022年版）》中的第一条课程理念就是："立足学生核心素养发展，充分发挥语文课程育人功能。"[3]可以说，强调育人价值是语文课程的显著特点。从课程目标的角度，我们建构的"源语文"就是为了让学生获得包括中华优秀传统文化在内的德育熏陶，逐步形成良好的个性和健全的人格；不仅在智育方面取得进步，甚至在劳动教育、美育和体育等方面也有所发展。我校所有的语文教师有一个共同的愿景，那就是：通过不断地潜心研究语文教学，提

---

1 中华人民共和国教育部. 义务教育语文课程标准（2022年版）[S]. 北京：北京师范大学出版社，2022：1.
2 中国社会科学院语言研究所词典编辑室. 现代汉语词典（第5版）[M]. 北京：商务印书馆，2005：1678.
3 中华人民共和国教育部. 义务教育语文课程标准（2022年版）[S]. 北京：北京师范大学出版社，2022：2.

升"源语文"的课程品质，提高语文教育教学的质量，让我们的学生学得更开心、更主动，从而享受到更多求知的成就感与幸福感。"教育的首要目的，不是别的，是受教育者的个人幸福，是个人的发展，是提升个人生命价值。"[1]

"源语文"为这些6—11岁之间的学生们的终身发展考虑，打造一个美好的语文教育"桃源"。首先，要相信学生、尊重学生，这既是起点，也是前提。老师们会把充分的信任、自主和尊重给予学生。其次，是基于学生、为了学生，我们要千方百计为学生的发展提供尽可能多的适合学生的优质的教育资源和平台，最大化地满足他们的兴趣和成长需求。最后，是引领学生、支持学生，即我们要在教育过程中发挥引导和支持作用，促进每一个学生的全面发展和终身发展，让他们都能健康、快乐地成长。"源语文"从课程规划、设计到实施、评价，都围绕促进学生的身心发展这一核心目的进行，在教学中倡导自主、合作、探究的学习方式，爱护学生的好奇心，促进学生的全面发展。

(二)"源语文"是生活的语文

按照《义务教育语文课程标准（2022年版）》的要求，"构建语文学习任务群"成为一种新的课程命题。从课程资源的角度，"源语文"结合《小学语文单元教学设计指南》的要求，整体规划，注重课程的阶段性与发展性，选取了适合小学生的不同主题，通过对现有统编教材的相应内容进行调整和整合，安排了一系列精巧的学习任务，为学生设计了一些语文学习任务群，提高了课程的质量。

《义务教育语文课程标准（2022年版）》指出："增强课程实施的情境性和实践性，促进学习方式变革。"[2]语文作为一门学习语言的学科，与生活的关系极为密切。它不仅源自生活，也服务于生活。因此，我们的语文教育也要注重语文与生活的结合。当今，语文教育界中有一个热词"大语文"，就主张语文教育以课堂教学为轴心，向学生生活的各个领域开拓、延展，全方位地与他们的学校生活、家庭生活和社会生活有机结合起来。例如，我们最近在实施的"源之旅"项目化实践活动，本质上就是请学生完成了一个个来自生活的真实的大学习任务。学习

---

1 江光荣. 人性的迷失与复归：罗杰斯的人本心理学［M］. 武汉：湖北教育出版社，2000：213.
2 中华人民共和国教育部. 义务教育语文课程标准（2022年版）［S］. 北京：北京师范大学出版社，2022：3.

环境是具体的生活情境，学习结果是可视、共享的。在完成任务的过程中，学生采用了全新的学习方式，内驱力被大大地激发起来。当他们看到通过自己的努力解决了生活中一个个实实在在的问题，做了一个个在生活中能惠及他人的作品时，成就感是非常大的。这样一来学生的学习就不再是为了应试，而是基于真实的任务去思考，无形中增加学生学习的内驱力，提升了他们的语用能力和解决实际问题的能力，培养了他们的高阶思维。

(三)"源语文"是整合的语文

《义务教育语文课程标准（2022年版）》指出：义务教育语文课程要"突出课程内容的时代性和典范性，加强课程内容整合"。[1]"源语文"是一个弹性、开放的课程体系。老师们密切关注数字时代语言生活的新发展，在课程实施过程中会不断地将最新的语言、文学研究新成果中适合学生的内容纳入到课堂中来，突出课程内容的时代性。此外，老师们还会借助网络和硬件的更新，为学生不断更新和丰富学习资源，充分发挥信息技术的优势，借助现代信息技术拓展学生的语文学习空间，让学生拥有更好的学习体验和更多的学习收获。

在日常教学的基础上，我们不断开发、拓展学校、社区、网络等方面的语文课程资源，开展了一系列丰富多彩、紧跟时代要求的语文教育教学活动，形成了一个相对稳定又灵活的"源语文"课程体系，以满足不同年级和不同学生的需求，切实提升每位学生的语言素养。这个课程体系，既包括"源识写""源阅读""源写作""源交际""源探究"几个不同的维度，又分年级制定了不同的课程目标和课程内容，涵盖了"源课程"中的走班课程，"源社团"中的社团活动，"源节日"中的学科主题活动，"源赛事"中的学科比赛等各种形式，形成我校独有的语文课程品牌。值得一提的是，这些课程资源之间是互相补充的，随着时间变化不断更新的，结合学生需求不断优化的，开放而富有活力。我们的目的只有一个，那就是通过为学生持续不断地提供大量丰富、优质的课程资源，让他们多读多写，日积月累，逐步提升语言运用的能力。

(四)"源语文"是实践的语文

《义务教育语文课程标准（2022年版）》指出："增强课程实施的情境性和实

---

[1] 中华人民共和国教育部. 义务教育语文课程标准（2022年版）[S]. 北京：北京师范大学出版社，2022：2.

践性，促进学习方式变革。"[1] 在语文学习中，阅读作为语文学习的源头活水，其重要性和意义众所周知。"源语文"除了倡导学生多读书、好读书、读好书、读整本书外，还特别注重课外阅读的推进与指导，培养学生深度阅读的能力。首先，我们结合教材中的"快乐读书吧""阅读链接""资料袋"等内容对学生进行阅读书目和内容的指导。其次，我们还利用"阅读策略单"这个抓手鼓励学生对课外文本进行深度阅读，并在此过程中运用巩固课内学过的阅读方法和策略。此外，我们还通过"阅读打卡""评选阅读小明星""记录阅读存折""晒一晒我的小书架""暑期作业趣多多1+2"等一系列有趣的语文活动，鼓励学生提高阅读的质与量。

简言之，就是通过一系列切实有效的多维度的语文教育教学实践，让学生有更多的语言实践经历，实现"听说读写"和自主、合作、探究等能力的提升，朴素而又本真；与此同时，让学生的好奇心、想象力和求知欲得到进一步激发，体会到更多学语文的快乐与成就感，成为幸福的学习者。

（五）"源语文"是生长的语文

依据《义务教育语文课程标准（2022年版）》的要求，"义务教育语文课程评价要有利于促进学生学习，改进教师教学，全面落实语文课程目标"。[2] "源语文"的课程评价，要求教师基于课程标准，用好统编教材，通过评价学生的学习过程、学习成果和学习进步，来促进学生学习能力的生长和教师教学能力的增值。因此，老师们尤其注重发挥评价的指挥棒作用，过程性评价与结果性评价相结合，既要求评价准确反映学生的语文学习水平和学习状况，发挥诊断作用；同时也考查学生的学习态度和学习过程，关注学生在语言运用能力、思维过程和审美情趣方面的点滴进步，全面、科学地评价学生的学业表现。此外，针对小学生不同年级年龄差距较大的特点，我们鼓励教师选取适合该年龄段的评价方式，充分利用希沃等现代信息技术，设计具有我校特色的"淘淘丫丫"评价机制。

总之，结合《义务教育语文课程标准（2022版）》中的课程理念，"源语文"

---

1 中华人民共和国教育部. 义务教育语文课程标准（2022年版）[S]. 北京：北京师范大学出版社，2022：3.
2 同上.

在总结以往课程经验的基础上，结合学校和学生的实际情况，提出了自己的校本语文课程理念，见表1-1。

表1-1 "源语文"学科课程理念表

《义务教育语文课程标准（2022版）》中的课程理念	"源语文"的课程理念
立足学生核心素养发展，充分发挥语文课程育人功能	"源语文"是生命的语文
构建语文学习任务群，注重课程的阶段性与发展性	"源语文"是生活的语文
突出课程内容的时代性和典范性，加强课程内容整合	"源语文"是整合的语文
增强课程实施的情境性和实践性，促进学习方式变革	"源语文"是实践的语文
倡导课程评价的过程性和整体性，重视评价的导向作用	"源语文"是生长的语文

第二节 聚焦学科素养能级提升

《义务教育语文课程标准（2022年版）》指出："语文课程围绕核心素养，体现课程性质，反映课程理念，确立课程目标。""核心素养是学生通过课程学习逐步形成的正确价值观、必备品格和关键能力，是课程育人价值的集中体现。义务教育语文课程培养的核心素养，是学生在积极的语文实践活动中积累、建构并在真实的语言运用情境中表现出来的，是文化自信和语言运用、思维能力、审美创造的综合体现。"[1]

一、学科课程总体目标

《义务教育语文课程标准（2022年版）》中，着眼于学生语文核心素养的整体提高，体现在文化自信、语言运用、思维能力、审美创造四方面。[2] 总体目标如下：

1. 在语文学习过程中，培养爱国主义、集体主义、社会主义思想道德，逐步形成正确的世界观、人生观、价值观。

---

[1] 中华人民共和国教育部. 义务教育语文课程标准（2022年版）[S]. 北京：北京师范大学出版社，2022：4.
[2] 同上，第4—5页。

2. 热爱国家通用语言文字，感受语言文字及作品的独特价值，认识中华文化的丰厚博大，汲取智慧，弘扬社会主义先进文化、革命文化、中华优秀传统文化，建立文化自信。

3. 关心社会文化生活，积极参与和组织校园、社区等文化活动，发展交流、合作、探究等实践能力，增强社会责任意识。感受多样文化，吸收人类优秀文化的精华。

4. 认识和书写常用汉字，学会汉语拼音，能说普通话。主动积累、梳理基本的语言材料和语言经验，逐步形成良好的语感，初步领悟语言文字运用规律。学会使用常用的语文工具书，运用多种媒介学习语文，初步掌握基本的语文学习方法，养成良好的学习习惯。

5. 学会运用多种阅读方法，具有独立阅读能力。能阅读日常的书报杂志，初步鉴赏文学作品，能借助工具书阅读浅易文言文。学会倾听与表达，初步学会用口头语言文明地进行人际沟通和社会交往。能根据需要，用书面语言具体明确、文从字顺地表达自己的见闻、体验和想法。

6. 积极观察、感知生活，发展联想和想象，激发创造潜能，丰富语言经验，培养语言直觉，提高语言表现力和创造力，提高形象思维能力。

7. 乐于探索，勤于思考，初步掌握比较、分析、概括、推理等思维方法，辩证地思考问题，有理有据、负责任地表达自己的观点，养成实事求是、崇尚真知的态度。

8. 感受语言文字的美，感悟作品的思想内涵和艺术价值，能结合自己的经验，理解、欣赏和初步评价语言文字作品，丰富自己的情感体验和精神世界。

9. 能借助不同媒介表达自己的见闻和感受，学习发现美、表现美和创造美，形成健康的审美情趣。

二、学科课程具体目标

以《义务教育语文课程标准（2022年版）》为基础，结合"源语文"课程理念，我们将课程标准进行细化，以大单元视域制定课程年段目标要求，并基于现有教学资源，设定校本要求，制定了"源语文"的课程目标体系。现以二年级语文学科课程目标为例作介绍，见表1-2。

表1-2 二年级语文学科课程具体目标表

上 学 期	下 学 期
第一单元 大自然的秘密 共同目标： 1. 认识41个生字，读准4个多音字，会写30个字，会写27个词语。 2. 能正确、流利地朗读课文，分角色朗读《小蝌蚪找妈妈》，背诵《植物妈妈有办法》。 3. 积累并运用表示动作的词语。 4. 能借助图片或关键词，了解课文内容。 5. 能借助图片或关键词，用自己的话讲故事或自然界的现象。 6. 增强阅读科普类短文和探索大自然奥秘的兴趣。 7. 联系生活经验，清楚地介绍一种动物。 8. 认真听别人介绍，对不明白的地方，能有礼貌地提问。 校本目标： 1. 讨论会，借助图片与思维导图分享最喜欢的动物。 2. 课本剧表演《小蝌蚪找妈妈》。	**第一单元 春天** 共同目标： 1. 认识52个生字，读准1个多音字，会写38个字，会写36个词语。 2. 正确、流利地朗读课文，能注意语气和重音。背诵《古诗二首》。 3. 能用自己的话说出诗句描写的春天美景；了解课文内容，能说出孩子们看到的春天是什么样的；能借助插图，说出邓爷爷植树的情景。 4. 感受春天的美好。能用自己喜欢的方式表达对春天的喜爱。 5. 懂得与人交流时，语气不同会有不同的效果。 6. 与人交流时，能用恰当的语气说话。 校本目标： 1. 配乐朗诵课文《找春天》。 2. 课本剧表演《开满鲜花的小路》。
第二单元 识字 共同目标： 1. 认识54个生字，读准2个多音字，会写40个字，认识"隹字旁"，知道它与鸟类有关，能用部件归类法识字，会写25个词语。 2. 能结合图画识字学文，了解形声字形旁表义、声旁表音的特点。 3. 了解量词的不同用法，能在生活情境中恰当运用量词。 4. 背诵《树之歌》《田家四季歌》。 5. 初步了解不同树木的基本特点和四季农事，懂得动物是人类的朋友，感受农民的辛勤劳作和丰收的喜悦，体会大自然的丰富美妙，激发学生对大自然的喜爱之情。 校本目标： 1. 通过"形声字换偏旁"竞赛，识记生字，巩固已学字。 2. 补充积累词，辨析易混淆量词。	**第二单元 关爱** 共同目标： 1. 认识43个生字，读准1个多音字，会写30个字，会写34个词语。 2. 能正确、流利地朗读《雷锋叔叔，你在哪里》，能默读《千人糕》，能试着有感情地朗读《一匹出色的马》。 3. 能用多种方法猜测词语意思，并说出了解词语意思的方法。能拓展积累词语。 4. 读句子，想画面，能用自己的话说出画面的内容。 5. 懂得关心帮助他人，珍惜劳动果实，与家人相亲相爱。 校本目标： 1. 配乐诗朗诵《雷锋叔叔，你在哪里》。 2. 仿照课文，介绍一种需要很多人才能做成的东西。

续 表

上 学 期	下 学 期
第三单元　学生生活 **共同目标：** 1. 认识58个生字，读准4个多音字，会写39个字，会写32个词语。 2. 能正确、流利地朗读课文。 3. 了解关键词句的意思，能用指定的词语说句子。 4. 能借助关键词句，试着讲讲故事。 5. 能针对问题，说出自己的感受和想法。 6. 能按照顺序说说手工作品的制作过程。 7. 养成专心听、静心听的好习惯，能一边听一边记住主要信息。 **校本目标：** 1. 课本剧表演《曹冲称象》。 2. 为母亲制作感恩贺卡。	第三单元　传统文化 **共同目标：** 1. 认识59个生字，读准2个多音字，会写40个字，会写39个词语。 2. 能用韵语、形旁与字义的联系、借助图片识字。 3. 能在语言环境中初步感受"奔""涌""长""耸"的表达效果；能说出用"炒""烧""烤"等方法制作的美食。 4. 积累"华夏儿女""炎黄子孙"等词语。 5. 朗读《神州谣》，能背诵《传统节日》，初步感受祖国山河的壮美和文化的悠久。 6. 能讲汉字"贝"的故事，初步感受汉字的魅力。 7. 能把自己长大后想干什么说清楚，简单说明理由。 8. 能听明白同学说的内容，对感兴趣的内容提出疑问。 **校本目标：** 1. 选择一个中国传统节日，介绍它的习俗。 2. 故事会："字源故事知多少"。
第四单元　家乡 **共同目标：** 1. 认识55个生字，读准4个多音字，会写39个字，会写33个词语。 2. 能联系上下文和生活经验，理解词句的意思。 3. 展开想象，用自己的话说说诗句描绘的画面，初步感受大自然的神奇、壮丽。 4. 能正确、流利朗读课文，理解课文内容，背诵古诗和指定的课文段落。 5. 仿写句子，提升写话能力。 6. 积累词语并能够运用。 7. 增强认识家乡，赞美家乡的感情。 **校本目标：** 1. 感受古诗的韵律之美，进行配乐诗朗诵。 2. 仿照课文，用简单的语句介绍自己的家乡。	第四单元　童心 **共同目标：** 1. 认识49个生字，读准2个多音字，会写38个字，会写45个词语。 2. 能正确、流利地朗读课文。默读课文《枫树上的喜鹊》。 3. 能用自己的话说出《枫树上的喜鹊》中"我"喜欢的是什么；能就《我是一只小虫子》中自己感兴趣的内容与同学交流。 4. 能根据情境展开想象，仿照课文相关段落或语句把想到的内容写下来；能根据提示，用上提供的词语编故事。 **校本目标：** 1. 仿照课文，创作诗歌片段。 2. 根据图片，完成想象写作。

续 表

上 学 期	下 学 期
第五单元　思维方法 共同目标： 1. 认识35个生字，读准3个多音字，会写29个字，会写28个词语。 2. 能分角色朗读课文，读好对话；读出不同句子的语气。 3. 联系生活实际，初步体会课文讲述的道理。 4. 能结合课后题，初步感受课文语言的表达效果，学习表达。 5. 能用商量的语气和别人商量事情，并把自己的想法说清楚。 校本目标： 1. 课本剧表演：《坐井观天》《寒号鸟》。 2. 故事会："分享一则寓言故事"。	第五单元　办法 共同目标： 1. 认识41个生字，读准2个多音字，会写28个字，会写30个词语。 2. 能正确、流利地朗读课文，读出恰当的语气。分角色朗读《小马过河》。 3. 能说出"亡羊补牢""揠苗助长"两个成语的意思；能用自己的话说出看到"我"画的杨桃，老师和同学们的做法有什么不同；能用上提供的词语复述《小马过河》的故事。 4. 能根据课文内容，说出自己的简单看法。 5. 比较句子的不同，能体会句子加上"赶紧""焦急地"等修饰词语后的好处。 6. 能主动发表关于图书馆管理方法的意见。 7. 交流时，能做到等别人说完再发表自己的意见。 校本目标： 1. 故事会："分享一则寓言故事"。 2. 课本剧表演《小马过河》。
第六单元　革命先辈 共同目标： 1. 认识49个生字，读准2个多音字，会写32个字，会写33个词语。 2. 正确、流利地朗读课文。能借助课文插图和联系上下文理解词句意思，从而理解课文内容。 3. 感受革命领袖和革命先烈的精神，并由衷产生敬意。 4. 学习动词和名词的搭配。 5. 能按顺序讲清楚图意。 6. 能认真听，知道别人讲的是哪幅图的内容。 校本目标： 1. 项目化学习："为中国共产党代表团驻沪办事处纪念馆制作宣传页"。 2. 模拟"红色场馆小导游"。	第六单元　大自然的秘密 共同目标： 1. 认识本单元43个生字，读准1个多音字，会写38个字，会写36个词语。 2. 能说说诗句描绘的画面；能在语境中体会"压、垂、挂"等词语运用的好处；能拓展积累词语，抄写句子。 3. 读课文，能提取主要信息，说出雷雨前后景色的变化，"天然的指南针"怎样帮助人们辨别方向和太空生活中的趣事。 4. 能背诵《古诗二首》《雷雨》。 校本目标： 1. 阅读自然知识相关课外书，分享阅读心得。 2. "天宫课堂"学习分享。

续 表

上 学 期	下 学 期
第七单元　想象 **共同目标：** 1. 认识39个生字，读准1个多音字，会写30个字，会写24个词语。 2. 能正确、流利地朗读课文；背诵《夜宿山寺》《敕勒歌》；学习默读，试着做到不出声。 3. 图文对照，想象画面，大致理解古诗的意思；能发挥想象说话，体会雾的淘气；能发挥想象续编故事，感受雪孩子和小白兔的友谊。 4. 能朗读比较两组句子，抄写其中优美的语句。 **校本目标：** 1. 课本剧表演《雪孩子》。 2. 想象仿写"雾来到哪里，做了什么，结果怎样"。	**第七单元　改变** **共同目标：** 1. 认识51个生字，读准4个多音字，会写38个字，会写41个词语。 2. 正确、流利地朗读课文，能读好问句，能分角色表演《青蛙卖泥塘》。 3. 能画出大象的话，说出大象的想法是怎么改变的；能借助提示讲《蜘蛛开店》《小毛虫》的故事；能说出"青蛙为卖泥塘做了哪些事，最后为什么又不卖泥塘了"。 4. 能结合生活，说出对"人家是人家，我是我"的理解；能根据课文内容，展开想象。 **校本目标：** 1. 学写自然观察记录。 2. 课本剧表演《青蛙卖泥塘》。
第八单元　相处 **共同目标：** 1. 认识41个生字，读准2个多音字，会写31个字，会写29个词语。 2. 综合运用多种方法自主识字、自主阅读，读懂课文。 3. 能借助提示讲故事。 4. 继续学习默读，试着做到不出声。 5. 通过故事内容，感受应该怎样与人相处。 **校本目标：** 故事会：分享一则关于友谊的故事。	**第八单元　世界之初** **共同目标：** 1. 认识本单元34个生字，会写30个字，会写40个词语。 2. 能结合语境体会表示动作的词语的恰当运用。 3. 能根据课文内容展开想象。仿照《祖先的摇篮》第2、3小节说出人们还会在祖先的摇篮里做些什么。 4. 默读课文，能根据表格的提示讲《羿射九日》《黄帝的传说》的故事；能就《羿射九日》自己觉得神奇的内容和同学交流。 5. 能把自己感兴趣的内容说清楚。 6. 能注意说话的速度，让别人听清楚讲的内容。 7. 能认真听并了解别人讲的主要内容。 **校本目标：** 1. 故事会：分享一则中国神话故事。 2. 动画片评选会：推荐一部动画片，由听众选出最令人感兴趣的介绍。

"源语文"紧扣《义务教育语文课程标准（2022年版）》要求，旨在使语文教学回归本真，提升学生的语文核心素养和人文素养。在日常教学实践中，我们将语文学习目标聚焦于学生各项能力的逐级提升。以整体性的思考为导向，各年段在开展相关语文教学、评价、特色活动时，关注学生各项语文能力的衔接培养。在日常教学实践和特色作业设计中，尤其注重落实好各项目标，确保教学设计与教学目标相匹配。

第三节 系统构建学科课程框架

为了实现"源语文"的学科课程目标，我们建构了"源语文"课程体系，包括"源识写""源阅读""源习作""源交际""源探究"五大板块。

一、学科课程结构

《义务教育语文课程标准（2022年版）》指出："义务教育语文课程按照内容整合程度不断提升，分三个层面设置学习任务群，其中第一层设'语言文字积累与梳理'1个基础型学习任务群；第二层设'实用性阅读与交流''文学阅读与创意表达''思辨性阅读与表达'3个发展型学习任务群；第三层设'整本书阅读''跨学科学习'2个拓展型学习任务群。根据学段特点，学习任务群安排可有所侧重。"[1]

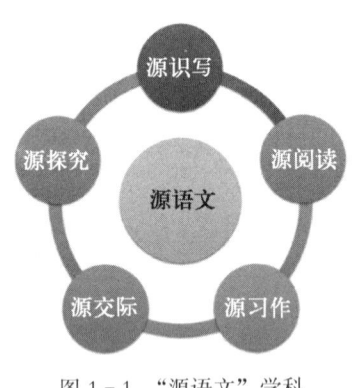

图1-1 "源语文"学科课程结构图

同时，《义务教育语文课程标准（2022年版）》从"识字与写字""阅读与鉴赏""表达与交流""梳理与探究"四个维度提出了要求。以此为基础，我们结合"源语文"的教学理念，从"源识写""源阅读""源习作""源交际""源探究"五大板块来构建课程。其中"源交际"指向口语交际，"源习作"指向书面习作，对应"表达与交流"的学习要求，见图1-1。

图1-1中，各板块课程具体内涵如下：

---

1 中华人民共和国教育部. 义务教育语文课程标准（2022年版）[S]. 北京：北京师范大学出版社，2022：20.

（一）源识写

"源识写"指向识字与写字。识字写字是语文学习的基础。准确掌握生字的音形义，懂得书写的笔顺和结构规范，保持卷面的整洁美观，是"源识写"在培养学生能力与习惯时的主要目标。低年段侧重掌握各种识字方法，如：字形部件加减替换、形声字、想象、组词、编顺口溜、编字谜、借助字典、部件归类、生活积累、想象等，使得学生有能力快速扩大识字量；并通过各项竞赛，如"查字典大赛"和"识字小达人"等，激发学生学习热情。高年段侧重独立识字和个性识字，不断积累、扩大学生识字量和词汇量。在写字环节，从笔画部件到间架结构和整体布局，从硬笔到软笔，要求随学生年级增高及能力提高逐级提升。对于写字姿势的关注则贯穿各年级始终。同时，在识字写字过程中提升学生观察、分析、归类等能力。校书法社团所设层级便是由铅笔到钢笔，再到毛笔书写，梯度逐级提升。

（二）源阅读

阅读是语文学习的重要组成部分。"源阅读"以课文为起点，单元主题为引导，配合各年级语文特色阅读活动，培养学生爱阅读、学阅读、会阅读。以二年级为例，作为一年级的童谣、儿歌、短文向三年级篇章过渡的年级，该学段语文阅读教学着眼于理解句子。以文本为载体，借助标点、插图、故事情境、生活体验来帮助学生理解句子的含义，初步体会文章中人物的情感或寓言所传达的道理；关注句子的表达，从意思、作用、关系、价值等方面来品读，帮助学生积累语言素材，体会句子对于段落和文章的作用，为模仿写作打好基础。各年级依托"阅读卡""整本书阅读""诵读节""表演节""读书分享"等多种阅读活动，鼓励学生多读多看，培养阅读兴趣，积累一定的阅读量。同时开设涉及"故事阅读""文学赏析"等内容的多个社团，将阅读融入学生生活，激发阅读热情。

（三）源习作

习作部分，从句子到段落，再到篇章，借助关键字词、图片、结构引导、思维导图等多种方式搭建支架，培养学生的行文表达能力；鼓励学生观察、模仿、思考、总结、想象，以文字的形式写人状物、叙事抒情，表达心中所思所想。在评价过程中，注重帮助学生实现习作质量的提升。课内习作教师的批注、评语、修改建议细致精准,学生规范誊写习作积累成长;对优秀习作予以班内校内展示;积极动员学生参与各项校内外的写作竞赛或活动,鼓励投稿并设有相应嘉奖。

(四) 源交际

"源交际"指口语交际,从日常课堂教学中的讨论、提问、表达,到校内外的生活的点滴之中,学生的交际能力都发挥着重要作用。组织学生有意识地开展观察和表达活动,培养学生养成文明得体、自信有条理的口语表达习惯。以选修课程为例,根据年段目标要求,"源交际"课程下设低年段"口语交际"和高年段的"口才与演讲""新闻小记者"。"新闻小记者"课程充分挖掘校内外资源,组织学生开展有主题、有目的、有方法的采访,以视频、文字报道、校广播等形式展示成果。无论是课堂上的情境模拟,还是日常交流,将所学的表达技巧与礼仪用在生活之中,促进学生爱上语文、学好语文、用好语文。

(五) 源探究

"源探究"是培养语文综合能力的模块。依托选修课程、兴趣小组、社团、各项节日等,开展"吟诵""课本剧表演""研学""项目化学习""沙龙交流"等实践活动。跨学科结合自然科学、美术、音乐等课程,调动学生学习兴趣与热情。"源探究"作为"黏合剂"加强语文课程内部联系的同时,也加强语文与其他学科间的相互作用。关注学生个性发展,真正做到五育并举,让学生在团体合作和主动探究中,全面和谐地发展语文素养。

二、学科课程坐标

基于"源语文"课程分类总架构设置学科课程坐标体系,以"源语文"五大课程板块为横轴,五个年级为纵轴布局,除了基础课程外,涉及小学主题式综合活动、项目化、学生社团、特色节日、特色竞赛等60多项课程类别。以课程结构及年级为轴,列举并绘制典型学科特色课程活动坐标图,见图1-2。

图1-2中,横轴体现语文学科特色课程活动内容的分类,纵轴则对应课程所对应的年级。整体设计中能力要求逐级提升,不同年级间存在递进关系,使课程内容与学生认知水平发展及落实语文核心素养的目标相匹配,循序渐进,螺旋上升。

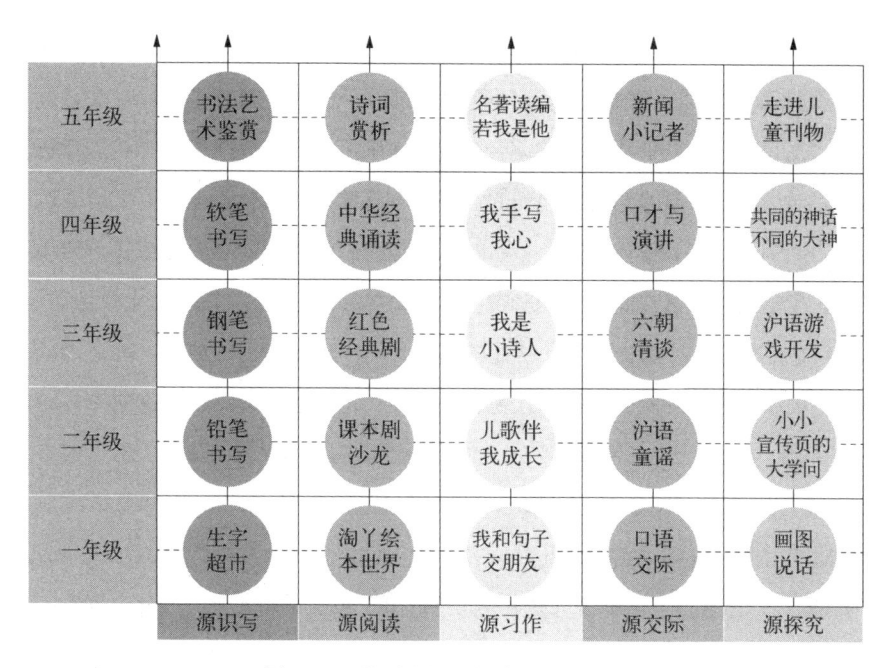

五年级	书法艺术鉴赏	诗词赏析	名著读编若我是他	新闻小记者	走进儿童刊物
四年级	软笔书写	中华经典诵读	我手写我心	口才与演讲	共同的神话不同的大神
三年级	钢笔书写	红色经典剧	我是小诗人	六朝清谈	沪语游戏开发
二年级	铅笔书写	课本剧沙龙	儿歌伴我成长	沪语童谣	小小宣传页的大学问
一年级	生字超市	淘丫绘本世界	我和句子交朋友	口语交际	画图说话
	源识写	源阅读	源习作	源交际	源探究

图 1-2 "源语文"学科课程坐标图

三、学科课程矩阵

《义务教育语文课程标准（2022版）》指出：语文课程要立足学生核心素养发展，充分发挥语文课程育人功能。要以促进学生核心素养发展为目的，以"识字与写字""阅读与鉴赏""表达与交流""梳理与探究"等语文实践活动为主线，综合构建素养型课程目标体系。

根据《义务教育语文课程标准（2022年版）》中第一学段的学段要求，考虑到二年级学生的身心特点，我们结合教材等阅读材料中的相关内容，精选了一些学生喜闻乐见的小故事并将其分为五大主题，分别为：《曹冲称象》等聪明人的智慧故事；《朱德的扁担》等内容浅显的红色故事；《小蝌蚪找妈妈》等生动有趣的童话故事；《寒号鸟》等寓教于理的寓言故事和《司马光砸缸》等著名的历史故事。

根据《义务教育语文课程标准（2022年版）》中关于"核心素养"内涵的界定，我们将课程目标细化为八个方面，分别是：认同中华文化；继承和弘扬其中的优秀文化；具有良好语感；培养正确、规范运用语言文字的意识和能力；在联想想象、分析比较、归纳判断方面有较好的认知表现；勇于探索创新，积极思考；具有健康的审美意识和正确的审美观念；能感受美、发现美，并能运用语言文字表现美、创造美。

学校依据"源语文"课程坐标的指导,绘制了语文校本拓展课程——"课本剧沙龙"课程矩阵图,并根据课程矩阵图详细设计开发了本课程。

通过对课程目标和课程内容的综合分析,每个主题对达成课程目标的支持程度各不相同,对语文核心素养的培育起到的作用也各有侧重。具体说来:关于语言运用的培养是语文学科的重要任务。五个主题的课程实施后都能帮助学生形成良好语感,具有正确、规范运用语言文字的意识和能力,因此均赋值4分。关于文化自信的建立,因为"红色故事"和"历史故事"讲述的都是我们中国人自己的故事,能通过故事增强孩子的民族自豪感和爱国情怀,让他们对传统文化引起兴趣,因此这两个主题的赋值均为4分,其他三个主题赋值3分。关于思维能力,"智慧故事""寓言故事"和"历史故事"因为内容关系在此领域的培育效果特别好,而红色故事和童话故事在此方面的效果就要相对弱一点,因此赋值为3分,而其他几个主题的赋值均为4分。关于审美创造,"智慧故事"重在启智,"红色故事"重在培养精神,"寓言故事"重在讲述道理,"历史故事"重在讲史,因此在审美创造方面的作用相对不如"童话故事"那么清晰,所以它的赋值为4分,其他几个主题的赋值均为3分。见图1-3。

目标 主题	文化自信		语言运用		思维能力		审美创造	
	认同中华文化	继承和弘扬优秀文化	具有良好语感	培养正确、规范运用语言文字的意识和能力	在联想想象、分析比较、归纳判断方面有较好的认知表现	勇于探索创新,积极思考	具有健康的审美意识和正确的审美观念	能感受美、发现美,并能运用语言文字表现美、创造美
智慧故事	3	3	4	4	4	4	3	3
红色故事	4	4	4	4	3	3	3	3
童话故事	3	3	4	4	3	3	4	4
寓言故事	3	3	4	4	4	4	3	3
历史故事	4	4	4	4	4	4	4	4

图1-3 "课本剧沙龙"课程矩阵图

学校语文学科"课本剧沙龙"课程是"源阅读"系列中面向二年级学生开设的课程，旨在通过戏剧创作和表演的方式培养学生的语文核心素养。

有了这个课程矩阵图，我们教师在后续的课程设计中会更有底，课程实施的效果会更有保障，课程评价会更有的放矢。可以说，课程矩阵图就是我们的指明灯和指挥棒。

第四节　尽情享受学科学习智趣

《义务教育语文课程标准（2022年版）》指出："创设真实而富有意义的学习情境，凸显语文学习的实践性。"学习情境的设置要符合核心素养整体提升和螺旋发展的一般规律。语文学习情境源于生活中语言文字运用的真实需求，服务于解决现实生活的真实问题。创设情境，应建立语文学习、社会生活和学生经验之间的关联，符合学生认知水平；应整合关键的语文知识和语文能力，体现运用语文解决典型问题的过程和方法。创设学习情境，教师应利用无时不有、无处不在的语文学习资源与实践机会，引导学生关注家庭生活、校园生活、社会生活等相关经验，增强在各种场合学语文、用语文的意识，建设开放的语文学习空间，激发学生探究问题、解决问题的兴趣和热情，引导学生在多样的日常生活场景和社会实践活动中学习语言文字运用。[1]基于这一认识，我们努力通过"源课堂""源节日""源之旅""源社团""源赛事""源课程"等途径实施学校的语文课程，力求让学生在丰富多彩且宽广的语文实践天地里学习语文，增长知识，发展思维，积淀文化，提高素养，尽情享受语文学习带来的智慧成长。

一、打造"源课堂"，提升课程实施品质

《义务教育语文课程标准（2022年版）》指出："教师要准确理解义务教育语文课程的基本理念，把握学生核心素养发展的基本规律，根据课程目标、课程内容和学业质量的要求，创造性地开展语文教学，充分发挥语文学科独特的育人功

---

[1] 中华人民共和国教育部. 义务教育语文课程标准（2022年版）[S]. 北京：北京师范大学出版社，2022：45.

能。""立足核心素养,彰显教学目标以文化人的育人导向。"[1]基于"源语文"的理念,"源课堂"追求语文教学的本质"关注语言,回归本色",面向全体学生,站在单元视域,整体推进大单元教学,引领学生学语言、学表达、学思维,使学生在与教师、同伴、文本对话的过程中习得语言,掌握方法,建立联系,获得体验,具备健康的审美意识,从而提高多元的语文综合素养,养成良好的语文习惯,具备一定的语文技能,更好地适应现实生活。

(一)"源课堂"的实践操作

"源课堂"让我们要遵循语文学科特点,不忘语文教学本真,重视语言的学习,在学习祖国语言文字的过程中,培养学生的思维,让学生在文化修养上有所提高,使学生真正成为有文化有思想有智慧的人。我们打造"源课堂"的核心思想是:学语言、学表达、学思维、思整体、重延伸,见图1-4。"学语言""学表达""学思维"前三者秉承"以生为本"的思想,从学习主体、学习者——学生的角度提出;"思整体""重延伸"后两者则是从课程主导者执行者——教师的角度提出的,而且"源课堂"更是着重基于单元视域开展教学,课堂延伸补充的作业设计研究,其根本目的是一切学生的发展和学生的一切发展。

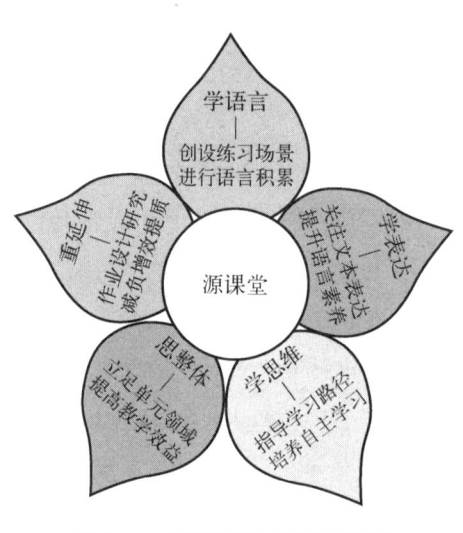

图1-4 "源课堂"的实施图谱

一是学语言,创设练习场景,进行语言积累。我们依托文本学习,引领学生随文学习适度有用的语言知识,创设语言练习的场景,提供学生动态的语言实践机会,让学生运用语文能力传递信息,实际获得语言;我们注重在阅读的真实情境中,以读激趣,以读生情,以读悟美,在熟读成诵中让学生积累语言;我们指导学生反复诵读,整体感悟文本的语言文字,把文字变为生动的画面,体悟意

---

[1] 中华人民共和国教育部. 义务教育语文课程标准(2022年版)[S]. 北京:北京师范大学出版社,2022:44.

境，培养语感。

例如，沈程懿老师在教学二年级上册《树和喜鹊》一课第五自然段时有这样一个教学片段：

> 老师先让学生跟着她读"叽叽喳喳"这个词语，再告诉学生这四个字都有口字旁，是喜鹊的叫声，多么好听！然后指名学生做小喜鹊来读读这个词语。
>
> 紧接着，沈老师问："喜鹊们叽叽喳喳打招呼，好像在说什么呢？"
>
> 有的学生回答："早上好呀！我今天带你们去捉虫子吧，那里的虫子又大又肥，够大家吃上一阵了。"
>
> 有的学生说："喜鹊弟弟早！你昨晚睡得好吗？"
>
> 还有的学生告诉老师："喜鹊哥哥，早，你今天去哪里玩呀？"
>
> 对于学生的发言，老师及时做出了有针对性的评价，并引导学生进行前后对比：以前喜鹊没有可以打招呼的朋友，而现在有了邻居后，喜鹊们就你一句我一句，叽叽喳喳地打着招呼一起飞出去。这种场景，让学生深切感受到喜鹊们的快乐，在此基础上，再指导学生读好第一个句子"每天天一亮，喜鹊们叽叽喳喳地叫几声，打着招呼一起飞出去了"。

教学中，沈老师创设了适切的语言练习的场景，让学生们展开想象练习说话：喜鹊们叽叽喳喳打招呼，好像在说什么呢？学生基于阅读情境，运用语言进行了丰富的说话练习，不仅深入理解了"叽叽喳喳"这个词语的意思，积累了词语，还进一步感受到了喜鹊有了邻居以后的快乐之情。在此基础上，让学生再有感情地朗读好第一个句子，使学生在动态的语言实践过程中，学习了语言，积累了语言，培养了语感。

二是学表达，关注文本表达，提升语言素养。以学生的终身发展为目的，课堂上我们充分关注与培养学生的言语表达能力，全面提升学生的语言素养。"源课堂"以"关注作者表达，提高阅读能力"为抓手，摒弃多余的情节分析，对学生进行扎扎实实的语言训练。我们要让学生学习作者是"怎么写的""为什么这样写"，感受作者的行文魅力。我们不仅要引领学生基于内容的了解，学习作者的表达，还要引领学生基于阅读情境，学习表达的基本技能。

例如，杨学敬老师执教五年级上册《父爱之舟》时的教学片段：

（1）回忆并说一说：上节课，你是怎样抓住父亲的表现，结合当时的情况和我的感受体会父爱的?学生交流。

(2)想一想：作者为什么要选这些材料来写呢?学生交流。

教师小结：父亲既关心我的身体，又了解我的心理，既重视我的学业，又对我的未来寄予了很大的希望。可以说，他对我的爱是全方位的，是十分细腻的。

(3)作者为什么把这些材料按这样的顺序来写呢?学生交流。

教师小结：是按照时间的先后顺序，也是按照作者的成长经历来写的，说明父爱贯穿在我成长的全过程中。

秉着"课文就是一个例子"的指导思想，杨老师设计这个教学环节，目的就是想润物细无声地让学生学习作者的表达技能：在写作时，选择的事例一定要典型才有说服力，这样的事例才适切；如果同时写几件事，那么这几件事最好是指向不同的方面，这样会使文章的中心更凸显；如果同时安排几个材料（人/物或事）来写，一定要言之有序，有一定的内在逻辑。

三是学思维，指导学习路径，培养自主学习习惯。语文思维通俗而言，是指在用汉语进行思维活动时，形成自己的观点、主张、结论。课堂教学时，我们关注学生的阅读经历，教给学生学习方法，有助于促进学生思维的发展。

对于语文学习，我们常常借助文本这个例子，注重指导学生语文学习的策略路径。特别关注文本的教学价值，不仅让学生知道文本是怎么写的，在语言形式上获益，还在导学上做文章，引导学生沉浸到文本中去，举一反三，体验学习过程，尤其是学习过程中经历的失败的体验等，使学生共鸣或质疑之，从而不断获得语文知识，促进思维发展，以此培养学生自主学习的能力。

例如，杨学敬老师执教五年级上册《父爱之舟》时的教学片段：

同学们，上节课我们已经知道了这七个场景中相同的地方都写了当时的情况，父亲的表现和我的感受，并且抓住这些方面体会了课文的中心。

（板书：相同——中心）。

既然有相同的地方，那一定有不同的地方。这节课，我们就来抓住不同的地方，进一步体会课文的中心。

（板书：不同——）

语文课的目标之一就是要让学生具有独立阅读的能力，学会运用多种阅读方法。

低年段的很多课文有个共同点，即多个段落的结构相同，内容类似，而这篇高年段的课文的特点是：多个场景的写法相同，内容类似。课外的很多阅读材料中类似的情况有很多，以后遇到的许多学习任务中类似的情况也有很多。先抓相同再抓不同，这是一种很高效的学习思路。具体到《父爱之舟》这篇课文，杨老师就是在教学时，先引导学生关注各场景（段落）间的相同之处，了解大致内容；然后引导学生再关注各场景（段落）间的不同之处，更深入地了解文本内容。这样的设计不仅节约了教学时间，也增强了学生对课文的理解，还教给学生一种学习方法，一举多得。

四是思整体，立足单元视域，提高教学效益。"源课堂"力求促进教师树立单元整体教学的意识，需要教师"左顾右盼""上挂下连"，体现的是"大学习"的观念。教师会把单课的语文教学纳入一个单元教学整体中去全盘考虑，使之更合理，更高效。包括：单课目标的制定要基于课标有单元视域，单课教学也要有单元整体推进的感觉等。我们实践探索单元教材教法的研究，明晰统编教材语文要素即单元目标与核心素养之间的重要关系，以便更好地为学生的终身学习和发展提供帮助和服务。以三年级上册第一单元教学为例，见表 1-3。

表 1-3　三年级上册第一单元课文教学的内在联系

单元语文要素	课型	课文	每篇课文教学的内在联系
阅读时关注有新鲜感的词语和句子，体会习作的乐趣	精读课文	大青树下的小学	"阅读时关注有新鲜感的词语和句子"作为单元语文要素在教材中首次出现。本课作为本单元学习的开始，需要明确的是"新鲜感"是指文中"有趣的""有特色的""跟以往不同的""没经历过的"内容。所以，引导学生明确"新鲜感"的要求，通过读文来体会感受，为后续学习做好准备。 本课是本册教材第一单元的首篇精读课文。根据以"学校生活"为主题的这一单元课文内容，引导学生朗读时边读边想象课文描写得特别美好的画面，与同学交流文中有新鲜感的词句。通过对比，引导学生能够抓住"大青树下的小学"和"我们的小学"的不同来体会"新鲜感"。重在鼓励学生在阅读过程中用自己的话说说"大青树下的小学"的特别之处，充分感受这所学校给我们带来的新鲜感，并且通过学习课文的表达进行语言拓展练习，借助提示，说说自己学校生活的某个场景。

续 表

单元语文要素	课型	课文	每篇课文教学的内在联系
阅读时关注有新鲜感的词语和句子，体会习作的乐趣	精读课文	花的学校	本课也是精读课文。在上一篇课文学习的基础上，继续通过阅读作者的美文来找出有新鲜感的词句。在此基础上，也学习作者的表达，运用拟人手法模仿写出能给人带来新鲜感的句子。 　　本课是第一单元的第二篇精读课文。这是一首优美的散文诗，借助课文朗读引导学生主动关注有新鲜感的词句，理解课文内容，想象这个奇特且充满童趣的"雨中花儿在绿草上跳舞、狂欢"的情景。通过阅读，引导学生体会作者是通篇采用拟人手法和丰富的想象来表现一个孩子眼中的"花的学校"，而且想象多于描写，体现出一个孩子独特的视角。作者运用这样独特的描写方式，给读者带来了无穷的新鲜感。根据课后练习的提示，结合自己的生活实际进行模仿写句，引导学生对这些有新鲜感的词句融入自己的理解，并最终达到学习积累迁移的目的。
	略读课文	不懂就要问	本课是本单元的略读课文。除了引导学生围绕课前的学习提示来自主学习课文，还应在前两课关注并学习新鲜感词句的基础上，引导学生交流对事件的看法，自主与同学交流对有新鲜感的词句的阅读感受，提高认识。 　　略读课文以培养学生自读能力为主，所以教学中引导学生围绕学习提示来自主学习课文，并给予学生足够的自主学习时间，提供默读、提问、交流、发表见解的机会。通过交流课文描写事件的看法，感受孙中山勤学好问的精神，理解"不懂就问"的道理。引导学生运用前两课习得的学习经验来自主寻找、自主发现，并学会结合插图、生活实际等，有兴趣主动与同学交流对本课新鲜感词句的理解。
	口语交际	我的暑假生活	本课是根据本单元"关注新鲜感词句内容"而安排的一个口语交际内容。它符合学生实际生活，极易引起学生积极参与口语交际的浓厚兴趣。引导学生根据"小贴士"来选择既有新鲜感又能让人感兴趣的见闻，条理清晰地进行交流。为让学生的交流更生动具体且更好地帮助他人了解自己的见闻，建议学生交流的同时借助图片或实物。在学生表达的过程中，帮助学生规范语言，有兴趣参与口语交际表达，提高口语交际能力。

续 表

单元语文要素	课型	课文	每篇课文教学的内在联系
阅读时关注有新鲜感的词语和句子，体会习作的乐趣	习作	猜猜他是谁	本单元读了以"学校生活"为主题的几篇课文，重在引导学生关注新鲜感的语句。因此本单元习作《猜猜他是谁》是符合单元语文要素的。由于本单元是三年级上册的第一个单元，意味着学生第一次接触书面表达，第一次有了习作的概念，学习习作的格式，注意开头空两格。习作前，引导学生选择熟悉的同学，注意观察其外貌特点，关注其性格特点、兴趣爱好特长和行为举止特点，为后面的写作做好充分准备。鼓励学生要学会选择抓住人物外貌、性格、兴趣爱好、行为举止等方面中让人印象深刻又特别能给人带来新鲜感的显著特点来写，这样才能让人猜得准。写后用"猜一猜"的游戏形式让学生体会写作的乐趣。

教师在开展语文教学前，从单元视角出发，进行单元课文内在联系的归纳梳理，很有必要。因为只有这样，教师才可以从全局上把控整体教学，建立完整的知识体系，建立知识体系间的紧密联系，而不是碎片化孤立化地教学。

五是重延伸，作业设计研究，减负增效提质。我们重视课堂教学的延伸和补充，重视学生学业成果的反馈与评价，围绕减负增效提质的理念，开展了一系列语文作业设计的实践研究。

特别立足作文教学，结合各年级学生的年龄特点和年段写作要求，聚焦习作作业进行了一系列的实践探索。我们从"减轻学生们的畏难情绪"入手，也为减轻学生习作作业负担着想，运用各种教学策略为学生们提供了一个个切实有效的"学习支架"，为学生的习作助力，帮助学生更好地在课内当堂完成习作。

第一，以范例为支架。三年级有一篇习作是"我眼中的缤纷世界"，对于刚开始写大作文的学生来说，这个题目有点宽泛。即使将目光聚焦到他们很熟悉的公园或者操场，他们也不知道从哪些地方开始写起以及怎么写。此时，经验丰富的老师们找出了以前沪教版教材中的一篇课文《图书馆里的小镜头》，让学生仔细研读其中几个具体描写人们读书时各种表现的小镜头，然后进行仿写。这下，学生们习作的积极性一下子被调动起来了。他们或仔细观察同学们在操场上做广播操的情景，或回忆大家在考场上的各种表现，然后模仿《图书馆里的小镜头》中的这些语句当堂习作，结果写出来的文字立刻变得具体、生动而鲜活。

第二，以图片为支架。三年级上册第六单元的习作要求是"围绕一个意思写"。学生应该如何围绕一个意思写清楚呢？在学完《富饶的西沙群岛》一课后，老师们借助课后小练笔的四幅图，渗透课文的写作方法，指导学生在课堂上一点一点开始写。首先，引导学生观察图片，确定图片的主要内容，明确要写什么。接着，请学生用上"有的……有的……有的……"等句式和积累的词语介绍图片信息，说清楚图片事物的特点。因为这些图片直观生动地突出了重点信息，有利于学生运用形象思维确定"一个意思"，也能给学生提供多个角度去描写，帮助刚刚开始起步学写大作文的学生们把"一个意思"写清楚、写完整。

第三，以图表为支架。"推荐一个好地方"是四年级教材里的第一篇习作。老师们参考以前的教学经验，预设学生在写这篇习作时，可能会写得浮于表面，推荐理由不一定能打动读者。因此，在指导学生写这篇习作前，老师可以提醒学生为了习作的条理清晰，可以尝试画一张思维导图或者表格，将自己推荐的几个理由写清楚、写全面、写得有逻辑；此外，还可以提醒学生为了让推荐理由更有吸引力，可以把自己当时看到的、听到的、问到的、想到的和感受到的内容写出来，并把自己心里的快乐和对它的喜欢融入到字里行间。果然，有了这两个提醒，学生在校内完成的习作不仅逻辑更清晰，内容更充实，文字也更感人了。

第四，以绘本为支架。四年级学生在写《小小"动物园"》一文时，出现了两个问题：描写动物家庭成员的特点要么不突出，要么与这种动物的特点不太匹配。为此，老师们找来了绘本《我家是动物园》让学生阅读，并特别选取了介绍"我"和"爸爸"的两页让学生进行交流：书中人物和这两种动物之间有什么相似之处？这回，学生们的体会更深了，在接下来自己的习作中也能做到：在介绍人物时，选择最有代表性的特点来写；而且这些特点与打比方的这种动物的特点十分匹配，因此人物形象十分鲜明、饱满。更有意思的是，学生们在完成这篇习作后，还颇有兴致地写起了《我们班的"动物园"》，并配上了好看的插图，写作热情一下子被激发起来。

第五，以提纲为支架。五年级第四单元的习作要求是：学习列提纲，分段叙述。题目是《二十年后的家乡》，和中年级相比，高年级的习作内容更丰富，而刚步入五年级的学生把握篇章的能力还比较弱，列提纲有助于学生梳理习作内容，理清习作思路，让表达更有条理。在课堂上，老师引导学生进行整体规划：习作表达的中心是什么？内容的组成有哪几部分？各部分的顺序怎样安排？开头和结尾写什么？等提纲列出后，再请学生动笔。课后，学生们纷纷表示："老师，这个办法真好！我发现自己的写作速度加快了。""我再也不用担心等写完之后才为中心不突出、内容组成少了等问题而重写。"

借助上述学习支架，学生们习作时的畏难情绪被化解不少，许多学生能在校内课内当堂完成习作，而且当堂习作的速度也提高了不少。总之，尽力突破学生在习作过程中的难点，让作业指导提质增效；帮助学生在校内课内完成习作，切实减轻作业负担，是学校语文老师们共同的期盼。

（二）"源课堂"的评价标准

"源课堂"评价要能体现"源语文"的思想内涵认识。基于语文学科特点，基于教育新形势要求，基于当前语文教育热点命题，语文教学的初心使命就是回归本色，让学生学语言，学表达，在"源课堂"的学习中获得语文技能，提升语文素养，丰富生活，润泽心灵。此外，课堂评价对促进学生语文能力的发展及教师教学行为的改变调整优化有重要意义，见表1-4。

表1-4 "源课堂"评价量表

评价要素		标 准 解 读	分值	得分
学习过程	关注语言	关注语言学习，依托文本，学生随文学习适度有用的语文知识。学得主动而积极。	5	
		积极创设语言练习场景，提供动态的语言实践机会，在实践中学生获得语言。	10	
		以读激趣，以读促悟，学生在读中体悟文意，积累语言。	5	
	关注表达	基于内容了解，学生学习文本表达，不仅了解"写什么"，更了解"怎么写""为什么写"。	10	
		基于阅读的真实情境，学生学习表达技能，并能在实际情境中良好运用。	10	

续 表

评价要素		标 准 解 读	分值	得分
学习过程	关注思维	关注学习经历,学生体验学习的全过程,产生共鸣或质疑。	10	
		指导学习方法,培养自主学习能力,助力学生思维发展。	10	
	关注整体	单课教学目标制定能基于课标,有单元视域。	5	
		立足单元语文要素推进教学,有单元整体教学的意识。	10	
		教学设计能紧密联系文本,注意前后知识勾连,建立新旧知识间的联系。	5	
	关注延伸	作业设计能基于标准,是课堂学习的延伸和补充,做到提质增效。	10	
		关注"作业—辅导—评价"环节,以生为本,注意分层,融入评价。	10	

二、创意"源节日",传承经典传统文化

《义务教育语文课程标准(2022年版)》指出,通过语文学习,热爱中华文化,继承和弘扬中华优秀传统文化,关注和参与当代文化生活,初步了解和借鉴人类文明优秀成果,具有比较开阔的文化视野和一定的文化底蕴。[1]

语文既是工具,更是一种文化载体。基于语文课程标准,我们以继承和弘扬中华优秀传统文化为宗旨,以语言文字为载体,以提高学生语文能力和语文核心素养为目的,营造、开展和创设了富有特色的语文学科节日系列活动。在一个个有声有色、情趣盎然的学科节日活动里,全校师生参与语文文化生活,以此作为语文学习的宽广舞台,大家充分展示,充分交流,充分发展,使全校教师的教学智慧得以闪现,使全校学生的语文素养得以提升。学生们在享受语文学习的同时开阔了文化视野,具备了文化底蕴,最终开启各项语文智能,实现智慧成长。

---

1 中华人民共和国教育部. 义务教育语文课程标准(2022年版)[S]. 北京:北京师范大学出版社,2022:4.

(一)"源节日"的创意设计

"源节日"语文学科主题活动,贯穿整个学年,主要分为四大节日,即"诵读节""表演节""书法节"和"创作节",涵盖学生听说读写等相关语文技能的运用,见图1-5。

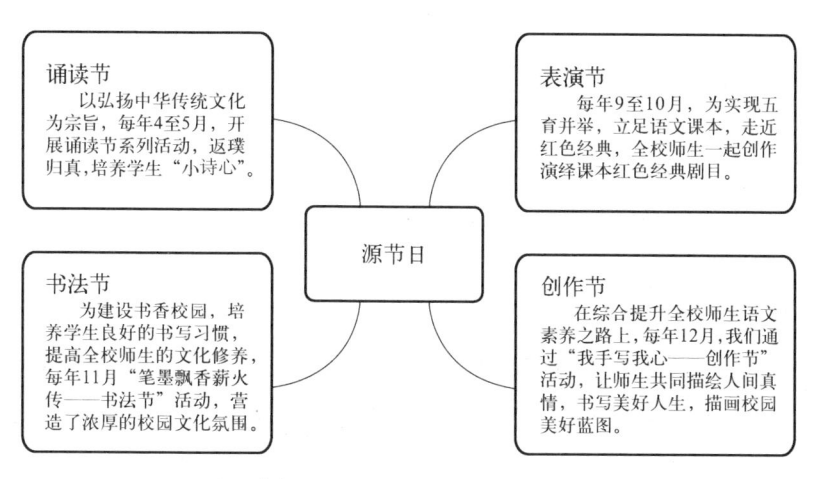

诵读节
以弘扬中华传统文化为宗旨,每年4至5月,开展诵读节系列活动,返璞归真,培养学生"小诗心"。

表演节
每年9至10月,为实现五育并举,立足语文课本,走近红色经典,全校师生一起创作演绎课本红色经典剧目。

书法节
为建设书香校园,培养学生良好的书写习惯,提高全校师生的文化修养,每年11月"笔墨飘香薪火传——书法节"活动,营造了浓厚的校园文化氛围。

创作节
在综合提升全校师生语文素养之路上,每年12月,我们通过"我手写我心——创作节"活动,让师生共同描绘人间真情,书写美好人生,描画校园美好蓝图。

图1-5 "源节日"实施图谱

具体实施如下:

1. 诵读节:弘扬中华文化(4月至5月)。各年级利用课前预备铃准备时间,开展"一课一诵"活动,让学生感受古诗词的意境和韵味。有的年级是"国学时刻",即老师带领学生吟诵《三字经》《弟子规》等《中华经典诵读》一书中的作品,还有的年级是"吟诗时间",上课铃一响,每个班的领诵员就会走到教室前面,带着全体学生背诵平日里积累的古诗。通过琅琅诵读声营造魅力诗香校园,进而在潜移默化中提升学生的古诗文修养和传统经典文化的积淀。

2. 表演节:走近红色经典(9月至10月)。课本故事中红色经典作品可诵、可吟、可歌、可演的特点,激发了学生们热情参与的兴趣和表演的欲望。"我的舞台我做主",全校师生一起演绎经典之作,通过艺术再创作,将故事内容、故事背景等编成短剧、小品等,并采用喜闻乐见的艺术形式,让学生走上舞台进行表演,展示风采。每个年级的"传承红色经典,弘扬红色精神"课本剧展演活动,弘扬了红色精神,使学生们完全置身于历史情境中,用字正腔圆的普通话、绘声绘色的表演,还原真实历史,演绎人物故事,学习人物品德,厚植爱国情怀。

3. 书法节：笔墨飘香薪火传（11月）。每年11月，结合一年一度的写字等级考试，学校启动"笔墨飘香薪火传——书法节"活动。"书法名家进校园"、写字教学微课展示、全校师生家长"书画作品展览"及各年级评选"书写小达人"、班级最美书写角、现场书写打擂台等系列活动，深受全校师生及家长的推崇和喜爱，促进学生良好书写习惯的养成，培养学生的爱国情怀和审美情趣，陶冶情操，提高文化修养，促进全面和谐发展。

4. 创作节：我手写我心（12月）。"思绪飞扬——我是小作家"一至五年级的写话写作比赛，全校师生创意作品展（儿歌、诗歌、作文等），优秀儿歌集、诗歌集、征文集新鲜出炉……丰富多彩的"创作节"系列活动在校园里掀起了用朴实无华的语言文字谱写人间真情、书写理想人生、润泽美好心灵的热潮。

(二)"源节日"的评价要求

"源节日"的活动评价主要从学生和教师两个维度进行。评价是尊重学生主体地位促进学生发展的重要环节，是充分发挥教师主导作用促进学生主动学习的手段。"源节日"的评价要求，见表1-5。

表1-5 黄浦区卢湾二中心小学语文学科"源节日"活动评价表

活动名称：＿＿＿＿＿＿ 参与者：＿＿＿＿＿＿									
评价标准	学生情况评价					教师情况评价			
	评价项目	评价结果				评价项目	评价结果		
		优秀	良好	合格	须努力		优秀	良好	合格	须努力
评价项目	1. 学习态度端正，对活动内容有兴趣。					1. 活动设计有主题、有目标、有计划、有总结。				
	2. 参与度高，能积极热情地参加活动，有较多的学习体验和感受。					2. 活动设计能关注学生语文学习的经历以及核心素养的提升。				
	3. 活动中能勤于思考、敢于实践。					3. 认真组织，积极参与，活动过程中注重启发与指导学生顺利完成各项"源节日"活动。				

续　表

评价标准	学生情况评价					教师情况评价				
	评价项目	评价结果				评价项目	评价结果			
		优秀	良好	合格	须努力		优秀	良好	合格	须努力
评价项目	4. 同伴间能合作互动，尊重他人不同的想法和观点。					4. 教、学、评一致，评价方法多元、适切，评价要融于活动。				
	5. 学习方式灵活，能主动学习和互助学习。					5. 注重活动过程中各项资料的收集、整理、积累和存档。				
	6. 学习成果有创意或特色作业有展示。					6. 对活动过程能及时宣传报道，通过微信推送、小视频、照片等技术发布，及时向社会及家长报道相关信息。				

简评：

评价人：_____
日期：_____

三、开展"源之旅"，做实语文实践活动

《义务教育语文课程标准（2022 年版）》指出，义务教育语文课程以生活为基础，以语文实践活动为主线，以学习主题为引领，以学习任务为载体。[1] 跨学科学习旨在引导学生在语文实践活动中，联结课堂内外、学校内外，拓宽语文学习

1　中华人民共和国教育部. 义务教育语文课程标准（2022 年版）[S]. 北京：北京师范大学出版社，2022：2.

和运用领域。[1]

基于语文课程标准，我们开展的"源之旅"，就是一种跨学科的语文学习。它根植于生活，以语文实践活动为主线，围绕大学习任务，以学生探究为主，融交互式、多样化、个性化的学习为一体；以活动为基础，以激活心智为主旨，融交际性、体验性、运用性、趣味性于一炉。增加学生学习的内驱力，让学生变学习负担为学习享受，体现语文课程与其他课程的融合，书本知识与现实生活的联系，拓宽学生语文学习的空间地域，帮助学生积累语言，提高听说读写的综合能力。

（一）"源之旅"的活动设计

"源之旅"实践活动立足于教师的教学过程。首先，其回归语文教育本源，严谨创设学习真实的任务，注意书本知识和生活知识的联系和前后新旧知识间的联系，避免碎片化、随意性；其次，其提高对学生实践活动的指导水平，充分引导不同层次的学生主动参与语文学习活动，使其在实实在在的经历中获益；最后，其培养学生运用所掌握的听说读写的语文技能解决实际问题，并在活动中不断创新，提高语文核心素养。根据以上认识，我们设置了"源之旅"语文实践活动课程，低段二年级、中段四年级和高段五年级一个学期的语文实践活动。见表1-6。

表1-6 "源之旅"语文实践活动安排表

实践活动名称	驱 动 性 问 题	教材和相关资料	参与人员
为中国共产党代表团驻沪办事处纪念馆（周公馆）做宣传页	1. 本质问题：如何为周公馆制作宣传页？ 2. 驱动问题： （1）为什么要给周公馆做宣传页？ （2）一份宣传页需要有哪些部分？ （3）如何介绍周公馆？ （4）图片可以从哪儿来？选择哪张放在宣传页上？ （5）宣传页该如何排版？	1. 统编版语文课本二年级上册第六单元 2. 红色场馆宣传册 3. 照片	二年级

---

1 中华人民共和国教育部. 义务教育语文课程标准（2022年版）[S]. 北京：北京师范大学出版社，2022：34.

续　表

实践活动名称	驱动性问题	教材和相关资料	参与人员
共同的神话，不同的大神	1. 本质问题： （1）怎样归纳神话故事的主要内容？ （2）怎样多角度理解神话中的人物？ 2. 驱动问题： 世界各地的神话故事都有其神奇之处，在诸多个性鲜明的神话人物（神话故事）中，你最喜欢哪一个？	1. 统编版语文课本四年级上册 2.《快乐读书吧》配套读物：《山海经》《中国古代神话》《希腊神话与英雄传说》《世界神话传说》等 3. 书籍《小学生快乐阅读笔记——阅读策略体系化学习过程可视化》	四年级
走近学生刊物	驱动问题： 如何为二中心小学的小伙伴们创办一本受欢迎的学生小刊物？	统编版语文课本五年级上册《忆读书》	五年级

"源之旅"语文实践活动的实施过程，一般以"情境—任务"为先导，基于教材发散延伸。在活动中，提供事例和问题，通过阅读、写作、口语交际、讨论、辩论、演讲、表演、头脑风暴、创造等形式来引导学生积极思考，对问题进行自主探究，加深对课程内容的理解与掌握，追求语文学习内容的统整，关注与其他学科的整合。让学生在实际的自主协作探究的过程中完成学习成果，享受语文学习的快乐，培养语文的核心素养。见图1-6。

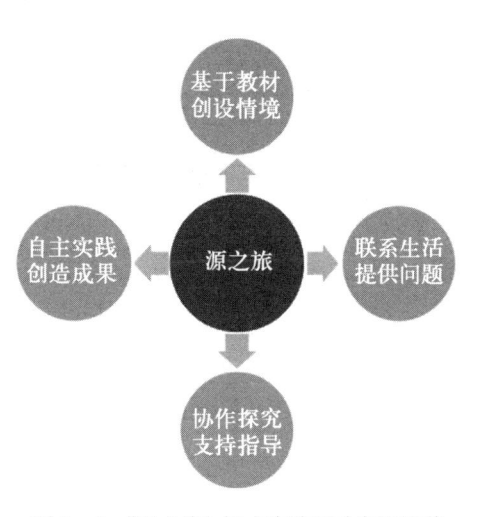

图1-6　"源之旅"语文实践活动实施图谱

（二）"源之旅"的评价要求

"源之旅"语文实践活动不能用测验或考试的方式来对学习成果进行盲目简单的评价，而是既要关注学生的学习成果，又要关注其学习潜能和兴趣；既关注学生在活动中知识技能的获得，又重视学生的学习过程与学习经历的体验。我们一般采用过程性评价的方式，重点评价学生在语文实践活动过程中表现出来的学习态度、参与程度和核心素养的发展水平，体现多元主体、多种方式的特点。

1. 多主体的评价。在对学生进行语文实践活动评价时，我们主要发挥多元评价主体的积极作用，鼓励教师、学生、家长及学校管理人员共同参与评价。教师主要针对学生在协同合作完成学习任务的过程中所反馈的实际表现进行评价。评价都和学习过程中有意义、有价值的重要经历有关，重点关注学生在学习全过程中的兴趣度、积极参与度、合作探究情况、创新能力等，及时在"淘丫智慧成长册"里记录点滴。同时，引导学生开展自评和互评活动，让学生对整个活动的学习经历进行自我评价；还引导学生对同伴在真实学习情境中的经历、表现、态度、长处及不足等提出建议，帮助同伴在评价这面镜子前更好地"醒悟"，更准确地认识到问题所在，以利于其后续的学习和发展，且能在分享互评中获得学习的动力与乐趣。此外，学校管理者和家长也参与评价反馈，帮助学生自我反思，帮助教师发现问题，不断改进教学策略和教学方法，实现教学方式的变革。

2. 多方式的评价。我们常用多种评价方法，如活动观察、对话交流、小组分享、学习反思、信息技术等，收集学生参与语文实践活动的过程性表现，如特色作业、资料报告、视频音频、成果展示等，记录学生核心素养发展的典型表现，包括深入了解学生参与活动时的态度兴趣，评价其学习品质，力求真实、完整地记录学生参加语文实践活动的整体表现。

四、创设"源社团"，发展语文兴趣爱好

"源社团"以语文课程的工具性与人文性的统一这一特点为根本，以"识写""阅读""表达""综合学习"等为核心，由在语文学习方面具有某些共同特征、爱好的学生和老师相聚而成。

我们依据语文学段的目标与内容，为不同学段的学生创设了丰富多彩的源社团，发展其语文兴趣爱好。各社团的活动内容非常广泛，将课堂上的语文学习与生活中的语文学习、语文实践紧密地联系起来。在共同目标鼓舞下，参加社团活动的学生能够集思广益、互相鼓励、互相配合，充分发挥群体优势，在完成实际任务的过程中不断运用语文，不断学习语文，不断发展自己。

（一）"源社团"的主要类型

学校"源社团"分为两大主题社团，即"语文学科社团"和"跨学科社团"。

"语文学科社团"是语文第一课堂的延伸,激发学生学习语文的兴趣,满足学生进一步学习语文的要求,为同学们的语文学习提供有益的补充。"语文学科社团"以"书写""朗诵""阅读""口语表达"为主要内容,创设如下社团:

1. 古墨飘香书写社。下设"铅笔书写分社""钢笔书写分社"和"软笔书写分社",满足低、中、高不同年级学生的需求。

2. 书声琅琅诵读社。下设"美文童趣朗诵分社",让低年级学生在朗读美文的过程中,增强听读能力;"经典佳作朗诵分社",使中高年级学生在诵读经典作品的过程中,初步了解文学常识,接受优秀文化的熏陶感染。

3. 青苗悦读社。低年级学生和老师一起读,初步学习阅读方法,养成阅读习惯。

4. 诗词赏析社。中高年级学生通过诗词赏析,了解传统优秀文化的魅力。

5. 淘丫文学社。学生们和同伴、老师一起共读文学作品,畅谈感受。

6. 小太阳故事社。专为低年级学生打造,以丰富其想象,发展其口语表达。

7. 巧言辩论社。在学习辩论技巧的过程中,发展学生思维,提高学生口语表达能力。

此外,我们还创设了"跨学科社团",即语文和一门其他学科携手而成的社团。在活动过程中,让学生感受到生活中处处有语文,处处要用到语文;在综合探究学习中,进行实践探究,产生主动学习语文的内驱力。

1. 花草笔记社。语文学科结合自然学科,指导学生在与植物亲密接触的过程中学习写观察笔记和观察日记。

2. 画图说话社。语文学科与美术学科相结合。低年级学生在老师帮助下,画一画,说一说自己的作品和想法。

3. 绘本出版社。学生们运用在语文课堂上学到的本领和美术课堂上学到的技巧,当一回绘本作家,出版一本自己的绘本。

4. 游语游戏开发社。语文学科与体育学科携手,指导学生开发与语文有关的游戏项目,并制定游戏规则。

以上各社团,均采取学生自主报名和老师推荐相结合的方式,经过选拔后成团。"源社团"实施过程,见图1-7。

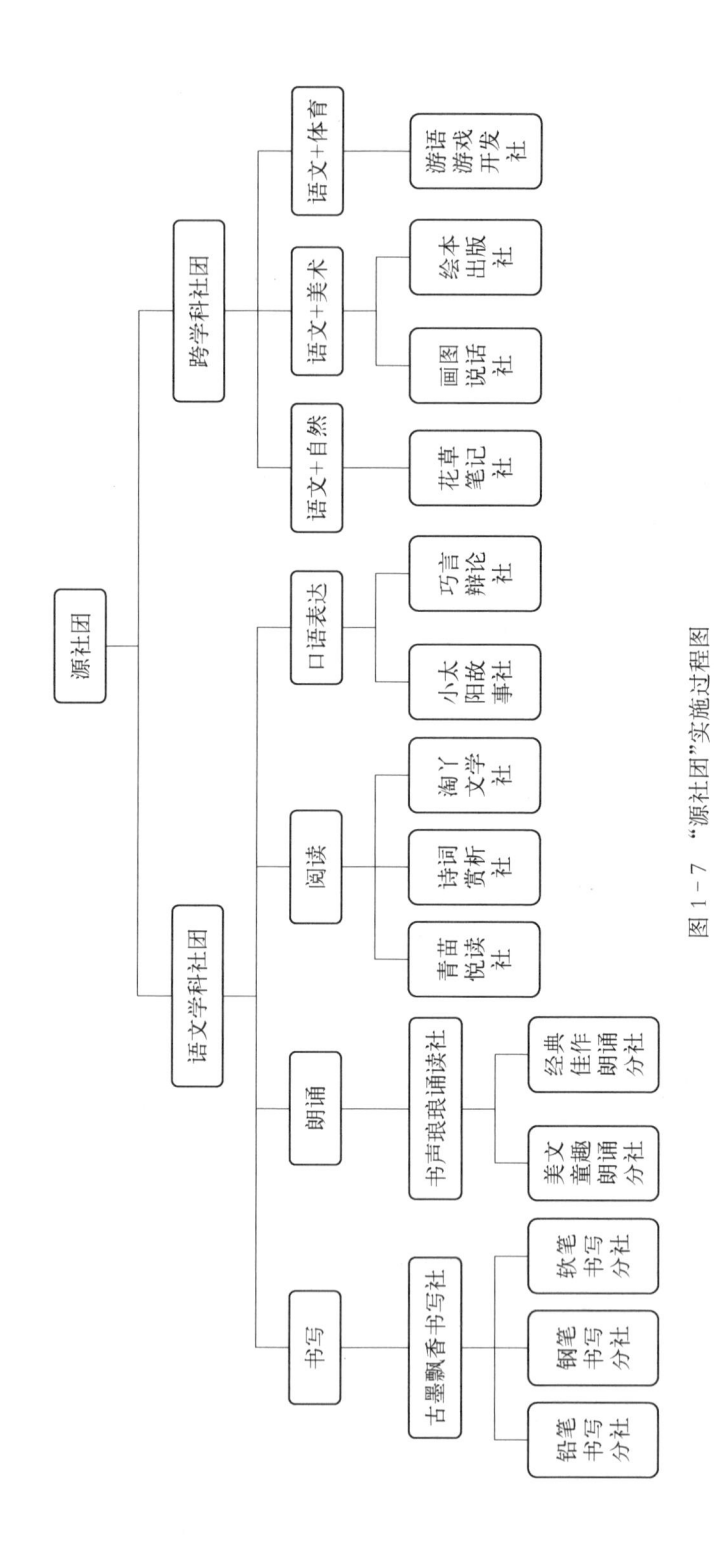

图 1-7 "源社团"实施过程图

(二)"源社团"的评价要求

"源社团"的评价由两部分组成:其一,学校依据评价细则,结合学生反馈表,对每个社团进行评价;其二,每个社团的组织者即教师依据各自社团的评价方案,对学生在社团活动中的学习过程和探究任务完成情况给予评价。见表1-7。

表1-7 "源社团"活动评价量规

评价项目		评 价 细 则
活动计划	A	计划合理,各项活动具体可行,在活动主题、内容、形式、评价等方面有创新。
	B	活动计划周密,内容充实,清晰完整。
	C	能根据活动制定合理的活动计划,在指定的时间内按时交计划书。能计划出活动中各项活动的进度、时间和评价。
活动开展	A	活动按时开始,有条不紊,活动中时间安排合理;活动气氛热烈,同学们积极参与。
	B	活动期间的秩序、组织良好。同学们对活动有兴趣。
	C	成功地完成活动,活动中没有违规现象。
活动效果	A	同学们普遍反映较好,对该社团活动表示满意。
	B	活动层面涉及广,达到预期效果。
	C	活动在语文学习某个方面使同学们有所收获。
活动反思	A	认真总结反思,能为下学期社团活动提供借鉴、经验。
	B	认真总结,按时上交。
	C	完成总结,按时上交。

每个社团的组织者即教师按照本社团的活动内容和探究任务设计评价方案、评价量规和评价表,从学生参加社团活动的出勤率,学生在活动过程中的学习态度、学习主动性、实践运用表现,以及学生完成探究任务的情况等方面给予评价。评价时不能重结果轻过程,更不能只流于表面,而不关注学生的学习实质和

效果。见表 1-8。

表 1-8 小太阳故事社"讲故事"评价表

"讲故事" 评价单					
姓名：	年级：		等第：		
说明：根据学生的表现，在相应的选项下打钩，以评价学生的口头表达能力。在"老师的话"中尽可能说明自己的评分依据。					
		优秀	良好	合格	须努力
故事内容	（一）所选故事内容符合主题。				
	（二）故事内容容易理解。				
	（三）用字、用词准确。				
	（四）衔接顺畅，通顺流利。				
表达技巧	（一）以姿势或肢体语言配合讲故事。				
	（二）以声量变化来强化重点。				
	（三）能控制速度、停顿。				
	（四）发音、咬字清晰，且相当流畅。				
	（五）仪态端庄大方，态度诚恳。				
	（六）眼神注视听众，展露自信笑容。				
	（七）精确掌握时间。				
老师的话：					

五、激活"源赛事"，提高语文核心素养

"源赛事"是在紧密结合课堂教学的基础上，以趣味性的语文学科竞赛的形式，激发学生将课堂上所学到的知识和方法联系实际，并独立运用知识和方法解决问题；通过实践发现自己在语文学习方面存在的不足，通过趣味竞赛挑战享受

学习语文的成功喜悦，以赛促学，提高语文核心素养；同时感受语文学习的重要性，营造生活即语文，语文即生活的浓厚的语文学习氛围。

教师也可通过"源赛事"活动，了解语文教学中存在的问题和薄弱环节，为今后的语文教学收集参考依据，明确努力方向，有的放矢地引导学生学习语文，以赛促教。

（一）"源赛事"的实施

每学期，全校学生分年级分层次多形式开展语文学科"源赛事"活动。赛事通常采取两种方式。

主题单元源赛事：学校语文组从"识记""书写""阅读""表达""探究"中任选一个方面，统一各教研组"源赛事"的主题。各教研组根据主题，设计本教研组的"源赛事"内容和形式。"主题单元源赛事"聚焦全校学生同一项语文学习的具体内容，帮助教师全面了解全校学生在不同学段对同一内容的学习情况。

特色单元源赛事：各年级语文教研组从"识记""书写""阅读""表达""探究"五个主题中，自主选择一个主题，结合本学段语文学习的重难点，设计本教研组"源赛事"的内容和形式。"特色单元源赛事"关注不同学段不同语文要素的学习落实情况，帮助教师了解本学段学生关于本学段语文重难点的学习情况。见图1-8。

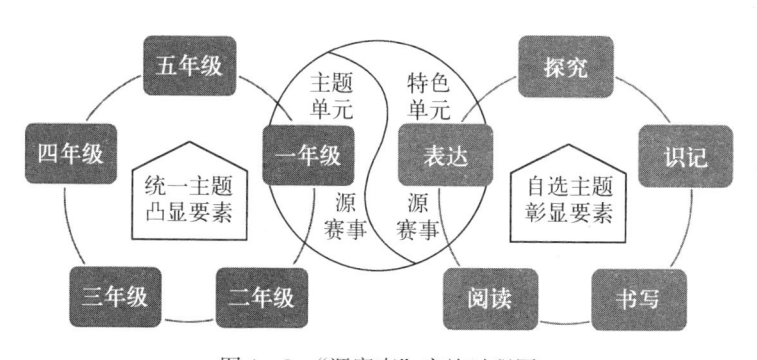

图1-8 "源赛事"实施过程图

（二）"源赛事"的评价要求

学校语文组从竞赛组织、竞赛规则、竞赛内容、竞赛形式四个维度，对各教研组的"源赛事"活动展开评价。见表1-9。

表 1-9 "源赛事"评价量规

评价项目		优 秀	良 好	合 格
组织		竞赛活动工作组织周密,职责分明,组内全体教师通力协作。	竞赛活动工作组织较周密,组内大部分教师职责分明,共同协作。	竞赛活动工作组织较混乱,教研组长承担了几乎所有的工作。
规则		规则合理,竞赛公平、公正,确保竞赛结果的真实。	规则较合理,竞赛公平、公正,对于竞赛结果中出现的疑问,能够及时了解,妥善解决。	规则中有不合理之处,竞赛较公平、公正,对于竞赛结果中出现的疑问,没有及时了解情况,及时解决。
内容	科学性	赛题科学,凸显本学段语文学习要素,拓展学生的语文知识面,发展学生思维。	赛题较科学,围绕本学段语文学习要素,对学生语文知识面的拓展和思维发展有一定的帮助。	赛题科学性较弱,本学段语文学习要素不明显。
	趣味性	内容有趣,学生有兴趣,积极参与。	内容较有趣,学生有一定的兴趣,愿意参与。	内容较无趣,机械重复性的内容较多。
	难易度	符合本学段学生年龄特点和学习能力,难易程度分明,考查范围广,语文素养体现明显。	大部分符合本学段学生年龄特点和学习能力,难易程度较分明,能体现语文素养。	部分符合本学段学生年龄特点和学习能力,难易程度不分明,能体现语文素养。
形式		形式丰富、有趣,有效激发学生参与热情。	形式较丰富,较有趣,学生乐意参加。	形式较单一。

"源赛事"的目标之一就是学生通过趣味竞赛挑战,能够享受到语文学习的快乐和成功,激发学生学习语文的热情,对学生的评价应该形式多样,以鼓励为主。对于在竞赛中脱颖而出的学生,我们可以为其颁发奖状、奖品。奖状上一改往日的"第一名",而是以"识字小能手""书写小达人"取而代之。这样,学生就清楚地知道自己语文学习学得较扎实的内容。奖品除了物质奖励以外,更建议用精神奖励。"书写小达人"可以在语文课上当小老师,给全班同学示范写字。这样,既提供了让竞赛优胜者展示自己学习成果的平台,又激发了其他学生努力学习,争取当小老师的热情。

竞赛结果只是评价的一个方面，还应关注竞赛过程中学生们的态度、习惯、方法等，以进行恰当的过程性评价，最后颁发"认真参与奖""最佳写字姿势奖"等。

总之，"源赛事"对学生的评价着眼于让学生乐学、善学、会学。

六、开发"源课程"，丰富语文课程内容

《义务教育语文课程标准（2022年版）》指出："义务教育语文课程内容主要以学习任务群的形式组织呈现。设计语文学习任务，要围绕特定学习主题，确定具有内在逻辑关联的语文实践活动。"[1]语言文字积累与梳理是基础型学习任务群，直接指向语文核心素养的"语言运用"方面。这个学习任务群突出体现了语文课程的性质。[2]"实用性阅读与交流""文学阅读与创意表达"与"思辨性阅读与表达"均为发展型任务群，这一类型任务群覆盖原来语文课程所包含的古今"实用类""论述类""文学类"等语篇类型。[3]"整本书阅读"和"跨学科学习"属于拓展型学习任务群。"源课程"课程内容依据《义务教育语文课程标准（2022年版）》要求，主要以学习任务群组织与呈现；基于基础型学习任务群、发展型学习任务群和拓展型学习任务群设计相互关联的系列学习任务，共同指向学生的核心素养发展，具有情境性、实践性、综合性。[4]

（一）"源课程"的设计与开发

"源课程"包括"阶梯式递进"系列课程和"个性化"系列课程。

"阶梯式递进"系列课程即口语交际系列课程。该课程从一年级到五年级均有开设，呈阶梯式递进状。对于对口语表达有兴趣的学生以及在口语表达方面有特长的学生而言，可以循序渐进，依阶而行。在五年的时间内，有序地学习口语交际相关的知识和方法，提高口语表达能力和口语交际技巧，发展该项语文特长，运用该项语文素养，在生活中实现良好人际交往。

"个性化"系列课程是立足"识写""阅读""表达""综合学习"，进行学情分

---

1 中华人民共和国教育部. 义务教育语文课程标准（2022年版）[S]. 北京：北京师范大学出版社，2022：19.
2 吴欣歆，管贤强，陈晓波. 新版课程标准解析与教学指导 小学语文（2022年版）[M]. 北京：北京师范大学出版社，2022：31.
3 同上，第97页。
4 中华人民共和国教育部. 义务教育语文课程标准（2022年版）[S]. 北京：北京师范大学出版社，2022：19.

析后，在各个年级开设的相关课程。课程内容各有侧重。

以上课程必须依据课程矩阵，通过课程内容的设计和课程实施的支持，基于学生语文核心素养发展的课程目标的实现。见图1-9。

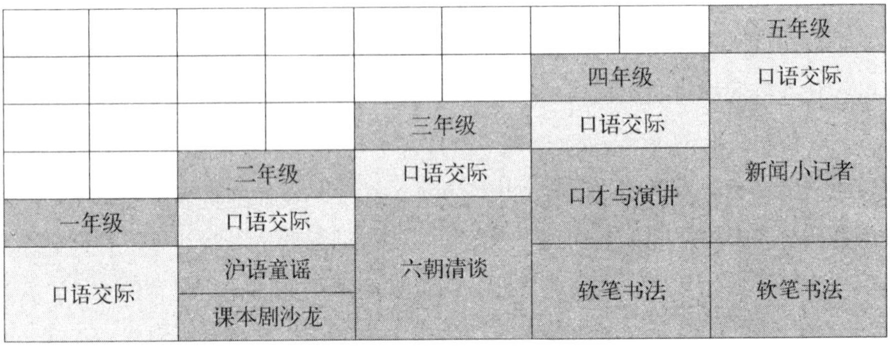

				五年级
			四年级	口语交际
		三年级	口语交际	
	二年级	口语交际	口才与演讲	新闻小记者
一年级	口语交际			
口语交际	沪语童谣	六朝清谈	软笔书法	软笔书法
	课本剧沙龙			

图1-9 "源课程"实施过程图

每学年伊始，全校学生可以登录学校网站，浏览隶属于"源课程"的每一门小课程，了解每门课程的教学内容，从中选择自己感兴趣的一门报名，之后，便以走班的形式于每周五下午开始为期一学年的语文拓展学习。等到下一个学年，学生可以更换一门课程，也可以选择同一课程的上阶课程，继续语文拓展学习。

(二)"源课程"的评价要求

在"源课程"开发的活动中，对于教师设计的课程方案，是否有资格走进课堂，成为一门真正意义上的"课程"，我们自有量规进行认证。每一门课程方案，都必须经过评定，拿到最后的"通行证"，才能呈现在学生面前。见表1-10。

表1-10 "源课程"评价量规

评价项目	评价指标	评价等级	评价要求
课程目标	课程目标体现语文学习目标内容	优 良	课程目标的制定与语文学习目标相吻合，较好地体现了语文学习的特色内容。
		一 般	课程目标的制定与语文学习目标相吻合，能够体现语文学习的特色内容，但还不够明显。
		不合格	课程目标的制定与语文学习目标不一致，无法体现语文学习的特色内容。

续 表

评价项目	评价指标	评价等级	评价要求
课程目标	课程目标体现本校学生语文学习发展目标，以学生发展为核心	优良	课程目标中与学生相关的目标制定与本校学生语文学习的发展目标相一致，较好体现了满足和发展学生学习语文的兴趣，提供学生表现、表达的机会。
		一般	课程目标中与学生相关的目标制定与本校学生语文学习的发展目标基本一致，能够体现满足和发展学生学习语文的兴趣，但没有提供学生表现、表达的机会。
		不合格	课程目标中与学生相关的目标制定与本校学生语文学习的发展目标不一致，无法体现满足和发展学生学习语文的兴趣。
课程内容	有效	优良	课程内容在选择上，所涉及的知识和能力，较好地为实现语文学习目标而服务，能够促使学生有效地语文学习。
		一般	课程内容在选择上，所涉及的知识和能力，能够为实现语文学习目标而服务，但达到目标的实效性还较欠缺。
		不合格	课程内容在选择上，所涉及的知识和能力，不能为实现语文学习目标而服务。
	有趣味	优良	课程内容是充满趣味性的，较好地激发学生的学习欲望，能够提高学生的语文素养和积极性。
		一般	课程中部分内容有一定的趣味性，可以激发学生的学习欲望，但另有一部分内容则有些枯燥、乏味。
		不合格	课程中大部分内容都无趣，无法激发学生的学习欲望。
	适合学	优良	课程内容的难易程度适合绝大部分的学生，较好地与学生已有的知识水平相联系。
		一般	课程中部分内容的难易程度适合绝大部分的学生，但还有些内容过难或过易。

续 表

评价项目	评价指标	评价等级	评 价 要 求
课程内容	适合学	不合格	课程中的大部分内容都无法与学生已有的知识水平相联系，难易程度不适合绝大部分的学生。
	现实	优良	课程内容从学生的实际生活出发，非常符合当今社会和周围世界的现实要求。
		一般	课程内容从学生的实际生活出发，部分符合当今社会和周围世界的现实要求，部分则游离于学生的实际生活之外。
		不合格	课程内容脱离学生的实际生活，与当代社会和世界脱节。
	实用	优良	课程内容的选择有前瞻性和超前性，有助于学生解决目前的问题和未来的问题，能引发学生真正地思考。
		一般	课程内容的选择有前瞻性和超前性，但提供的仅是学生可以习得的知识和技能，对学生解决目前的问题和未来的问题的帮助不大。
		不合格	课程内容的选择对于学生而言，无法帮助其解决目前的问题和未来的问题，也无法引发其真正地思考。
课程实施方案	课程实施方案整体框架	优良	课程实施方案具体，框架完整，思路清晰，所列举的策略能为达成课程目标而服务。
		一般	课程实施方案具体，框架完整，但有些地方表达不清楚，部分策略无法达成课程目标。
		不合格	课程实施方案较为笼统、简单，思路混乱，无法凸显设计者的意图。
	课程实施方案中能体现资源整合，多方合作	优良	课程实施方案能较好地体现多种课程资源的整合，并且有与多方合作、共同实施的设想和具体操作方法。
		一般	课程实施方案中有体现课程资源的整合和多方合作的设想，但所选择的课程资源较为单一，并且没有具体的操作方法。
		不合格	课程实施方案中根本没有或者几乎没有课程资源整合、多方合作的内容。

续 表

评价项目	评价指标	评价等级	评价要求
课程实施方案	课程实施方案能体现学生的参与和实践	优良	课程实施方案能较好地体现在课程实施过程中，将会提供给学生大量共同参与、实践的机会。
		一般	课程实施方案中有提供学生参与、实践的机会的内容，但从方案中看，这些机会的次数较少。
		不合格	课程实施方案中根本没有或者几乎没有提供学生参与、实践的机会的相关内容。
	课程实施方案达成课程目标的可行性	优良	课程实施方案中所描述的策略、方法和教学过程达成课程目标的可行性很大。
		一般	课程实施方案中所描述的策略、方法和教学过程有一部分有达成课程目标的可行性。
		不合格	课程实施方案中所描述的策略、方法和教学过程达成课程目标的可行性很小或几乎无法达成。

我们不难发现，要使学生个性评价真正发挥作用，帮助学生发展，引领学生学习，其关键在于每门课程的设计开发者、教学实践者，也就是我们的教师对学生就该课程的学习情况作出公正、合理、客观的评价。

为此，我们要求每位课程设计者在制定该门课程对学生的评价方案时，遵循以下几点：

1. 评价的目的是帮助教育者比较全面、深入地理解学生知道什么，可以做什么。通过评价让学生体验成功，用评价引领学习。

2. 评价内容建议多采用生活中的问题，考虑学生表达的多种形式。

3. 采取变通性的、多元化的评价方式，可以提供对学生思维特点和质量的洞察。

4. 鼓励学生自我评价、同伴之间的相互评价、家长和社区人士以及教师的评价相结合。

每位课程设计开发者都依照以上几点，针对自己设计的该门课程的课程目标

及相关内容制定了评价方案,其中评价方式主要有:

1. 等级评价方式。课堂参与、合作能力、专题研究、作业等级都各占相应的比例。

2. 表现性评价方式。要求学生完成某种任务,在完成任务的过程中,就学生的态度和技能、理解力以及如何将知识技能与行为联系起来作出评价。

3. 档案袋评价方式。从学生所有的学习成果中挑选出能代表他们最高水平的作品,或能代表他们努力过程的作品,放入档案袋中。

(三)"源课程"案例——"课本剧沙龙"课程单元教学设计

"课本剧沙龙"作为个性化校本拓展课程,充分发挥教材功能,以学生熟悉的课文内容为基础,通过兴趣激发、文本解读、角色分析、道具制作、剧本创编、联合排演等课堂活动,引导学生认同中华文化,继承和弘扬其中的优秀文化;在情境中培养学生语感和正确、规范运用语言文字的意识和能力;提升学生联想想象、分析比较、归纳判断的能力,鼓励勇于探索创新,积极思考;引导学生形成健康的审美意识和正确的审美观念,能感受美、发现美,并运用语言文字表现美、创造美。课程以情景任务的形式综合构建素养型语文课程体系,全面提升学生语文核心素养。

本课程面向二年级学生,人数30人。课程根据统编版二年级上册语文教材的教学内容,由五个单元组成:童话故事、智慧故事、寓言故事、红色故事、历史故事。每个单元依据课程矩阵的课程目标、单元主题内容和主题赋值,有针对性地进行单元教学目标、情景任务和学习活动的设计。

下面以"智慧故事"单元为例,呈现在课程矩阵的指引下任务在课程、课堂中的实施。

案例1-1　　　　"智慧故事"单元教学设计

1. 单元课程目标

基于课程矩阵,"智慧故事"单元以统编版二年级上册语文第三单元的课文《曹冲称象》为基础,围绕文化自信、语言运用、思维能力和审美创造的学科素养及其细化的八个课程目标，结合单元主题特点及其在各个目标的赋值，设置如下单元课程目标：

（1）能对课文《曹冲称象》中的角色进行合理的人物分析和故事情节梳理，并对现有剧本合理地分析比较与想象创作，使人物更加生动，情节更加有趣。

（2）能运用正确、规范的语言和生动的感情、动作来表现故事内容，有良好的口头表达能力及生动的表演能力。

（3）能积极参与并和小组成员合作完成课本剧构思、创作、排练和演出。

（4）探究交流其他古代智者的故事，为古老且智慧的中华文化感到骄傲，形成正确的文化审美观念。

在图1-3的课程矩阵中，"智慧故事"这一单元主题在语言运用和思维能力这两个目标的赋值为4分，文化自信和审美创造的赋值为3分，因此本单元的教学更加侧重学生语言运用能力的锻炼和思维能力的培养。单元教学目标的第一、二条对学生在本单元课程任务中语言运用和思维能力的培养提出了要求。通过分析人物性格特点，引导学生梳理课文故事脉络，提升语感和阅读理解能力；又通过启发学生合理想象创作课本剧剧本，锻炼学生思维。课本剧的表演是在学生完全理解课文内容的基础上进行的更进一步的语言表达和语文综合能力的锻炼。单元教学目标第二、三条就是希望学生能够通过合作分析与排演，更进一步地提升正确、规范运用语言文字的意识和能力。在生动表演课本剧的同时，学生发现并深入体会人物的智慧与美，并运用语言文字表现美、创造美。这也与审美创造的课程教学目标相匹配。最后，第四条单元教学目标的设置旨在发展学生自主阅读、探究精神；提升表达交流能力，感受悠悠中华历史长河中人们的智慧；引导学生认同中华文化，形成继承和弘扬优秀文化的意识，通过课程学习与语言体验提升文化自信。

2. 单元课程内容

课本剧沙龙以提高学生文化自信、语言运用、思维能力、审美创造力为出发点，通过设置情境任务和学习活动，从文本鉴赏、表演练习、道具制作、戏剧排演和拓展故事五个情境任务方面进行课程实施，提高学生语文素养。

3. 单元课程实施

"智慧故事"课本剧单元教学为达成单元教学目标共设有五个情境任务。情境任务环环相扣。每个情境任务由不同的学习活动组成。

情境任务一：研读课文《曹冲称象》，分析角色性格，体会人物品质

学习活动1：分析角色性格。朗读课文，说一说课文中出现了哪些人物，他们的性格特点是什么样的。

学习活动2：人物品质交流与总结。再读课文，在老师的引导下更准确地把握课文故事中的人物品质。

学习活动3：角色演绎与评价。学生分别对不同角色进行演绎，采用自评、互评、师评相结合的方式进行深入的人物体验，身临其境感受、讲述课文故事。

情境任务二：想象创编《曹冲称象》课本剧剧本

学习活动1：根据人物性格，想象主角对话。课文篇幅有限，学生要将《曹冲称象》的故事完整地演绎出来则需要学生在对课文内容深入了解的情况下，针对不同人物性格，依据课文内容进行合理的对话想象。抓住课文第4、5自然段曹冲与曹操的对话，进行更加丰富的创编，会让课本剧更加生动有趣。

学习活动2：增创其他角色对话。为了将整个故事表现得更加完整、充实，还需要在故事开头、结尾和中间故事过渡处增加适当角色对话使剧情流畅。学生要整体梳理剧本内容和故事发展的顺序，想象并交流讨论开头曹操和官员们，结尾曹操、曹植和官员们可能的对话和情节，使剧情变得完整。

学习活动3：记录创编剧本。将讨论交流增加的对话、剧情内容按照事情发展的先后顺序记录下来，完成剧本创编。

情境任务三：制作《曹冲称象》课本剧道具

学习活动1：交流讨论剧目所需道具。根据剧本，学生自主交流讨论需要准备、制作哪些道具，比如：大象、秤杆、船、石头、不同角色的衣服等；对道具进行分类，针对需要制作的道具进行讨论，这些道具是怎样的，怎么做并亲手制作。在这个过程中，锻炼学生动手、动脑和整体把控的能力。

学习活动2：制作道具。在课堂上小组分工合作制作道具。

情境任务四：排演课本剧《曹冲称象》

学习活动1：角色竞演。选择自己想要争取演绎的角色，根据老师提供的指定剧目片段进行演绎。当遇到同一个角色多名同学竞争时，同学们根据片段演绎情况进行投票，票数最高者获得角色。

学习活动2：剧本联排。根据剧本内容，结合旁白、角色、道具合作进行课本剧彩排。在正式演出前需要至少进行5次联排，联排过程中同学们记背台词、设计动作、锻炼演技、互相帮助，逐步完善剧目演出。

学习活动3：正式课本剧演出录制。在公开场合进行课本剧表演展示和录制，依照课文内容，生动演绎故事。录制后能让更多同学看到精彩的演出。

情境任务五：探究交流其他古代聪明人的故事

学习活动1：阅读其他古代聪明人的故事。在老师的提示引导下，学生可以通过阅读书籍、网络搜索、询问老师家长等方法，寻找、阅读其他古代聪明人的故事。

学习活动2：互动交流你知道的古代聪明人的故事。在课堂上用自己的语言讲一讲其他聪明人的故事。

通过情境任务一和情境任务二，学生对文本进行深入解读和分析，在活动中提升阅读理解、逻辑分析、想象创作、口语表达能力，对应课程矩阵中课程目标"语言运用"和"思维能力"的实施。情境任务三和情境任务四的学习活动要从整体对剧目所需道具进行排摸和制作，提升思维能力和审美创造力。排练对学生的要求更高，学生要体会语言文字，并通过自己的理解将文字变成"现实"，让自己成为课本中的同龄小伙伴，和他交朋友，感受他的故事。在演绎的过程中，学生的"思维能力"和"审美创造力"的提升对应了课程矩阵的目标要求。最后，情境任务五则是对整个"智慧故事"的拓展提升，也在这个过程中增加了学生的"文化自信"。

4. 单元课程评价

（1）评价的原则：① 采用多元性评价方式，注重学习的过程性评价。② 学生自评、互评与教师评价结合。③ 以表现性评价为主，形成性评价为辅。④ 注重学生在学习中综合素养的提升。

（2）评价要求：单元评价根据课程矩阵和单元教学目标进行基本评价项目设置，以形成性评价为主要评价方式，从学生的文化自信、语言运用、思维能力、审美创造力和综合能力多方面评价学生这一个单元的学习，包括对语文要素的学习把握，语言表达应用能力，单元任务实施时的积极性与参与度等语文素养的评价。同时评价采取等第制，从自评、互评、师评三方面展开，旨在提升学生对语文学习的高阶认知能力。"课本剧沙龙"课程"智慧故事"单元评价要求如下：

"课本剧沙龙"课程"智慧故事"单元评价表

评价标准	学生情况评价				
	评 价 项 目	评 价 结 果			
		优秀	良好	合格	须努力
		自评		互评	师评
评价项目	1. 认同中华文化。				
	2. 知道中华古代智者的故事。				

续　表

评价标准	学生情况评价			
	评 价 项 目	评 价 结 果		
		优秀	良好	合格　须努力
		自评	互评	师评
评价项目	3. 了解《曹冲称象》中不同人物的性格和品质。			
	4. 积极参与课堂讨论。			
	5. 在课堂上准确表达自己的观点。			
	6. 剧本创编想象丰富合理，有创造力。			
	7. 勇于探索创新，积极思考。			
	8. 能发现同伴表达、表演的优点。			
	9. 能对他人表演进行合理点评。			
	10. 能在排练中推敲表演方法。			
	11. 生动表演自己的角色。			
	12. 学习态度端正，对学习和任务内容有兴趣。			
	13. 学习方式灵活，能自主学习，同伴间能合作学习，尊重他人不同的想法和观点。			

（案例提供：上海市黄浦区卢湾二中心小学　郭艺文　蔡诗怡）

总之，利用课程矩阵，经过更充分的备课更灵活的教学，教师多鼓励、多启发，学生语言表达积极性大大提升。学生在课堂上碰撞思维，迸发出了更多有新意的金点子，提升了思维能力。

（本章执笔人：上海市黄浦区卢湾二中心小学　乔燕　杨学敬　罗芸）

第二章
目标导向性：聚焦课程目标的育人要求

　　课程坐标让教师依据目标更好地设计课程。在某种意义上，课程坐标是课程开发的设计图和施工图，课程坐标的运用可以为课程实施指明方向。每一个课程坐标中的"点坐标"都会通过衍生，形成课程内容与课程目标的二维矩阵。借助课程坐标，教师在课程实施中能充分认识课程的理念指向，使课程实施与课程目标有机统一，贯彻落实课程目标的育人要求。因此，课程坐标具有鲜明的目标导向性。

在课程坐标的研制运用过程中，学校首先明确了要让课程坐标作为目标导向，为教师更好地厘清教育价值的取向，真正通过课程让学生核心素养在学校落地。我们参照新颁布的课程方案和课程标准，基于育人目标，深化以"学科课程""活动课程"和"空间课程"组成的多维联动的、有逻辑的课程体系，凝练学校课程哲学，细化课程目标，构建起各类课程的课程坐标。因此，课程坐标为教师教学活动的开展提供了目标导向，课程坐标为老师的课程实施指明了方向。借助于课程坐标，教师在课程实施中能充分认识所执教课程的基本理念，使其与教学内容、教学行为有机统一，落实该课程目标的育人要求。

其次，教师设计教学活动，不仅要基于课程的基本理念，还要基于教材的设计意图、学情的基本现状。学校在课程坐标的基础上，进一步衍生开发了课程矩阵这一工具。课程矩阵是教师依据目标开发课程的"设计图"和"施工图"。每一个课程坐标中的"点坐标"课程都会延伸形成一个课程内容与目标的矩阵。课程矩阵就是依据课程目标对课程内容整合、设计后，横行和纵列（课程内容与目标）关系的形象表示，明确了每一门课程内容对该课程目标的支撑。该"点坐标"课程的内容模块支持哪些课程目标的实现以及它的支持度，可以通过赋值来分析，反映的是课程对目标的支持以及目标对课程的指导性。借助课程矩阵，教师根据课程目标来设计和实施课程，课程内容的设计和实施对于学生的核心素养培养流程更清晰，靶向定位更准确。

总之，课程坐标具有目标导向性。它让教师能够更好地把握课程的基本理念、教材的设计意图、学情的基本现状，为课程设计指明方向，让教学设计在新的核心素养背景下得以有效实施。配合课程矩阵，课程实施的过程中资源的"新生"，也能更好地为学生尚智赋能。

以道德与法治学科为例，教研组在研读《义务教育道德与法治课程标准（2022年版）》《小学道德与法治》教材的基础上，找到每节课的研究主题、需落实的核心素养，根据目标主题绘制学科课程坐标，并通过"课程矩阵"对核心素养赋值，明确课堂每一个主题下的教学内容、活动内容的侧重点。借助课程坐标的目的导向使课堂活动能做到目标和教材、学生的学情更贴合；根据实际需要，从各个主题的需求出发，提高教学资源使用的有效性，以及学生的学习兴趣与实践能力。

课程坐标

务本道法：凸显道德与法治学科的育人立场

上海市黄浦区卢湾二中心小学道法组现有教师 31 人，年龄跨越老中青三代。其中硕士研究生 3 人，本科学历 27 人，大专学历 1 人；中高教师 1 人，小高教师 30 人，市区级骨干教师多名。道法组组内一名为专职教师，其他是兼职教师，他们各自教授语文、数学、美术等多门课程，且多担任班主任工作。鉴于以上背景，道法组老师与孩子接触时间长，渠道广，且教育经验丰富，在课程的开发与实施上有着得天独厚的优势。

第一节　以核心价值观实现学科育人理念导向

一、学科课程性质

《义务教育道德与法治课程标准（2022 年版）》指出："思政课是落实立德树人根本任务的关键课程，道德与法治课程是义务教育阶段的思政课，旨在提升学生思想政治素质、道德修养、法治素养和人格修养等，增强学生做中国人的志气、骨气、底气，为培养以实现中华民族伟大复兴为己任的有理想、有本领、有担当的时代新人打下牢固的思想根基。课程具有政治性、思想性和综合性、实践性。"[1]

从《义务教育道德与法治课程标准（2022 年版）》中我们可以看出，小学《道德与法治》作为一门综合性课程，首先承担着促进学生形成良好的道德和法

1　中华人民共和国教育部. 义务教育道德与法治课程标准（2022 年版）[S]. 北京：北京师范大学出版社，2022：1.

治意识以及弘扬社会主义核心价值观的重要任务。青少年阶段是人生"拔节孕穗期",要扣好人生第一粒扣子,尤其需要精心引导和培育。道德与法治教育基于社会发展和学生成长的需要,以正确的政治思想、道德规范和法治观念对学生进行循序渐进的系统化教育,在道德教育中发挥法治对道德的促进作用,在法治教育中发挥道德对法治的滋养作用,使道德教育与法治教育相辅相成、相得益彰,培养学生成为担当民族复兴大任的时代新人。

其次,新时代义务教育道德与法治课程的改革,为我们思政教育提出了新要求与新挑战。我们要把立德树人作为根本任务,为培养有理想、有本领、有担当的时代新人打下牢固的思想基础。在做法上需关注课程知识传授和情感态度价值观形成之间的关系,要形成学生能力获得和提升的课程重点;要改变课程实施过程中过于强调被动学习的现状,要对学情进行分析研究,创设学生主动参与、自主学习的学习氛围;要加强课程内容与学生生活实际的联系,关注学生的学习兴趣和学习经历;应关注教学阶段性目标,设计符合学生年龄段和心理特征的教学实践活动,多角度开发课程资源,丰富教材内容;要改变课程评价方法,明确道德标准和法治意识的评价准则。

二、学科课程理念

我们将这一指导思想根植于道法课程,结合学校办学理念,提出"务本道法"。我们希望通过课程重点引导学生崇尚美好品德,尊崇社会主义核心价值观,热爱自然、国家和社会、学校和家庭,在生命教育、心理健康教育、环境教育、爱国主义教育中逐步达成立德树人的根本目标。同时,学生在我们设计的课程活动中能增长才干,适应环境变化,根据不同要求,有目标、有方法、有智慧地理解规则、遵守规则,增强规则意识和法治意识,逐步规范实践,形成集体认同,在认同中加强自主创新、开拓进取和团队合作的能力,最终帮助学生做中华美德的传承人,知法守法的时代人,以核心价值观实现学科育人理念导向。

"务本道法"继承和延续道法课程特点,以小学生道法课程教育目标为导向,使"道德教育"和"法治教育"有机融合,既体现小学不同阶段学生思想道德与法治认知及实践能力发展的方向,又符合和顺应新时期对学生综合素质的新要求、高要求。

"务本道法"面向小学阶段，教学目标随着学生生活及活动过程的变化和需要不断调整；教学内容涵盖教科书并扩展到学生生活的各个方面；课堂从教室扩展到家庭、社区以及其他生活空间；教学时间在与学校其他活动或学科的配合联结中灵活而弹性地延展；课程评价逐渐走向开放、多元，全面关注学生丰富多彩的体验和个性化的创意与表现。"务本道法"在本质上以学生的一切为出发点，崇尚真实的学习内容、自主的学习态度、主题式学习方式、多元式的学习评价，具体表现在以下几点。

（一）"务本道法"是尊崇学生真实生活体验的道法

学生品德的形成源于他们对生活的体验、认识、感悟与行动，《义务教育道德与法治课程标准（2022年版）》指出要以学生生活为基础，构建综合型课程。[1] "务本道法"教育坚持源于小学生实际生活和真实道德冲突的教育活动，力图创设真实情境，引发学生真实道德情感、规则认知和行为。课程活动设计既要源于生活，又要高于生活，用正确的价值观引导学生在自己喜欢的活动中自主探究、综合发展。

（二）"务本道法"是鼓励学生自主参与实践的道法

"务本道法"注重学生在道法学科教学活动中培养自主学习的态度，鼓励学生在实践活动中亲身体验，主动学会热爱生活、创造生活；在服务自我、他人和集体的行动中，自觉学会关心他人，学习做人；在与自然以及周围环境的互动中，内化探究能力，发展创新意识和实践能力。

（三）"务本道法"是聚焦单元主题学习方式的道法

"务本道法"从单元视域入手，采用的基本学习形式是单元主题学习。单元之间课程层层推进，单元和单元之间前后衔接，由浅入深，由表及里。在单元主题活动中，学生围绕单元目标，注重教育活动之间的整合与连续性，各有侧重地开展课堂内外活动，以获得连贯的、完整的、科学的学习过程。

（四）"务本道法"是优化课堂评价方式的道法

《义务教育道德与法治课程标准（2022年版）》建议道德与法治课程评价要

---

[1] 中华人民共和国教育部. 义务教育道德与法治课程标准（2022年版）[S]. 北京：北京师范大学出版社，2022：3.

围绕发展学生的核心素养,发挥评价的引导作用。[1]教师评价学生在道法学科的方式趋于多元化,采用的评价方法主要有:观察、访谈、问卷、成长资料袋评价、作品分析等。"务本道法"基于学生在各项活动中的直接体验和思考,植根于学生的个性化反馈,结合教材和拓展资源,以质性评价为主,量化评价为辅,追求多元、全面、客观的评价准则。

第二节　以课程标准为依据设计学科课程目标

课程目标是课程的宗旨和价值导向。《义务教育道德与法治课程标准(2022年版)》围绕中国学生发展核心素养,结合道德与法治课程的性质和课程理念,确立课程目标。[2]

一、学科课程总体目标

《义务教育道德与法治课程标准(2022年版)》指出:道德与法治课程要培养的学生核心素养主要包括政治认同、道德修养、法治观念、健全人格、责任意识。政治认同是社会主义事业建设者和接班人必须具备的思想前提,道德修养是立身成人之本,法治观念是行为的指引,健全人格是身心健康的体现,责任意识是担当民族复兴大任时代新人的内在要求。这五个方面的核心素养在内涵上相互交融,在逻辑上相互依存,是一个有机的统一体。道德与法治课程的总目标是核心素养的五个方面在本课程中的转化与落实,与核心素养的五个方面相对应,通过两种思路对知识与技能、过程与方法、情感态度价值观三维目标进行整合:一是通过活动即实践活动进行整合;二是通过过程即学习过程进行整合。把"活动"和"过程"作为通往目标的路径,而不只讲"内容"和"果",体现了课程改革一以贯之的基本理念,也是走向核心素养的题中应有之义。道德与法治课程的总目标在具体阐述上以核心素养的五个方面为框架,在内容上相互交融。具体表现为:[3]

1　中华人民共和国教育部. 义务教育道德与法治课程标准(2022年版)[S]. 北京:北京师范大学出版社,2022:4.
2　同上,第5页。
3　同上,第5—8页。

（一）在政治认同上，培养有立场、有理想的中国公民

学生能够初步了解中国的基本国情、中华优秀传统文化的代表性成果，了解中国共产党的历史和革命传统、改革开放和中国特色社会主义的伟大成就，汲取党史、新中国史、改革开放史、社会主义发展史所蕴含的精神力量，热爱伟大祖国、中华民族、中华文化、中国共产党和中国特色社会主义，为自己是中国人而自豪；具有维护民族团结的意识，能够把个人发展和国家命运联系起来，维护国家利益和安全；能够理解社会主义核心价值观的内涵及其重要意义，并在社会生活中自觉践行；能够以实现中华民族伟大复兴为己任，增强做中国人的志气、骨气、底气，不负时代，不负韶华，不负党和人民的殷切期望；关心时事，热爱和平，初步具有国际视野和人类命运共同体意识。

（二）在道德修养上，培养有道德、有品格的中国公民

学生能够了解个人生活和公共生活中基本的道德要求和行为规范，能够在日常生活中践行诚实守信、团结友爱、尊老爱幼等基本的道德要求；形成初步的道德认知和判断，能够明辨是非善恶；通过体验、认知和践行，养成良好的道德品质。

（三）在法治观念上，培养有自尊、守规则的中国公民

学生能够具有基本的规则意识和安全意识，理解宪法的意义，知道与自己生活密切相关的法律，能够初步认识到法律对个人生活、社会秩序和国家发展的规范和保障作用；形成宪法法律至上、法律面前人人平等观念和权利义务相统一观念；遵守规则和法律规范，提高自我防范意识，掌握基本的自我保护方法，预防意外伤害，养成自觉守法、遇事找法、解决问题靠法的思维习惯和行为方式，初步具备依法参与社会生活的能力。

（四）在健全人格上，培养有自信、求进取的中国公民

学生能够正确认识生命的意义和价值，珍爱生命，热爱生活；初步具有自尊自强、坚韧乐观的心理素质和道德品质；具有理性平和的心态，能够建立良好的同伴关系、师生关系和家庭关系，树立正确的合作与竞争观念，具有团队意识和互助精神；具备积极向上、锐意进取的人生态度，能够适应变化，不怕挫折。

（五）在责任意识上，培养有责任、有担当的中国公民

学生能够关心集体、社会和国家，具有主人翁意识、责任感和集体主义精神，主动承担对自己、家庭、学校和社会的责任，自觉维护祖国统一和国家安全；能够主动参与志愿者活动、社区服务活动，具有为人民服务的奉献精神，勇于担当；能够遵守社会规则和社会公德，依法依规有序参与公共事务，具有公共意识和公共精神；敬畏自然，保护环境，形成人与自然生命共同体的意识。

在该课程总目标的引导下，我们始终把帮助学生实现从知识认知到道路认同并最终形成共同理想的重要责任和使命作为我们教学的出发点和归宿，同向而行，开展了"务本道法"的课程体系构建与实践研究。"务本"理念不但紧扣小学《道德与法治》课程要求和特点，勾连学校的办学理念，明确"道德"和"法治"相辅相成的关系，具体指导学校道法教师利用学校、社区和家庭资源，开展"务实尚德、规范实践"的道法课程体系和校园学习文化，促使学生和教师的精神共长。

二、学科课程具体目标

结合"务本道法"课程理念，我们细化了小学道法学科课程目标，形成了以单元为单位的课程目标。细化过程中，我们既分析教材，厘清课程标准要求下各单元需要落实的课程目标，同时，也结合我校的办学理念，思考教材所讨论的问题在学校、社区和家庭等方面的实际运用需求补增目标，让教学活动为学生的素养提升提供平台。

下面我们以三年级为例，具体说明，见表 2-1。

表 2-1 小学道德与法治学科课程三年级单元目标表

	上学期	下学期
第一单元	共同要求： 1. 知道人的成长离不开学习，每个人都是在学习中成长起来的。 2. 懂得学习不只是局限在课堂中，还有多种途径和多方面的内容。	共同要求： 1. 能够多角度地了解自己的特点与品质。 2. 认识到人与人之间的不同，理解"不同"让生活更精彩。

续 表

	上 学 期	下 学 期
第一单元	3. 体会和感受学习的快乐，懂得学习本身是快乐、有趣的。 4. 体验战胜困难后获得的快乐，掌握战胜困难的方法。 5. 知道每个人都蕴含着巨大的学习潜力，能认识到自己的学习潜力，树立学习的自信心。 6. 学会合理安排和利用时间，掌握提高学习效率的方法。 **校本要求：** 1. 懂得学无止境，人应该不断地学习，初步具有终身学习的意识。 2. 学习上应做到多观察、多思考、多提问、主动学习。 3. 学习并掌握适合自己的学习方法。	3. 知道诚实就是实话实说，不撒谎、不虚假。 4. 懂得诚实在人与人交往中是立身之本和处世之道。 5. 体会与同学相伴的快乐，愿意与同伴在一起。 **校本要求：** 1. 正视自己的不足，有信心改进自己。 2. 能肯定、接纳自己，有自信成为更好的自己。 3. 学会理解、宽容、欣赏他人，与"不同"的人友好相处。 4. 懂得在生活中需要克服胆怯、虚荣、好胜等心理，做到不撒谎。 5. 初步形成群体意识，不让群体中任何一个人落下。
第二单元	**共同要求：** 1. 深入了解学校的历史和发展变化，增加对学校的亲切感、荣誉感和归属感。 2. 了解学校的组织机构及各个部门的基本职能，知道在学校里遇到事情可以去哪里处理。 3. 了解教师工作的辛苦，体会教师对学生的爱。 4. 理解教师、体谅教师，学会和教师进行沟通。 5. 懂得学校对自己成长的重要意义。 6. 知道自己作为学校的一员，有责任为学校发展作贡献。 7. 了解接受义务教育既是自己的权利也是义务，能用法律保护受教育权不受侵犯。 **校本要求：** 1. 能够绘制学校及周边区域简单的平面图。 2. 尊重和感谢教师付出的劳动，用实际行动为教师减轻负担。	**共同要求：** 1. 认识和体会居住地对自己成长的重要性，有归属感和认同感。 2. 学会与邻居小伙伴相处的方法，注意自己在邻里生活中的言行礼仪。 3. 体会邻里生活中互帮互助的温情，并意识到自己也可以为邻里生活的和谐发展作出贡献。 4. 能运用简单的地图知识，了解自己的家乡所在省级行政区的位置。 **校本要求：** 1. 有为居住地尽责任的意识，积极参与居住地的公共生活。 2. 学会处理邻里生活中的小摩擦。 3. 了解家乡的自然环境和物产情况以及家乡人的特点，感知家乡人的可爱，激发对家乡的热爱之情。

	上 学 期	下 学 期
第三单元	共同要求： 1. 认识到自己的出生、成长倾注了家人无数的心血，体会生命的来之不易。 2. 自觉遵守交通法规，防止溺水、火灾等伤害发生，培养积极的自我保护意识。 3. 在乐于助人、参与社会活动的同时提高警惕性，初步形成安全意识。 校本要求： 1. 认识到生命不可重来，学会爱惜自己的身体，有珍爱生命的意识。 2. 掌握基本的安全知识和技能，学习应对日常生活中的紧急情况。 3. 通过防盗、防骗、防拐、防性侵教育，初步认识社会的复杂性，提高分辨能力，学会自救互救。	共同要求： 1. 知道什么是公共设施，体会公共设施给人们生活带来的便利。 2. 知道公共设施受法律保护，破坏公共设施会受到法律制裁。 3. 知道规则是社会生活有序运行的保障。 4. 懂得规则对每个人既是一种约束，也是一种保护。 5. 体会日常生活中的关爱，并愿意在日常生活中帮助他人。 校本要求： 1. 初步形成爱护公共设施人人有责的意识，能自觉爱护和正确使用公共设施。 2. 树立规则意识，并愿意在生活中自觉遵守规则。 3. 学习关心他人的方法和智慧。
第四单元	共同要求： 1. 体会父母沉默的爱。 2. 从子女与父母之间的爱出发，加深父母的了解。 校本要求： 1. 尝试走进父母的内心世界，理解父母爱子女的方式。 2. 学会用行动去爱父母。	共同要求： 1. 了解不同的交通出行方式，懂得交通与人们生活的密切关系。 2. 认识各种交通工具的特点，学会根据不同情况选择合适的出行方式。 3. 认识到交通发展给人们日常生活及社会带来的问题。 4. 了解不同的通信种类和方式，感受通信和人类生活之间的关系。 5. 了解通信方式的变迁，体会现代通信的飞速发展。 校本要求： 1. 初步认识我国的交通发展状况，感受人们为交通事业的发展所付出的辛苦劳动。 2. 了解社会为解决交通发展带来的问题而采取的各种措施，形成正确的交通发展观。 3. 学会使用一些基本的通信方式，懂得并遵守通信的基本礼仪和法律法规。

从上表中我们可以看出,"务本"理念引导下设计的道法学科课程目标,不但紧扣小学《道德与法治》课程要求和教材内容,而且勾连我校的办学理念,具体指导学校道法教师利用学校、社区和家庭资源,开展"务实尚德、规范实践"的道法课程体系和校园学习文化,与生活内容更贴近。这能帮助学生实现从知识认知到道路认同并最终形成共同理想,使学生和教师的精神共长路径更加明确。

第三节 基于目标导向科学设计学科课程框架

我校"务本道法"基于目标导向科学设计学科课程框架。我们参照新颁布的课程方案和课程标准,基于育人目标,深化以"学科课程""活动课程"和"空间课程"组成的多维联动的、有逻辑的课程体系,凝练学校课程哲学,细化课程目标,构建起该课程的课程坐标。

一、学科课程结构

《义务教育道德与法治课程标准(2022年版)》指出:"道德与法治课程以发展学生的核心素养为导向,以'成长中的我'为原点,由'自我认识'到'我与自然''我与家庭''我与他人''我与社会''我与国家和人类文明',不断扩展学生的认识和生活范围,以道德与法治教育为框架,有机融入国家安全教育、生命安全与健康教育、劳动教育,以及信息素养教育、金融素养教育等相关主题,强化中华民族传统美德、革命传统和法治教育。根据不同阶段学生的身心发展特点,以学生实际生活为基础,分学段按主题对内容进行科学设计,建构学段衔接、循序渐进、螺旋上升的课程体系。"[1]我们以此为依据,结合"务本道法"的课程理念,以"自我成长""家庭生活""学校生活""社区生活""家国情怀"为活动板块设计与学生现实生活相关的探究活动任务,引导学生为祖国、家乡尽责任,随时准备帮助别人,绝不向困难低头,努力成长为有理想会做人,有学力勤探究,有毅力敢拼搏,有个性能合作,有情趣懂生活的脚踏实地心存高远的智慧人。详见图2-1。

---

[1] 中华人民共和国教育部. 义务教育道德与法治课程标准(2022年版)[S]. 北京:北京师范大学出版社,2022:17.

务本家国情怀
1 五星红旗我爱你
2 祖国生日快乐
3 革命前驱孙中山
4 中国有了共产党
5 我的中国梦

务本社区生活
1 美丽的小区
2 我是环保小卫士
3 小区里的公约
4 我的邻居朋友
5 小区普法宣传员

务本学校生活
1 校园探秘
2 我有班级小岗位
3 老师，我想对您说
4 我是班级小主人
5 母校掠影

务本家庭生活
1 我的家庭树
2 有趣的家庭游戏
3 家庭安全警示标志
4 我的家庭责任书
5 家风小调查

务本自我成长
1 我是小学生
2 安全我知道
3 我的优缺点
4 我会交朋友
5 我是小公民

图2-1 "务本道法"学科课程结构图

从"务本道法"课程结构图中我们可以看出，我们以"自我成长""家庭生活""学校生活""社区生活""家国情怀"为活动板块设计与学生现实生活相关的探究活动任务。每一个任务主题按照学生的年龄安排不同的活动主题。

（一）自我成长

自我成长将引领学生关注成长过程中发现的问题、产生的困惑，学生在活动中学习成为自信向上，诚实勇敢，有责任心的人；并能通过活动掌握自身生活必需的基本知识和基本技能。例如在"我是小学生"活动中，我们设计了一系列有趣的活动，在"校园探秘"活动中，让刚从幼儿园来到小学的孩子熟悉学校环境；在"我认识了他"活动中，带领学生认识老师、校工、保安……帮助他们融入校园生活；在"学做小学生"活动中，学生比一比，说一说，感受小学生与幼儿园学生的不同，引导他们以小学生的要求来要求自己，踏出自我成长的第一步。

（二）家庭生活

家庭生活将学生的视角投向家庭，通过活动懂得自己与父母血脉相依，感受家的温暖，初步懂得家的构成，在细节中发现家人的爱，从而在行动上做到爱亲敬长。例如在一年级，我们设计了"画一画家庭树"活动，引导学生了解家庭成员间的关系；在三年级设计了访一访"家史"、探一探"家风"、学一学"家法"等活动，让学生理解自己作为家庭的一份子对家庭的责任。

（三）学校生活

学校生活重点关注学生在校的生活。通过这一部分的活动，让学生熟悉学校环境，能利用好学校中的卫生保健设施；在学校里喜欢和同学、老师交往，高兴地学，愉快地玩；乐于探究学校的历史，乐于参与班级、学校的各类活动，以校为荣，积极投身班级建设活动。

例如：一年级的孩子处于刚入学的阶段，根据单元目标，我们的最近发展点就要放在帮助学生观察、了解学校空间布局，知道在学校活动的注意事项，了解校园生活的一般规则以及基本礼仪等方面。在熟悉学校生活的过程中，启发思考、解决问题，寻找自己在学校喜爱的空间，建立与学校的感情。到了三年级，我们的最近发展点切入到深入了解学校的历史和发展变化，了解学校的组织机构及各个部门的基本职能，知道在学校里遇到事情可以去哪里处理，了解教师工作的辛苦。在这一系列活动中，发展与教师的互动情感，增加对学校的亲切感、荣誉感和归属感。五年级我们以"母校掠影"为主题设计了探究校史的活动，让学生了解我校百年历史，提升学生以校为荣的幸福感以及为学校发展作贡献的责任感。而我们的教师还要将学生的视域引向更为广阔的地方，帮助他们了解接受义务教育既是自己的权利也是自己的义务，能用法律保护受教育权不受侵犯，为培养学生的法治素养奠基。

（四）社区生活

社区生活的活动设计将活动视角投向社区生活，让学生在活动中感知自己与社区的关系，以及能在社会生活中养成基本的文明行为习惯。学习用观察、比较、调查等方法进行简单的生活和社会探究活动。尊重社会各行各业的劳动者，爱惜他们的劳动成果。例如在二年级安排了"我是环保小卫士"活动，引导学生心中有他人，能在社区生活等公共场所中做一些力所能及的小事，为社区环境添彩。

（五）家国情怀

家国情怀活动帮助学生增进对自己的家乡、祖国的了解。通过自主探究、阅读资料、采访等多种活动，学生能够感知自己家乡的美丽、家乡人民的淳朴进取，对家乡发展产生责任感；增进对祖国的了解，知道中国的过去、现在，能从活动中受到启发，发自内心地为自己是一个中国人感到骄傲。例如：我们对四年级的学生进行红色革命教育。教育中，我们充分利用教材，利用黄浦区的红色资源，让学生在走访、探究中了解中国共产党的历史，对中国共产党的成立的意义进行探讨，从而体会中国共产党的伟大。

不难看出，主题是"块"，内容是"点"。在"务本道法"各个主题的拓展中，将学生的视域渐渐扩大，在一点一滴的积累里逐步养成学生的道法核心素养。

二、学科课程坐标

"务本道法"课程的设计遵循学生身心发展特点和成长规律，结合学校培育方针，与新课标保持一致，同样以"成长中的我"与外界的关系为逻辑线索，螺旋式设计课程内容。我们以"课程坐标"梳理"务本道法"的相关活动内容。详见图 2-2。

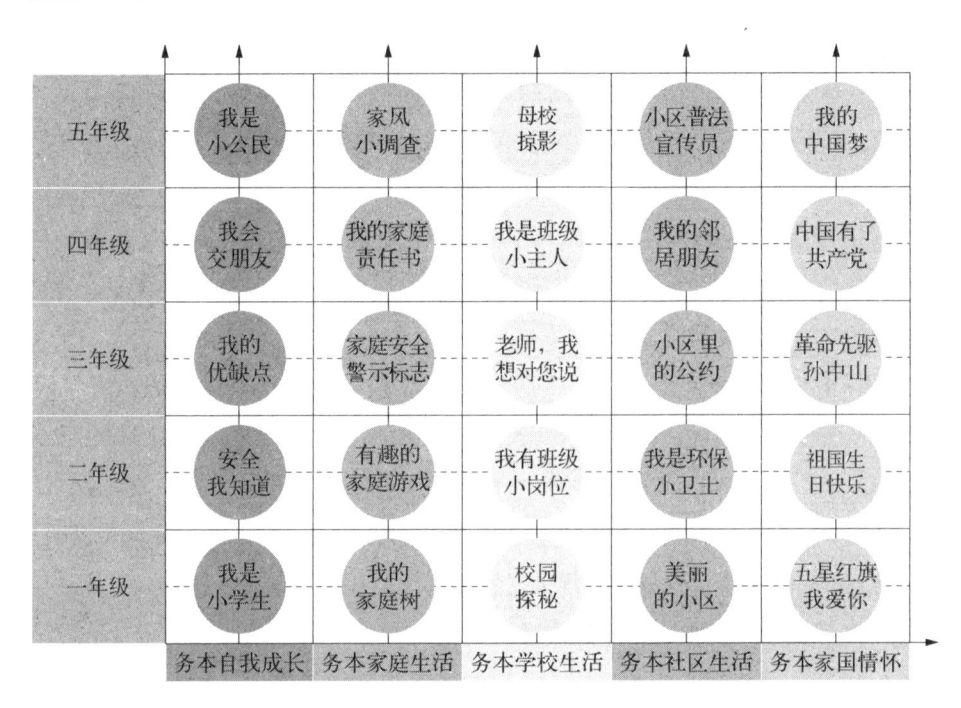

	务本自我成长	务本家庭生活	务本学校生活	务本社区生活	务本家国情怀
五年级	我是小公民	家风小调查	母校掠影	小区普法宣传员	我的中国梦
四年级	我会交朋友	我的家庭责任书	我是班级小主人	我的邻居朋友	中国有了共产党
三年级	我的优缺点	家庭安全警示标志	老师，我想对您说	小区里的公约	革命先驱孙中山
二年级	安全我知道	有趣的家庭游戏	我有班级小岗位	我是环保小卫士	祖国生日快乐
一年级	我是小学生	我的家庭树	校园探秘	美丽的小区	五星红旗我爱你

图 2-2 "务本道法"学科课程坐标图

上图中，"务本道法"课程结构的横向分类坐标的横轴对应教材中反复讨论的五个主题：自我成长、家庭生活、学校生活、社区生活、家国情怀。坐标的竖轴则对应一到五年级。横轴与纵轴相交的焦点则是基于教材、学校实际情况设计的主题内容。横坐标使五个主题看起来更加清楚，也更能体现学生探究过程中领域的不断扩大。纵坐标能帮助我们明确学生的年龄情况，让我们对学情的把握有的放矢，便于教学的开展。每一个点如同箭靶，借助坐标，我们能清晰地定位在五年活动中如何引导和指导学生为祖国、家乡尽责任，如何让学生做到随时准备帮助别人，决不向困难低头，如何努力成长为有理想会做人，有学力勤探究，有毅力敢拼搏，有个性能合作的学子。最终达成学校培育目标，落实立德树人的最终目的。

三、学科课程矩阵

根据《义务教育道德与法治课程标准（2022年版）》课程目标部分的阐述，课程目标设定要围绕道法的五个核心素养确立。这五个核心素养分别是：政治认同、道德修养、法治观念、健全人格和责任担当。其中政治认同包含政治方向、价值取向、家国情怀三个部分的目标；道德修养则囊括个人品德、家庭美德、社会公德、职业道德四个方面；法治观念培育学生懂得宪法法律至上、法律面前人人平等、权利义务相统一、具有守法用法的意识和行为；健全人格作用与自尊自信、理性平和、积极向上、友爱互助的精神品质；责任意识包含主人翁意识、担当精神、有序参与意识的培养。

学校"务本道法"课程按照与教材同向的五个内容，基于学科五个核心素养设立。每一个课程坐标中的点坐标课程都会延伸形成一个课程内容与目标的矩阵。道法学科组构建了以课程目标为横列，课程内容为纵列的课程矩阵图。课程矩阵就是依据课程目标对课程内容整合、设计后，横行和纵列（课程内容与目标）关系的形象表示，明确了每一门课程内容对该课程目标的支撑，见图2-3。

目标 课程	政治认同	道德修养	法治观念	健全人格	责任意识
我是小学生	2	4	2	4	4
我的家庭树	2	3	1	3	4
校园探秘	2	3	3	3	3
美丽的小区	3	4	4	3	4
五星红旗我爱你	4	2	4	2	4

图2-3 "务本道法"一年级课程矩阵图

从上图可见，一年级五大主题模块，分别指向自我成长、家庭生活、学校生活、社区生活、家国情怀。通过对课程目标和课程内容的综合分析，每个模块主题对达成课程目标的支持程度各不相同，对学科核心素养的培育起到的作用也各有侧重。如"我是小学生"这个主题内容，要求学生在活动中理解学生身份，认识新同学，结交新朋友，初步体会友谊；认识学校的教工人员，将他们的工作与自己的生活联系起来，产生感激之情；了解和感受不同的上学路，清楚要遵守的交通规则，注意安全，学会保护自己；以积极的心态面对学校生活，克服不良情绪；能进行简单的自我介绍；知道向学校的教工人员问候、求助的用语和基本方式；体会上学路上的温暖，学会感恩。这些多倾向于学生对于自我的认识，故在道德修养、健全人格和责任意识上赋值略高。"五星红旗我爱你"则重在让学生了解我们国家的国旗，探究其内在的含义等。此时，在落实政治认同，构建法治观念、责任意识的培养上相对赋值更高。

本课程矩阵不仅体现了课程目标与课程内容的关联程度，也能充分体现出在课程纵深推进中，目标达成度逐步递进的动态过程，有利于教师在课程实施与评价中有的放矢，合理制定教学计划和评价方案。

第四节 聚焦目标实现扎实推进学科课程实施

《义务教育道德与法治课程标准（2022年版）》指出："上好道德与法治课，关键在教师。教师要不断提高自己的理论水平和专业素养，按照政治强、情怀深、思维新、视野广、自律严、人格正的要求，坚持政治性和学理性相统一、价值性和知识性相统一、建设性和批判性相统一、理论性和实践性相统一、统一性和多样性相统一、主导性和主体性相统一、灌输性和启发性相统一、显性教育和隐性教育相统一，增强道德与法治课程的思想性、理论性和亲和力、针对性。"[1]学科课程实施的过程中，"务本道法"课程实施依托"务本学堂""务本新闻""务本见实习""务本研学""务本探究"等落实。这些活动让学生在丰富的、真实的活动中，练习运用已有的认知、经验等解决问题，并且在实践中发现自己的优点和认识不足，在后期活动和生活中分别予以提升和改正。这样一

---

[1] 中华人民共和国教育部. 义务教育道德与法治课程标准（2022年版）[S]. 北京：北京师范大学出版社，2022：47.

种知行合一的活动课程，能助力学生更好地传承优秀的道德品质，成为一个合格的社会主义接班人。

一、"务本学堂"的实践与评价

《义务教育道德与法治课程标准（2022年版）》中指出："评价是检验、提升教学质量的重要方式和手段。"[1]道法学科构建"务本学堂"，进一步推进道法特色学科建设，丰富道法学科课程，不断挖掘开发出与"务本学堂"相应的教学模式，为学科的长远发展注入源源不断的新力量；带领教师们深入实践，积极开展高效睿智的"务本道法"的课堂教学研究，不断提升道法学科课堂教学的有效性。

通过"务本学堂"引导学生崇尚美好品德，让学生扎实地理解规则、遵守规则、增强规则意识和法治意识，逐步规范实践，形成集体认同，在认同中加强自主创新、开拓进取和团队合作的能力，落实"务本道法"的目标。

（一）"务本学堂"的基本要求

《义务教育道德与法治课程标准（2022年版）》指出，教学要立足核心素养，制定彰显铸魂育人的教学目标；及时丰富和充实教学内容，反映党和国家重大实践和理论创新成果；把握思想教育基本特征，实现说理教育与启发引导有机结合；丰富学生实践体验，促进知行合一。[2]我校的"务本学堂"中不仅关注课本上原有的教学内容，更重要的是根据课堂中学生的特点来进行个别化的、适合我校学生特质的课堂教学，以突出"学生主体"的教学理念，这才是道法"务本学堂"的精神所在。

许多生活资源是在师生的互动交流中生成的，这往往是师生、生生思想撞击的灵感时刻，发表自己的见解，融合彼此的想法，达成共识的最佳时刻。"务本学堂"的教学过程是一个极具发展的、动态生成的过程，这些稍纵即逝的、非预期性的因素往往拥有无穷的教育价值，利用好这些即时的生成性因素，教学的过程必然是极富创造性和智慧的。最终，教师的"务本"培养了学生的求真务实的品质，让他们真正做到脚踏实地，遵循社会规则。

---

1 中华人民共和国教育部. 义务教育道德与法治课程标准（2022年版）[S]. 北京：北京师范大学出版社，2022：49.
2 同上，第47—49页。

(二)"务本学堂"的评价标准

"务本学堂"的教学理念是同时关注学生和教师两个方面,因此在评价中,学生的学习情况和教师的教学情况都是我们所要关注的对象,尤其注重教师在教学过程中,对学生在学习过程中生成的内容是否能够很好地引导。(见表2-2)

表2-2 上海市黄浦区卢湾二中心小学道法"务本学堂"评价表

评价标准	学生学习情况评价					教师教学情况评价				
	评价项目	评价结果				评价项目	评价结果			
		优秀 8	良好 6	合格 4	欠缺 2		优秀 10	良好 8	合格 6	欠缺 4
评价项目	1. 学习状态良好,对学习内容有兴趣。					1. 单元规划与课时分配合理,单元教学内容基于课标,目标适切,重难点突出,目标能有效达成。				
	2. 学习习惯良好,注意倾听,善于思考,乐意表达。					2. 教学过程清晰、流畅,能关注前后课时的衔接和递进。对于学生在教学过程中表达的内容能认真倾听。				
	3. 有较为丰富的学习体验,能充分调动和利用各种感官体验学习内容。					3. 活动设计能以生为本,关注学科核心素养的培育,课前对学生可能产生的问题进行预设,课上能注重启发,精准指导。				
	4. 群体间互动有序、有效,既能尊重他人不同的想法,也能进行质疑,提出自己的观点。					4. 教学方法合理,对于学生提出的疑惑的焦点,引导学生在讨论辨析中答疑,适当、有效地运用现代教育技术和手段。				
	5. 学习方式多样,能主动探索,自主学习和互助学习。					5. 板书内容清晰,布局合理,书写工整,有学科创意。				

续 表

学生学习情况综合评分：＿＿＿＿	简评：
教师教学情况综合评分：＿＿＿＿	
教师基本功评分：＿＿＿＿	
教学效果综合评价等第：＿＿＿＿	
注： 1. 教学课堂评价从学生和老师两方面评价，学生方面有 5 个项目，每项最高 8 分，合计 40 分；教师方面有 5 个项目，每项最高 10 分，合计 50 分。教师基本功 10 分，三个方面总分为 100 分。 2. 教学效果评价以等第呈现：优秀 90—100；良好 81—89；合格 71—79；需努力 70 以下。	评价人： 日期：

案例 2-1　"中国共产党诞生"单元教学设计

一、单元课程目标

1. 感受革命先辈的伟大精神和青年的爱国情怀，加深对中国共产党的热爱之情，有成为社会主义事业的建设者和接班人的决心。

2. 了解马克思主义在中国的传播、五四运动及中国共产党诞生等相关史实，知道中国共产党的创建是历史的必然选择。

二、单元课程内容

1. 了解马克思主义的传播、五四运动及中国共产党诞生的史实。

2. 结合课本内容，尝试分析中国共产党的创建是历史的必然选择。

三、单元课程实施

课程＼目标	政治认同	道德修养	法治观念	健全人格	责任意识
中国共产党诞生	4	2	0	2	2

根据单元课程实施的矩阵图，本单元的内容是重点落实政治认同素养。故单元活动内容就要紧密勾连这一核心素养，下实功夫。这一节课，我们是这样设计的：

情境任务一：走，红色地图探秘去

学习活动1：谈话导入，出示地标信息卡。

学习活动2：布置探究任务。

黄浦区红色地标信息卡

红色地标：	
地址：	
与其有关的历史事件：	
与其有关的人物：	
意义：	

学习活动3：生分组完成实地走访活动。

情境任务二：中国共产党诞生

学习活动1：借助思维导图，了解中共"一大"概况。

（设计说明：借助思维导图这一学习工具，帮助学生从时间、地点、人物、内容及意义等方面，了解中共一大概况，引出本课核心问题：为什么中国共产党的诞生是开天辟地的大事？）

学习活动2：开展探究学习，感受深刻意义。

1. 读图思考，了解辛亥革命后的社会现状。
2. 观看视频，了解马克思主义在中国的传播。
3. 赏析油画，了解五四运动。
4. 讨论与分享，感受中国共产党成立的伟大意义。

（设计说明：本环节的教学充分利用黄浦红色资源，以时空转换的方式，跨越百年，聚焦中共"一大"会址、上海孙中山故居纪念馆、马恩雕像、五四烽火雕像等红色地标，帮助学生体会中国共产党的创建是历史的必然选择，感受中国共产党诞生地的重要历史价值。）

学习活动3：联系百年历史，激发爱党之情。

1. 观看视频，感受百年辉煌。

2. 交流分享，黄浦区红色资源。

3. 教师小结。

（设计说明：通过观看视频、交流分享，帮助学生进一步体会黄浦区丰富的红色资源，认识到新中国来之不易，中国特色社会主义来之不易，要传承好红色基因，努力成为社会主义事业的建设者和接班人。）

四、单元课程评价

能与小组成员一起实地走访，合作完成任务单；能了解红色地标的故事，能记录自己的发现；能感受革命先辈的伟大精神和青年的爱国情怀，加深对中国共产党的热爱之情，有成为社会主义事业的建设者和接班人的决心；了解马克思主义在中国的传播、五四运动及中国共产党诞生等相关史实，知道中国共产党的创建是历史的必然选择。

（案例提供者：原上海市黄浦区卢湾二中心小学　许影琦）

二、"务本新闻"的实践与评价

《义务教育道德与法治课程标准（2022年版）》指出，教学要围绕课程内容体系，要密切联系社会生活和学生生活实际，用富有时代气息的鲜活内容，以学生喜闻乐见的方式，增强道德与法治教育的时效性、生动性、新颖性，让道德与法治课成为有现实关怀和人文温度的课堂。[1]

1　中华人民共和国教育部. 义务教育道德与法治课程标准（2022年版）[S]. 北京：北京师范大学出版社，2022：48.

我们的"务本道法"遵循这一指导意见，结合学校平台，构建了"务本新闻"，鼓励学生关心"家事、国事、天下事"。同时，使学生在阅读新闻，播报新闻的过程中印证道法活动所得，并结合自身形成一定的行为标准、行为规范，让学生懂得如何与人相处，如何待人接物，如何看待和分析问题，等等。

(一)"务本新闻"的实践操作

该平台由两级平台构成：班级务本道法新闻小灵通平台与校级务本道法新闻小灵通平台。班级平台鼓励学生参与新闻播报活动，在播报新闻的过程中增强学生关心时事的意识，在扮演播报员的角色体验中增强表达能力。学校平台则鼓励喜爱新闻播报的学生参与到采访、撰稿、播报的活动中来，在活动中深入了解时事，不仅知道发生了什么，还能探索新闻背后的故事，能发表自己的观点和看法。

老师会根据当前单元内容结合热点新闻发布新闻关键词。同学们以个人、小组等方式在指定时间、指定地点交流自己准备好的新闻内容，低年级的同学做到在播报中增长见闻，高年级同学还要尝试结合道法学科所学对新闻发表意见，将所学与生活融合，丰富认知的同时促进行为落地，做到知行合一。

(二)"务本新闻"的评价标准

"务本道法新闻小灵通平台"的新闻需要调动学生的多种能力，故此项活动是一个以道法认知为基点，牵手语文阅读表达的综合活动。就小学道法教育而言，评价方面，首先是新闻内容的真实性、教育性、启发性。其次是孩子在播报过程中的表现。结合两点，我们设计了以下评价表。（详见表2-3）

表2-3　上海市黄浦区卢湾二中心小学务本道法"新闻播报"评价表

姓　名		自评	他　评		
			评论人1	评论人2	评论人3
播报准备	新闻内容的选择具有时效性（真实的、及时的）。				
播报中	播报语言流畅。				
	播放仪态大方。				

续 表

姓 名		自评	他 评		
			评论人1	评论人2	评论人3
特色项	新闻稿是在摘抄的基础上自己独立撰写，且与道法课内容联系紧密。				

评分说明：
1. 播报准备中的真实和及时各占5分。
2. 播报中语言流畅、态度大方各占5分。
3. 特色项属于主观评分，0—10分。

三、"务本见实习"的实践与评价

《义务教育道德与法治课程标准（2022年版）》指出："教学要与社会实践活动结合，加强课内课外联结，实现隐性课程与显性课程相配合。"[1]"务本见实习"中，学生在老师的组织下，会根据真实情景展开见实习活动。在活动中，学生对于课程内容的认识会落实到行动中，在实践中指导学生核心素养的养成，并产生对于生活新的理解与认识。

（一）"务本见实习"的实践操作

我校的"务本道法"活动的设计者也努力基于学生立场设计活动。"务本见实习"结合道法课堂，以真实的生活作为学生的见实习活动情境。老师们根据道法课堂的内容，在学习生活中，让学生运用自己的课堂所学处理真实的生活问题，使所学能够落实到行为上，是一次理论结合实际的活动。

目前，我们梳理了道法课堂中与"校园生活"有关的内容。从认识校园到教室生活再到专用室使用，我们与德育处联手，在校园范围内安排了"校园小白鸽""校园值勤""班级值日生""专业志愿者"的见实习活动，让学生在活动中对自己的生活进行观察，运用所学进行实践，并在体悟生活中更好地成长。见实习期间，学生们既要参与服务，也要观察生活，要运用所学到的道法知识发现问题，也要能尝试提出自己的解决方案。例如："校园小白鸽"在维护校园环境之

---

1 中华人民共和国教育部. 义务教育道德与法治课程标准（2022年版）[S]. 北京：北京师范大学出版社，2022：49.

余,要能准确指导其他同学做好垃圾分类,践行环保小卫士的职责。"校园值勤"要能够注意与他人交流的方式方法,维护校园课间活动秩序。让学生在实际的工作中学习如何与他人交流。

(二)"务本见实习"的评价标准

"务本见实习"的评价旨在评价学生的活动经历,重点评价过程的参与程度,也关注学生在活动后的感受,尽可能反思道法学习和实际操作之间的差距,促进学生道德修养、法治意识和责任意识这三类核心素养的提高。(见表2-4)

表2-4 上海市黄浦区卢湾二中心小学务本"见实习周"学生活动情况评价表

姓 名			见实习情况 (此处由老师填写, 以等第评价)
见实习内容	见实习时间:		
	见实习地点:		
	见实习内容: (在内容上打钩)	(校园小白鸽、校园值勤、 班级值日生、专业志愿者)	
学生见实习小结 (简单说明见实习期间完成工作情况,若有发现和想法也请一并写下。)			

四、"务本研学"的实践与评价

道德与法治课程既强调基于生活的道德教育,也强调德育资源的开放性、丰富性。基于此,我们的"务本研学"活动设计能够让学生走向社会、走向大自然,通过社会实践活动,亲身体验,在社会和大自然的课堂里面学习、提升。

(一)"务本研学"的实践操作

研学活动提倡教师为学生提供直接参与实践的机会,包括走进各类学习基地,走入社区,参与社会事务,发展社会性认知和公共精神,以此提高学生道德的认知及践行能力。作为道德与法治教师,我们有责任通过学习核心素养,研究新课程标准，找到研学和道德与法治课程的最佳结合点，设计研学活动，落实尚智研学活动。

我们梳理了道法课程中的教学内容，结合我校的实际情况，目前确定了以学校所在的黄浦区为范围的研学资源，寻找到了与教材相关的"一大会址""上海孙中山故居纪念馆"等红色教育基地，落实"务本道法"中的家国情怀的课程内容。

研学活动的设计过程，我们关注了社会大课堂与道法课堂的结合点，为学生设计研学任务单。确保活动带着问题走，边走边看边思考，并将所见所闻所感写下来，与他人交流。

案例2-2　"务本研学"——参观上海孙中山故居纪念馆

一、研学目的

通过参观上海孙中山故居纪念馆，从实物展品中寻找孙中山先生为"除旧俗，创新风"所做的努力，并谈谈对孙中山先生这种做法的想法。

二、研学过程

（一）探讨学习

地点：陈列馆一楼第一部分

师：我们来看看在孙中山先生的领导下，老百姓的生活中哪些风俗起了变化。请各小队派出一名代表来交流。

1. 禁缠足：探讨废除"裹小脚"陋习的前后变化。

2. 剪发辫：探讨清朝男子"发型变化"的积极意义。

3. 颁布教育改革通令：探讨教育改革的措施。

4. 统一货币：探讨经济改革措施。

5. 中山装：学习交流中山装的设计内涵。

（二）总结感悟

共和政体成，专制政体灭；中华民国成，清朝灭；总统成，皇帝灭；新内阁成，旧内阁灭；新官制成，旧官制灭；新教育兴，旧教育灭……

鞠躬礼兴，拜跪礼灭；卡片兴，大名刺灭……[1]

师：听了这段话后你有什么感受？

生：我觉得孙中山先生破除了很多很多的旧俗，把我们带到了一个全新的世界。

生：孙爷爷太为我们老百姓着想了，我们要感谢他。

师总结：从刚才我们观察到的、听讲到的内容中，我们能时时刻刻感受到孙中山先生领导的国民政府崇尚健康、自由、平等的文明生活和礼俗，变革了封建社会的遗风陋俗。

(案例提供者：上海市黄浦区卢湾二中心小学　谭健)

(二)"务本研学"的评价标准

"务本研学"的落实关注学生的活动情况和教师的设计组织情况，因此在评价标准中，学生的学习情况和教师的教学情况都是我们所要关注的对象。

教师设计研学活动的评价标准，注重教师在教学过程中，对学生在学习过程中生成的内容是否能够很好地引导。具体评价标准如下：见表2-5。

表2-5　上海市黄浦区卢湾二中心小学道法学科
"务本研学"活动指导评价表

评价目标	目标描述	落实情况	备注
活动问题设计	根据学生年级选择和《道德与法治》教材相匹配的学校周边资源，问题设计开放，对学生有启发性，提高道法教学的实效性。		
活动组织的有效性	活动程序和结构清晰合理，新颖有效，各环节连接自然流畅，体现"务本"的教育理念。		

---

[1] 吴冰心. 新陈代谢 [N]. 时报，1912-03-05（10）.

续 表

评价目标	目标描述	落实情况	备注
活动准备工作	课程教学场地的选择恰当；教学环境的设置要有利于师生互动和同学间的交流与沟通。		
指导教师的专业素养	教师对学校周边资源有深入的了解，对于学生所要习得的知识把握准确，仪表、教态、语言恰到好处。		

同时，针对学生在研学中的知识技能、过程方法、情感态度价值观的落实，我们也设计了表2-6的评价表。

表2-6 上海市黄浦区卢湾二中心小学道法学科
"务本研学"学生活动情况评价表

小队成员		自评	师评
研学情况	1. 研学兴趣浓，乐于参与问题的研究。		
	2. 行为习惯良好，注意研学过程中遵守纪律，文明参观。		
	3. 能充分调动和利用各种感官体验学习内容，形成自己的观点。		
	4. 群体间互动有序、有效，既能尊重他人不同的想法，也能进行质疑，提出自己的观点。		
研学报告完成情况			
说明：评价采用等第：优、良、合格、需努力。			

五、"务本探究"的实践与评价

"务本探究"是结合道法课程学习，基于真实情境设计的道法综合活动。活动中，我们希望学生运用道法课程学习中的常用研究策略，例如采访、查阅资料等对生活中真实的问题进行进一步的研究，再基于对道法的自我认知提出自己的观点、给出解决问题的方案。

(一)"务本探究"的实践操作

"务本探究"是教师以大思政格局引领和带动实践教学的一次尝试。我们尝试使实践教学体系化、实效化、生动化、有趣化。学生得到的情境任务多是真实的生活情景,在对这个情景的深入了解中,学生能够真正在社会现实和自我成长中解决问题。首先,在实践操作方面,对于问题的提出我们力求结合"务本道法"课程的可延伸点,低年级项目问题可以是老师出,高年级则更多倾向于学生在课程学习过程中希望了解或者是亟待解决的问题。其次,在项目研究方法的选择上,我们给予学生较多的自由,也鼓励他们用跨学科的知识参与到研究中来。最后,学生的项目研究我们既欢迎个人的课题,更鼓励团体共同研究项目,让学生能在与他人的交往中处理自己与自我、社会、环境之间的关系,提升自己,在动态生成中落实道法学科的核心素养。

案例 2-3　　　学生主题学习与特色项目活动方案

一、学习主题或特色项目名称:

"我的家庭责任书"之"低碳生活每一天"

二、活动目标:

1. 学习第五单元《让生活多一些绿色》后,养成绿色生活好习惯。

2. 通过采访记录讨论《我家半年用电碳排放量调查表》,总结节能减排的金点子。

三、活动时间:2021年5月

四、参与对象:全体四年级学生

五、具体操作流程:

(一)创智小天地

1. 完成任务单《我家半年用电碳排放量调查表》。

2. 学生交流谈体会。

(二)快乐加油站

地球能满足人类的需要,但是满足不了人类的贪婪。如果我们自己都做不到简朴生活,又怎么能要求别人做到呢?你、你的家人或其他熟悉的人有哪些低碳生活的良好表现?请写出来,给予点赞。

(三)心愿心语

我在调查过程中最难忘的体会是:

我获得的低碳生活的金点子有:

(案例提供者:上海市黄浦区卢湾二中心小学 郑颖)

(二)"务本探究"的评价标准

"务本探究"是一个综合实践活动,道法核心素养的落实是一个动态的过程,所以我们的评价除了项目活动评价外更重视学生表现。围绕学生道德与法治课程学习的实践性、体验性等特点,注重观察、记录学生在学习、实践、创作等活动中的典型行为和态度特征,运用成果展示、观点交流等形式,对学生的学习情况进行质性分析,同时兼顾其他评价方式的应用。注重引导学生对自己的学习历程进行写实记录,丰富评价内容,提高评价的全面性、准确性。如表2-7所示。

表2-7 上海市黄浦区卢湾二中心小学"务本道法"之
"务本探究"学生个人表现评价表

姓　　名		项目名称	
项目类型 (团体和个人)		主要参与 项目工作	
项目研究中 最大的收获			
项目研究中 我的遗憾			
教师寄语			

综上所述,"务本道法"基于目标导向科学设计学科课程框架,凸显道德与法治学科的育人立场。以核心价值观实现学科育人理念导向,以课程标准为依据

设计学科课程目标,深化以"学科课程""活动课程"和"空间课程"组成的多维联动的、有逻辑的课程体系,凝练学校课程哲学。借助课程坐标、课程矩阵这两样工具,聚焦目标,扎实推进学科课程实施,让教师在制定教学计划、设计教学活动、制定评价方案时更得心应手。

(本章执笔人:上海市黄浦区卢湾二中心小学　何琼)

第三章
时空指向性：真实地反映儿童学习的经历

课程坐标以学生认知基础为原点，从时间与空间的角度构建促进学生发展的课程体系。纵坐标指向课程的时间属性，横坐标指向课程的空间属性。课程坐标的时空指向，既包括时间上的动态性与过程性，以及空间上的静态性与结构性，也包括时间上的变化性、延展性，以及空间上的作用性与方向性。课程坐标不仅呈现学生在不同学段、不同学期、不同单元，甚至不同课时等不同时间尺度中的学习进程与课程内容，也能够反映出在不同时间里学生参与了什么样的课程经历。

学生在学习过程中，会经历各种不同性质、不同类型、不同类别的课程，这些课程给学生带来了什么样的变化呢？我们借鉴数学中的"平面坐标"，创造性地提出了课程坐标的概念，以学生认知基础为原点，从时空的角度构建促进学生发展的课程，纵坐标指向课程的时间属性，横坐标指向课程的空间属性。

时空既包括时间上的动态性与过程性、空间上的静态性与结构性，又包括时间上的变化性与延展性、空间上的作用性与方向性。[1]课程坐标呈现学生在不同学段、不同学期、不同单元，甚至不同课时等不同时间尺度中学生学习的进程与不同课程内容，即呈现出学生在不同时间里"学什么"，这是一个动态、变化的过程，能够反映出在不同时间里学生参与了什么样结构的课程内容；课程坐标将核心素养融入每一个点坐标，呼应课标对学生核心素养培养的目标和要求，强化课程的育人导向，即通过"怎样学"达到学习的目标，反映出各类课程育人的作用性和方向性，通过"学得怎样"对学习过程与成效进行合理的评价。"学什么""怎么学"既需要尊重学生在不同学龄的身心发展规律，又要充分考虑学生现有的认知经验，还要综合地考虑社会学习环境的发展变化、学校的办学理念与办学特色等影响要素，因此，课程坐标的点坐标课程内容必须是开放的，教师能够聚焦核心概念，灵活地规划、更新课程坐标中的课程内容，设计、调整课程学习进程，创生出不一样的课程结构，满足学生个性化的学习需求，即科学课程理念所倡导的"面向全体学生，立足素养发展""聚焦核心概念，精选课程内容"和"科学安排进阶，形成有序结构"[2]。相应地，"学得怎样"关注学生阶段课程学习的最后成效，还关注学生学习的最初起点和整个学习的过程中表现出来的学习兴趣、学习积极性和伴随着课程推进，学习能力的发展变化以及延续性，不进行单一的结果评价，开展过程性评价、综合评价，即科学课程理念所倡导的"激发学习动机，加强探究实践"和"重视综合评价，促进学生发展"[3]。

---

1 朱永海. 信息技术与课程整合之时空追问［J］. 电化教育研究，2009（1）：20—24.
2 中华人民共和国教育部. 义务教育科学课程标准（2022年版）［S］. 北京：北京师范大学出版社，2022：2—3.
3 同上，第3页。

基于课程坐标的时空指向性，教师在课程设计与实施中着重思考"课程内容支持学生的哪些核心素养发展？""在什么时间实施课程？""具体的某一个课程内容实施多长时间？""什么时间实施课程评价？""课程内容之间存在什么样的关联？"等问题。教师在自主构建单元、学期课程坐标的同时，还积极地与同事交流沟通，融合形成不同学段以及更大时空尺度的课程坐标。

以科学学科为例，学科组的教师们在研读《义务教育科学课程标准（2022年版）》的基础上，通力合作，创造性地整合教材与各类课程资源，整体设计学校"开放科学"课程内容，并通过同年级的任课老师横向协同，不同年级的任课老师上下联动，构建"开放科学"课程不同时间尺度的课程坐标、课程矩阵。同时，教师们还结合科学课程的"13个学科核心概念""4个跨学科概念"[1]以及核心概念对应的四大知识领域，积累和丰富"开放科学"课程的点坐标内容，供学生在小学一年级至五年级的"开放科学"课程学习过程中自主选择，更大程度地激发学生学习的主观能动性，成为学校科学教育的特色。

总之，课程坐标的时空指向性既是动态的课程时间序列与学习进程，呈现课程在不同学段、不同学期、不同学习单元等时间范围的贯通、延伸，又是相对静态地指向不同素养培养目标的各个课程内容，反映学生的学习经历不断丰富、交融，最终发展并落实核心素养，在本质上是课程时空属性的概念化表达。

课程坐标

开放科学：在具有时空感的探究实践中培养科学素养

上海市黄浦区卢湾二中心小学是一个勇于创新、不断进取的集体。科技组是

---

1 中华人民共和国教育部. 义务教育科学课程标准（2022年版）[S]. 北京：北京师范大学出版社，2022：16.

一个开放团队，组内教师多才多艺，跨学科多元发展，有市区两类课程中心研究组成员、区骨干教师、区园丁奖获得者、学校的教科研骨干、心理教师、信息教师……不同爱好、不同专长的教师在一起碰撞出更多智慧的火花，推动学校科技组不断向跨界、融合发展。我们以《义务教育科学课程标准（2022年版）》为依据，以学生核心素养培养和发展为核心和纽带，共同构建"开放科学"这一接近真实生活的科学综合实践活动课程，吸引学生不断自主探究，培养科学核心素养。多年来，组内教师们设计并组织学生开展科学主题的综合实践活动，在全国、上海市科技类学生实践活动比赛中连续获奖。

第一节　让天然的好奇心在探究实践中得到释放

儿童天生具有好奇心、探究欲，从出生起，他们就以惊人的速度开始学习、思考并探索周围的世界。美国教育家杜威提出的"做中学"和陶行知主张的"教学做合一"某种程度上都肯定了参与实践对学生学习的重要作用。在我校以往的学生调研中，学生问卷大数据结果也显示出实践类课程更受学生的欢迎，获得更高的学生学习满意度评价。因此，在"开放科学"课程中，我们结合《义务教育科学课程标准（2022年版）》的课程性质、课程理念、课程目标、课程内容、课程实施等要求，探索"开放科学"的课程哲学与价值追求。"开放科学"突出学生的主体地位，从学生的现实生活体验出发，引导学生亲身参与科学主题综合实践活动，鼓励学生积极参与、积极体验，让学生天然的好奇心在探究实践中得到释放，让学生的核心素养在探究实践中得到提升和发展。

一、学科课程性质

《义务教育科学课程标准（2022年版）》指出："义务教育科学课程是一门体现科学本质的综合性基础课程，具有实践性。"[1] "科学本质"在《义务教育小学科学课程标准（2022年版）》中首次提出，是科学素养的重要内容，在科学教育中

1　中华人民共和国教育部. 义务教育科学课程标准（2022年版）[S]. 北京：北京师范大学出版社，2022：1.

具有重要的价值。[1]《义务教育科学课程标准（2022年版）》指出："科学课程有助于学生保持对自然现象的好奇心，从亲近自然走向亲近科学，初步从整体上认识自然世界，理解科学、技术、社会与环境的关系，发展基本的科学能力，形成基本的科学态度和社会责任感，逐步树立正确的世界观、人生观和价值观，为今后学习、生活以及终身发展奠定良好的基础；有助于提高全民科学素质，促进经济社会发展和科技强国建设。"[2] 不难发现，科学课程的本质体现在对学生科学核心素养的培养上，而科学核心素养主要包括"科学观念、科学思维、探究实践、态度责任"[3]等方面，"开放科学"倡导实践、呵护童心、发展儿童，并根据课程标准绘制科学学科核心素养图。（见图3-1）

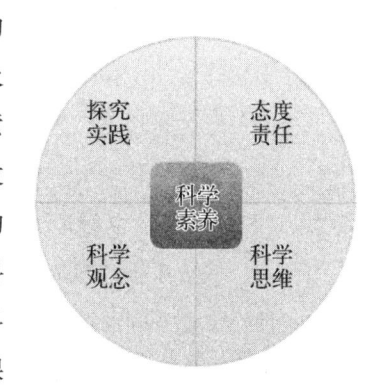

图3-1 科学学科核心素养图

怎样培养学生的科学核心素养呢？我们从科学的实践性着手，在物质科学、生命科学、地球与宇宙科学、技术与工程等不同知识领域设计并实施开放的实践活动，形成学生基本的科学观念，并重点培养学生的科学思维能力、科学探究与实践能力、科学态度与社会责任，形成具有校本特色的科学课程理念。

二、学科课程理念

基于上述认识，我们提出"开放科学"的理念。"开放"意味着"张开""释放""解除限制"，"开放科学"不局限于学校科学实验室里的小课堂，而是带领学生走进广阔的社会大学堂，"开放科学"通过系列"开放"措施，给予学生更多元的学习环境、更丰富的学习内容、更个性的学习过程，突出学生为中心的学习主体地位。"开放科学"关键在于"开放"，本质是以"人"为中心的教育。"开放科学"始终以学生的科学核心素养发展为目标，对学习资源、学习情境、学习内容、学习过程、学习评价等不断优化，促进学生的核心素养

---

1 康琪，丁邦平. 基于科学本质的小学科学教学建议与思考［J］. 中小学教材教学，2018（7）：71—75.
2 中华人民共和国教育部. 义务教育科学课程标准（2022年版）［S］. 北京：北京师范大学出版社，2022：1.
3 同上，第4—5页。

发展。基于"开放科学"理念及其原则，科学课程与课堂教学追求以下课程特性：

（一）"开放科学"是儿童的科学

《义务教育科学课程标准（2022年版）》指出："突出学生的主体地位。"[1]儿童是科学实践活动主体，教师是学习过程的组织者、引领者、促进者，教师要根据学生的科学认知水平、生活经验，创设"开放科学"学习情境，设计"开放科学"学习内容，引导学生主动参与探究实践，对成果进行分享，对实践过程进行反思。"开放科学"让科学像一粒种子埋进儿童的心里，力求真正让学生位于学习的中心，尊重儿童的学龄特点和个性需求，为儿童科学素养的发展创造学习环境与条件，形成不同学生的最近发展区。课程中，挖掘各类学习资源，设计不同内容、不同难度梯度的开放学习任务，让学生根据自己的学习兴趣、学习能力现状自主选择，同时采用多种学习方式、评价方式，呵护学生的科学好奇心，培养学生的科学探究兴趣。

（二）"开放科学"是生活的科学

《义务教育科学课程标准（2022年版）》指出："倡导设计学生喜闻乐见的科学活动。"[2]"开放科学"从学生日常学习生活、社会生活或与大自然的接触中提出具有科学实践意义的活动内容，让学生在探究实践中获得与真实生活世界有关的知识、经验，建立科学学习与生活的联系，让学生感受到生活中处处有科学。"开放科学"同时打破传统教室学习空间，扩宽学生探究实践渠道，将校园、社区、社会科普场馆等不同的现实生活场景纳入学生学习资源。课程中，学生的学习不单在教室里发生，校园里的每一株植物、家中的废弃物、小区里的垃圾房、博物馆的一件展品……都可以成为学生探究的研究对象，学校、家庭、社区、社会科普场馆等都成为学生探究实践活动开展的小基地。

（三）"开放科学"是探究的科学

《义务教育科学课程标准（2022年版）》指出："倡导以探究和实践为主的多样化学习方式，让学生主动参与、动手动脑、积极体验，经历科学探究以及技术

---

1 中华人民共和国教育部. 义务教育科学课程标准（2022年版）[S]. 北京：北京师范大学出版社，2022：3.
2 同上。

与工程实践的过程。"[1]探究和实践是科学学习的主要方式，"开放科学"课程通过精心组织和策划，让学生亲身经历有效的探究和实践过程，像科学家一样发现问题、探究问题、解决问题，或者明确任务、设计方案、实施方案、生成学习成果等。"开放科学"鼓励学生采用不同探究方法，并为学生实施探究提供必要的帮扶支架。课程中，学生可以以个体或者团队合作的方式参与探究，选择一定的探究方法，如观察、调查、比较、分类、分析等，通过语言表达、模型制作、探究报告等不同形式来呈现探究学习成果和收获。然而，怎样形成团队、跟哪些同学组成团队，团队怎样合作，怎样开展观察、调查等，需要教师给予必要的专业指导，学生亲身经历各类探究过程，习得各种相关的探究方法和技能。

（四）"开放科学"是个性的科学

《义务教育科学课程标准（2022年版）》指出："关注个体差异，改进学习过程。"[2]"开放科学"结合实践活动内容，围绕学科关键概念对应的不同学段的核心素养要求，设计多元评价，对学生的学习过程、学习成效进行不同评价，发挥评价对不同学习个体的导向功能、诊断功能和改进功能。"开放科学"尊重学生的个性差异，倡导多元评价，可以是学生自己、同学或者教师等不同评价主体实施的评价，也可以是针对学习过程、学习成果进行诊断性评价、描述性评价，形成成长档案袋等。课程中，通过评价帮助学生理解探究活动的任务和要求，促进学生参与探究活动并完成探究任务，培养学生对自然的好奇心，以及批判和创新意识、环境保护意识、合作意识和社会责任感。

总之，"开放科学"以生为本，引导儿童从现实生活出发，开展各类探究实践活动，让儿童天然的好奇心在探究实践中得到释放。

第二节　让科学核心素养在课程目标中逐渐细化

《义务教育科学课程标准（2022年版）》指出："科学课程要培养的学生

1　中华人民共和国教育部. 义务教育科学课程标准（2022年版）[S]. 北京：北京师范大学出版社，2022：3.
2　同上。

核心素养，主要是指学生在学习科学课程的过程中，逐步形成的适应个人终身发展和社会发展所需要的正确价值观、必备品格和关键能力，是科学课程育人价值的集中体现，包括科学观念、科学思维、探究实践、态度责任等方面。"[1]

一、学科课程总体目标

《义务教育科学课程标准（2022年版）》指出："科学课程旨在培养学生的核心素养，为学生的终身发展奠定基础。"总体目标如下：[2]

1. 掌握基本的科学知识，形成初步的科学观念。初步认识科学的本质；掌握与认知水平相适应的科学知识，初步形成基本的科学观念，并能用于解释有关的自然现象、解决简单的实际问题。

2. 掌握基本的思维方法，具有初步的科学思维能力。掌握分析与综合、比较与分类、抽象与概括、归纳与演绎、联想与想象、重组思维、发散思维、突破定势等基本的思维方法及其在科学领域的具体应用；能基于经验事实抽象概括出理想模型，具有初步的模型理解和模型建构能力；能合理分析与综合判断各种信息、事实和证据，运用证据与推理对研究的问题进行描述、解释和预测，具有初步的推理与论证能力；能对不同观点、结论和方案进行质疑、批判、检验和修正，进而提出创造性见解和方案，具有初步的创新思维能力。

3. 掌握基本的科学方法，具有初步的探究实践能力。掌握观察、实验、测量、推理、解释等基本的科学方法；形成科学探究的意识，理解科学探究是探索和了解自然、获得科学知识、解决科学问题的主要途径，理解科学探究涉及提出问题、作出假设、制定计划、搜集证据、处理信息、得出结论、表达交流和反思评价等要素，具有初步的科学探究能力；理解技术与工程涉及明确问题、设计方案、实施计划、检验作品、改进完善、发布成果等要素，具有初步的技术与工程实践能力；能根据自身特点制定合理的学习计划，监控学习过程，反思学习过程与结果，具有初步的自主学习能力。

---

1 中华人民共和国教育部. 义务教育科学课程标准（2022年版）[S]. 北京：北京师范大学出版社，2022：4.
2 同上，第6—7页。

4. 树立基本的科学态度，具有正确的价值观和社会责任感。具有对自然现象的好奇心和探究热情；能大胆提出自己的见解，并基于证据和逻辑得出结论，实事求是；不迷信权威，敢于大胆质疑，追求创新；善于与他人合作和分享，包容不同的观点；热爱自然、珍爱生命，具有保护环境、节约资源、推动生态文明建设和可持续发展的责任感；能对与科学技术相关的社会热点问题作出正确的价值判断，尊重科学，反对迷信；遵守科学与技术应用的公共规范、法律法规和伦理道德，维护自身和他人的合法权益，捍卫国家利益。

二、学科课程具体目标

基于科学课程总目标，结合教材内容和"开放科学"课程理念，我们设计"开放科学"综合实践活动内容，并对原有课程单元目标对应的核心概念从科学观念、科学思维、探究实践、态度责任不同核心素养进行具体细化。

以小学科学学科四年级第一学期自然教材（科教版）为例，共包含8个单元，分别是1. 我在长大；2. 自然界中的水；3. 地球的自转与公转；4. 天象观测；5. 地震与火山；6. 人造材料；7. 光的传播；8. 声音与振动。每个单元2—4课时学习内容，共29课时。这八个单元主要对应生命科学、地球与宇宙科学和物质科学领域的主题，根据《上海市普通中小学课程方案》，还有5课时可用于长周期探究等教学内容开展。因此，我们设计不同单元的综合实践活动内容，供学生在学习中自主选择参与实施（见表3-1）。

表3-1 四年级第一学期第一单元目标表

单元主题	学习内容	对应核心概念与具体学习目标
我在长大	我的成长 生长与身高 寻找身高的变化	**核心概念** 8. 生命的延续与进化 共同要求 科学观念： 1. 青少年发育阶段身高、体重、肩宽和胸围等会发生明显的变化。 2. 不同的人或不同的生长阶段成长变化的快慢不同。 科学思维： 1. 运用科学语言、统计图表等对搜集到的资料和数据作出合理的分析与解释。 2. 用客观证据证明观点。

续 表

单元主题	学习内容	对应核心概念与具体学习目标
我在长大	绘制我的成长时间轴	探究实践： 1. 通过多种途径搜集有关人成长过程中变化的资料； 2. 制作体现生长变化的成长档案。 **态度责任：** 感悟生命的奇妙，珍爱生命。 **校本要求** 搜集自己不同年龄阶段的成长资料，制作成长时间轴，展示成长变化。

第三节 课程内容的时空整合设计思维与再造

课程是指按照一定的教育目的，在教育者有计划、有组织的指导下，受教育者与教育情境相互作用而获得有益于身心发展的全部教育内容。[1]因此，课程目标对课程内容具有导向性。"开放科学"依据《义务教育小学科学课程标准（2022年版）》总目标、学段目标、学科核心概念及学习内容，结合学生学情，创造性地整合教材内容与各类学习资源，设计"开放科学"课程内容，构建"开放科学"课程坐标和课程矩阵，形成丰富的科学主题探究实践活动资源库。

一、学科课程结构

《义务教育科学课程标准（2022年版）》在原有课程标准基础上进一步修订，设置了"物质的结构与性质"等13个学科核心概念，以及"物质与能量""结构与功能""系统与模型""稳定与变化"4个跨学科概念。[2]详见图3-2。

结合科学课程的四大核心素养、"开放科学"课程理念和课程目标，我们确定了由"开放种植""开放制作""开放观测""开放调查""开放实验"五个领域学生活动构成的"开放科学"课程结构图，见图3-3。

---

[1] 钟启泉. 课程与教学概论[M]. 上海：华东师范大学出版社，2004：5.
[2] 中华人民共和国教育部. 义务教育科学课程标准（2022年版）[S]. 北京：北京师范大学出版社，2022：4+16.

跨学科概念 —— (物质与能量 | 系统与模型 / 结构与功能 | 稳定与变化)

学科核心概念 —— 物质的结构与性质 | 物质的变化与化学反应 | 物质的运动与相互作用 | 能的转化与能量守恒 | 生命系统的构成层次 | 生物体的稳态与调节 | 生物与环境的相互关系 | 生命的延续与进化 | 宇宙中的地球 | 地球系统 | 人类活动与环境 | 技术、工程与社会 | 工程设计与物化

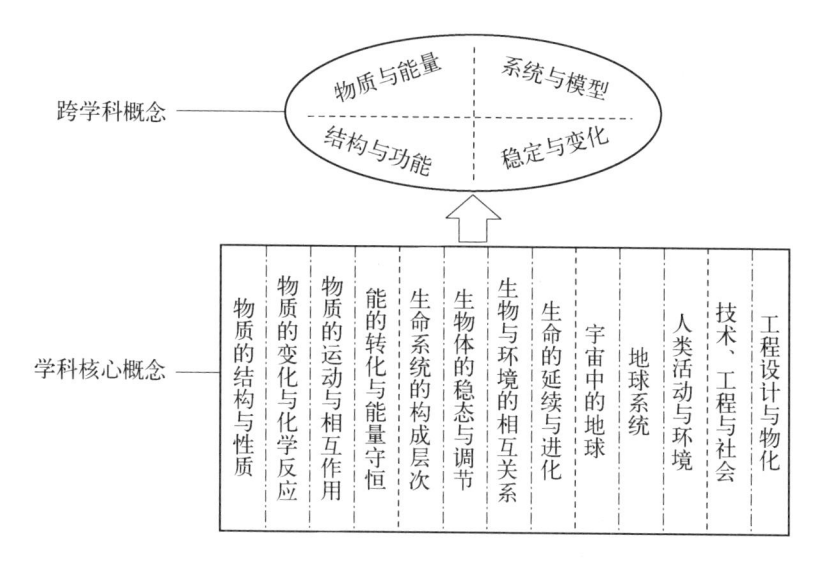

图 3-2 科学课程的内容结构

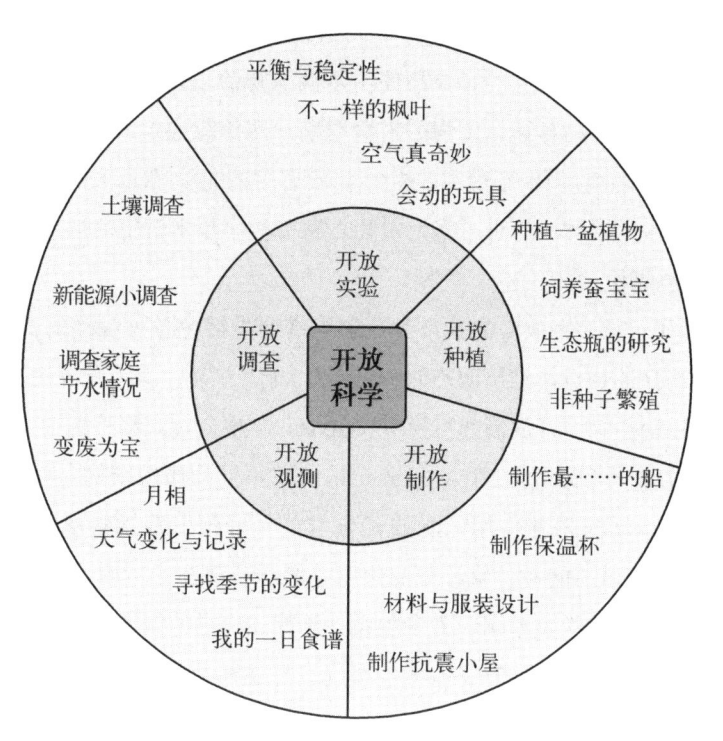

图 3-3 "开放科学"学科课程结构图

第三章 时空指向性：真实地反映儿童学习的经历 93

图3-3中,"开放种植""开放制作""开放观测""开放调查""开放实验"学生活动简介如下:

(一) 开放种植

"开放种植"从"开放"的视角引导学生亲自体验不同植物种植、动物饲养、动植物繁殖等探究实践活动。在"开放种植"探究实践活动中,学生选择自己喜欢的植物,亲历植物从一粒种子或某一个植物器官开始萌发,经过学生亲自养护不断长大,成长为成年植株;亲历蚕宝宝从蚕卵孵化成蚁蚕,亲自饲养,直至结茧后变成飞蛾,生产新的蚕卵;亲历选择水生植物和水生动物,自制生态瓶,观察生态瓶的变化,不断提升对"生命系统的构成层次,生物体的稳态与调节,生物与环境的相互关系,生命的延续与进化"等生命世界领域核心概念以及"稳定与变化"等跨学科概念的认识。在课程实施中,我们尊重学生的兴趣爱好和身边的学习资源,同时挖掘各种可利用的资源,为学生创造条件,经历不同生物的生长变化历程。

如在一年级通过学校创新实验室集体购买盆栽,学生认养,体验植物养护过程;二年级组织学生以小组形式选择不同植物种子,设计并开展种子发芽实验,发现种子的不同和种子发芽的必要条件,体验植物的生长变化过程;三年级通过饲养蚕宝宝认识生命的延续、生物的生命周期;四年级通过制作生态瓶认识生物与生物、生物与环境的相互关系,感受生态平衡的重要性;五年级通过尝试扦插、嫁接等技术手段体验非种子繁殖过程,感受科学技术对生命世界的影响。

(二) 开放制作

"开放制作"从"开放"的视角引导学生借助生活中各种各样的材料和物品,依据材料和物品的特点,经历明确制作任务、设计方案、制作并改进、交流分享等模型建构过程。在"开放制作"探究实践中,学生通过观察、读图识图、设计、制作等探究过程,尝试完成制作小任务,认识"不同物质的结构与性质,物质的变化,物质的运动与相互作用,能的转化与能量守恒"等学科核心概念,以及"结构与功能、物质与能量、稳定与变化"等跨学科概念。同时,在课程实施中,我们关注不同学段的学龄差别,为学生设计阶梯式递进的制作小任务。

如一年级《制作万花筒》中,学生通过选择镜面数量,简单绘制万花筒剖面图,然后经过拼贴、裁剪,制作万花筒;二年级《材料与服装设计》中,学生根据不同穿衣需求选择衣料,设计不同的服装,然后经过裁剪、拼贴或者缝制,制作服装模型；三年级《制作保温杯》中，学生选择身边的材料设计保温杯模型，完成制作，然后进行保温测试；四年级《最……的船》中，学生团队合作，搜集资料，团队设计船模型，并尝试购买或者自制模型制作材料，完成船模型的制作；五年级《制作抗震小屋》中，学生团队合作搜集资料，围绕火山地震制作小报，参观科技馆地球家园展区，设计制作抗震小屋模型，团队成员经过协商采购材料，利用材料完成模型制作并参与模型测试。

（三）开放观测

"开放观测"从"开放"的视角引导学生在日常生活中广泛地开展观察、测量、记录，发现并认识四季的变化、天气的变化、饮食的情况、月相变化、日食、月食、星座等各种与人类密切相关的天文、地理现象。在"开放观测"探究实践活动中，学生认识"宇宙中的地球，地球系统，人类活动与环境的关系"等地球与宇宙领域核心概念以及"稳定与变化""系统与模型"等跨学科概念。开放观测引导学生通过持续观察、测量、记录等方法收集信息、积累数据，然后基于证据和逻辑，尝试建立现象与解释之间的联系并提出合理见解。

如一年级学生通过观察不同季节植物、动物、天气以及人类活动的变化，发现四季的不同，通过观察不同季节昼夜长短变化等感受四季变化的规律；二年级通过持续地观测天气和记录天气，发现天气的不同变化；三年级通过观察比较池塘、湿地、森林、草原等不同环境和生物，意识到人类活动会对环境产生影响；四年级通过观察水的"旅行"、月相变化、地球的运动过程，进一步理解不同科学现象产生的原因；五年级通过观察生活中水、土壤、空气等环境要素，观察比较不同的探索宇宙工具，初步建立人类只有一个地球，树立节约资源、保护生态环境的责任意识。

（四）开放调查

"开放调查"从"开放"的视角引导学生广泛地深入生活实践，有目的、有计划地了解并获取人类生活世界中物质、能量、能源、资源等使用和利用的第一手资料。

在"开放调查"探究实践活动中，学生认识"物质的结构与性质""能的转化与能量守恒""人类活动与环境"等学科核心概念和"物质与能量""结构与功能"等跨学科概念，培养学生以生活经验、生活事实为基础，对调查的资料信息逐步进行抽象和概括，逐步形成科学态度与社会责任。"开放调查"帮助学生建立生活与科学的联系，初步树立科学发展观。

如一年级学生通过调查家中的废弃物，学习废弃物再利用的知识，知道有的废弃物是可以被回收再利用的，初步意识到废弃物是放错位置的资源，树立节约资源、保护环境的理念。

二年级学生通过调查家里不同的衣料，学会读衣服标签，能自主观察发现不同衣料的特点，制作衣料信息卡并在班级分享。

三年级学生借助信息技术尝试网络搜索，认识不同的新能源和新能源的利用方式，并与同学分享。

四年级学生通过调查家庭用水、节水情况，发现家庭节水小妙招，并与同伴分享自己的发现。

五年级学生尝试走出户外，调查并观察土壤的颜色、成分、酸碱度等特点，调查和分析区域植被生长情况，尝试探索土壤与植物多样性之间的联系。

（五）开放实验

"开放实验"从"开放"的视角引导学生利用身边的材料和工具，尝试通过不同的实验来发现和探究科学知识，在反复的实验验证中，进一步深化对实验相关科学知识的理解。在"开放实验"探究实践活动中，学生认识了"物质的结构与性质""物质的运动与相互作用""能的转化与能量守恒"等学科核心概念，以及"结构与功能""稳定与变化""物质与能量"等跨学科概念，培养学生的推理论证、创新思维等科学思维，形成基于实验证据和有逻辑地发表自己见解的意识，保持探究的好奇心和热情。

如一年级学生在反复实验中感受和发现会动的玩具中力对物体的运动状态的影响，在实验记录中对实验过程进行抽象和概括；二年级学生自主选择材料设计实验，尝试从不同角度展示空气的不同性质，并在实验演示和解说中呈现自己对科学知识的思考和问题解决的过程；三年级学生利用电路材料自主进行设计电路，反复实验，发现不同物体的导电性，掌握安全连接电路的关键要领；四年级学生尝试用生活中不同的物品制作平衡玩具，在制作与调试中领悟结构的稳定与平衡；五年级学生尝试设计和制作风叶，并进行风力发电测试，感受不同风叶结构的发电效果。

二、学科课程坐标

为了更好地落实"开放科学"课程内容，丰富学生探究实践活动经历，我们设计"开放科学"课程课程坐标图（见图3-4）。"开放科学"课程坐标图以时间

（不同的年级）为课程的纵坐标，以"开放种植""开放制作""开放实验""开放调查""开放观测"为课程的横坐标，形成学生小学阶段科学主题的综合实践活动系列内容，并鼓励教师在实践过程中不断开发新的课程内容，修改完善课程设计与实施形成动态开放的"开放科学"课程坐标图。

年级	开放种植	开放制作	开放实验	开放调查	开放观测
五年级	非种子繁殖	制作抗震小屋	不一样的枫叶	土壤调查	宇宙探索
四年级	生态瓶的研究	制作最……的船	平衡与稳定性	调查家庭节水情况	月相
三年级	饲养蚕宝宝	制作保温杯	简单电路	新能源小调查	我的一日食谱
二年级	种子发芽的秘密	材料与服装设计	空气真奇妙	不同的衣料	天气变化与记录
一年级	种植一盆植物	制作万花筒	会动的玩具	变废为宝	寻找季节的变化

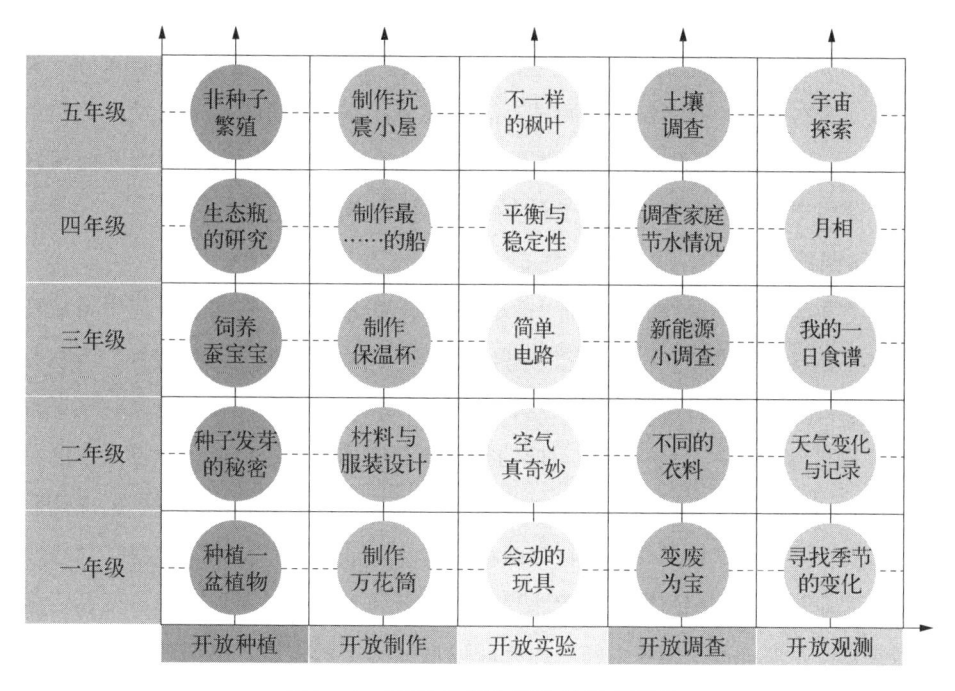

图3-4 "开放科学"学科课程坐标图

如一年级"开放种植"课程，除了"种植一盆植物"，我校老师还开发了"我的校园植物朋友""春天里的植物"等匹配一年级内容要求的不同探究实践活动内容。（见图3-4）

《义务教育科学课程标准（2022年版）》根据学段目标、学生特点，以及学科核心概念的本质特征，提出每个学段的内容要求、学业要求、教学策略建议和学习活动建议。在内容要求、学业要求上，由浅入深，由表及里，由现象到本质，螺旋上升，进阶设计。[1]如在"开放观测"领域，学生在低年级主要通过观察和简

---

[1] 中华人民共和国教育部. 义务教育科学课程标准（2022年版）[S]. 北京：北京师范大学出版社，2022：17.

单地记录，发现四季各种天气的不同，而在中高年级，除了观察和记录，还需要进行一定的定量或定性分析，发现并运用食物的营养与搭配技巧，认识月相等变化特点和人类认识宇宙的发展进程与规律等。同时，根据课程资源与学情，教师灵活安排"开放科学"课程坐标图上的点坐标课程内容，对不同学生活动设计不同学时，如《制作抗震小屋》结合了基础型课程《地震与火山》教材内容和科技馆的展教资源，共计12个课时，学生经历学校课堂学习、科技馆"地球家园"展区参观、资料收集、模型制作与测试等活动环节；而《调查家庭节水情况》只有1个课时，教师通过课前活动任务单设计，引导学生课外在家自主调查并完成任务单，课内交流分享任务单，基于众多任务单数据得出结论。

三、学科课程矩阵

在"开放科学"课程活动实施中，以活动任务为驱动，在实践过程中完成任务，培养和发展学生的"科学观念""科学思维""探究实践""态度责任"等核心素养。以二年级《材料与服装设计》单元为例，学科组依据《义务教育科学课程标准（2022年版）》分析该年段对应的核心素养要求，拟定包括"掌握基本的科学知识""形成初步的科学观念""掌握基本的思维方法"等具体目标，形成课程矩阵横列；同时，学科组分析教材与课程资源，设计包括"木材""橡胶""小小服装设计师"三个课程内容，形成课程矩阵的纵列。通过对课程矩阵目标和内容的综合分析，评价每个模块主题对达成课程目标的支持程度，根据其对学科核心素养的培育起到的作用情况予以赋值，形成单元课程矩阵图（见图3-5）。

目标 内容	科学观念		科学思维		探究实践		态度责任	
	掌握基本的科学知识	形成初步的科学观念	掌握基本的思维方法	具有初步的科学思维能力	掌握基本的科学方法	形成初步的探究实践能力	掌握基本的科学态度	具有正确的价值观和社会责任感
木材	4	4	2	2	4	3	3	3
橡胶	4	4	2	2	4	3	3	2
小小服装设计师	4	4	4	4	4	4	3	4

图3-5 《材料与服装设计》单元课程矩阵图

图3-5中,"木材""橡胶"课程内容,都较好地帮助学生形成科学观念、经历探究实践、掌握基本的科学方法,因此赋值4分,显示课程内容对相关核心素养培养起到关键的支持作用;而在形成初步的科学思维能力、初步的实践能力,培养态度责任等方面,学生将学习内容与生活实际联系得不多,缺乏切身的体验和感悟,因此赋值多为2或3分,显示课程内容对相关核心素养培养起到一般支持作用。在"小小服装设计师"课程中,设计了较多学生课外自主完成的实践任务,如观察家中不同的衣料、制作衣料信息卡、设计服装模型、利用家中的废弃衣料制作服装模型等,对学生的科学观念、科学思维、探究实践、态度责任的培养起到关键的支持作用,因此赋值多为4分。通过课程矩阵分析,学科组教师也认识到设计丰富的实践活动任务,增强课程内容与学生现实生活的联系,增加学生探究实践经历的体验,不仅能够形成学生相应的科学观念,对形成科学思维、正确的态度责任也有重要的支持作用。

第四节　在富有立体感的课程实践中探索科学

对于课程实施,不同的学者有不同见解,有研究者对当前主要的一些学者见解进行梳理,发现这些观点中的相似之处,即"课程实施是将课程计划或方案付诸实践的过程,然而这一过程是动态的,不断变化的,需要实施者的不断调适"[1]。这一特点比较符合辛德尔课程实施取向中的"相互调适取向"和"创生取向"。"开放科学"课程在实施中重视学情的变化、课程资源的挖掘,灵活地对课程的具体目标、内容以及实施形式进行调整。在"开放科学"课程中,教师积极地将学生纳入课程创生共同体,特别是在学习情境的创设、课程实施方法的选择、课程评价指标的确立等环节,充分吸纳学生的观点和看法。经过近些年学校"开放科学"课程实践,梳理出打造"开放课堂",践行"开放探究",创建"开放社团",推行"开放之旅",激活"开放节日"等实施策略,丰富儿童的科学实践活动经历,满足不同类型学生科学学习需求,同时探索多元综合评价,形成学生科

---

[1] 赵杰. 小学科学课程实施现状及影响因素研究——以河北省J县为例[D]. 石家庄:河北师范大学,2018:13—14.

学实践活动过程中的导学任务单、诊断评价表、成长档案袋等学习成果，激励学生积极参与科学探究实践，发展科学核心素养。

一、"开放课堂"的实践与评价

《义务教育科学课程标准（2022年版）》提出："科学教学要以促进学生核心素养发展为宗旨，以学生认知水平和已有经验为基础，加强教学内容整合，注重教学方法改革，精心设计。"新课标同时建议"以课程目标和学业质量标准为依据，构建素养导向的综合评价体系，发挥评价和测试的导向功能、诊断功能和教学改进功能。"[1]"开放课堂"通过教学情境、教学内容、教学实施、教学评价等教学环节的开发，让学生经历一系列与现实生活相关的探究实践活动项目，让教师的"教"与学生的"学"积极互动反馈，"开放课堂"关注学生提出问题、做出假设，进行探究实践、得出结论，从而构建新的科学观念，提高科学探究实践能力，端正科学态度，树立正确的科学观、技术观、社会伦理与环境发展观。

（一）"开放课堂"的实践操作

《义务教育科学课程标准（2022年版）》提出"面向全体学生，立足素养发展"[2]课程理念，并在课程实施中提出"基于核心素养确定教学目标"和"围绕核心概念组织教学内容"[3]的课程实施建议。"开放科学"课程聚焦学生科学核心素养，通过"开放课堂"培养学生适应未来发展的必备品格和关键能力，以落实有理想、有本领、有担当的时代新人培养要求。"开放课堂"以学生为主体，注重发展学生的问题解决能力和创新能力，在科学探究实践过程中，培养和发展学科关键能力。经过我校学科组的研究与实践，逐渐形成"开放课堂"实施模式（见图3-6）。

"开放课堂"中教师是学生探究实践活动的引导者、监督者、支持者，通过"情境导疑""内容引探""实践启思""评价促学"支持并推动学生"发现问题""作出假设""探究实践"，并最终"解决问题"，像科学家一样经历探究实践过程。

---

[1] 中华人民共和国教育部. 义务教育科学课程标准（2022年版）[S]. 北京：北京师范大学出版社，2022：118—125.
[2] 同上，第2页。
[3] 同上，第118页。

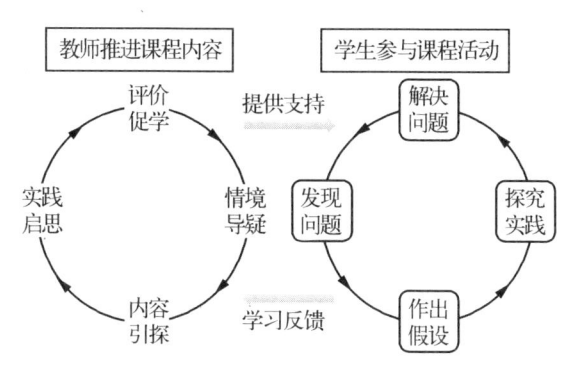

图 3-6 "开放课堂"教学实施模式

(二)"开放课堂"评价标准

《义务教育科学课程标准（2022 年版）》提出"以课程目标和学业质量标准为依据，构建素养导向的综合评价体系，发挥评价与考试的导向功能、诊断功能和教学改进功能。"[1]"开放课堂"关注学生科学知识结构的构建、科学思维的培养、探究实践能力的发展以及正确态度的养成。通过日常的课堂学习过程评价、课堂活动任务单评价以及单元或学期末的纸笔测试，帮助学生培养科学的学习习惯和学习态度，发展科学思维和探究实践能力。通过学生自评、学生互评、教师评价等不同评价主体的评价，发挥评价的导学、诊断、改进学习等功能。

1. 学生日常课堂学习评价是否关注不同的科学核心素养。《义务教育科学课程标准（2022 年版）》提出从"科学观念、科学思维、探究实践、态度责任等方面全面评价学生"。[2] "开放课堂"采用儿童化的表述"1 聆听之星""2 思考之星""3 探究之星""4 学习之星"引导学生对每堂课的学习情况进行自我评价，如是否认真聆听老师和同学的发言；是否积极地开动脑筋，自己提出问题；是否积极参与课堂探究实践，如观察、实验、记录、交流等；是否完成课堂的学习任务，如活动任务单、活动手册等。我们还可以根据学生的实际情况对某一项指标进行强化，如在加热实验中，强调学生酒精灯使用的操作规范性等。通过课堂自我评价养成学生实践探究好习惯，并将学生自评结果纳入学期中和学期末的学习评价体系。

---

1 中华人民共和国教育部. 义务教育科学课程标准（2022 年版）[S]. 北京：北京师范大学出版社，2022：120.
2 同上。

2. 课堂探究活动任务单是否融合了评价内容的设计。课堂中有许多探究活动，对于重点活动通常会设计活动任务单，即课堂活动作业。《义务教育科学课程标准（2022年版）》指出，"作业对学生巩固知识、形成能力、培养习惯，以及对教师检测教学效果、精准分析学情、改进教学方法，具有重要的价值。"[1] "开放课堂"的任务单不仅关注探究实践活动任务，还关注学生完成该任务所需要的相关科学知识、科学思维等，通过设计带评价功能的任务单，引导学生关注核心知识概念、重要的探究实践方法和科学思维。如针对二年级第二学期《植物吸收和输送营养》单元《植物生长需要什么》一课设计的任务单，通过记录单Ⅰ探究植物生长需要水，指导学生设计实验方案，观察实验现象，撰写实验结论。通过记录单Ⅱ探究植物生长还需要哪些条件，鼓励学生发散思维，作出假设，然后模仿Ⅰ设计实验方案，撰写实验结论。不仅通过记录单反馈学生比较实验的方案设计能力和探究情况，还通过评价表细化评价内容，引导学生更好地完成实验记录单。

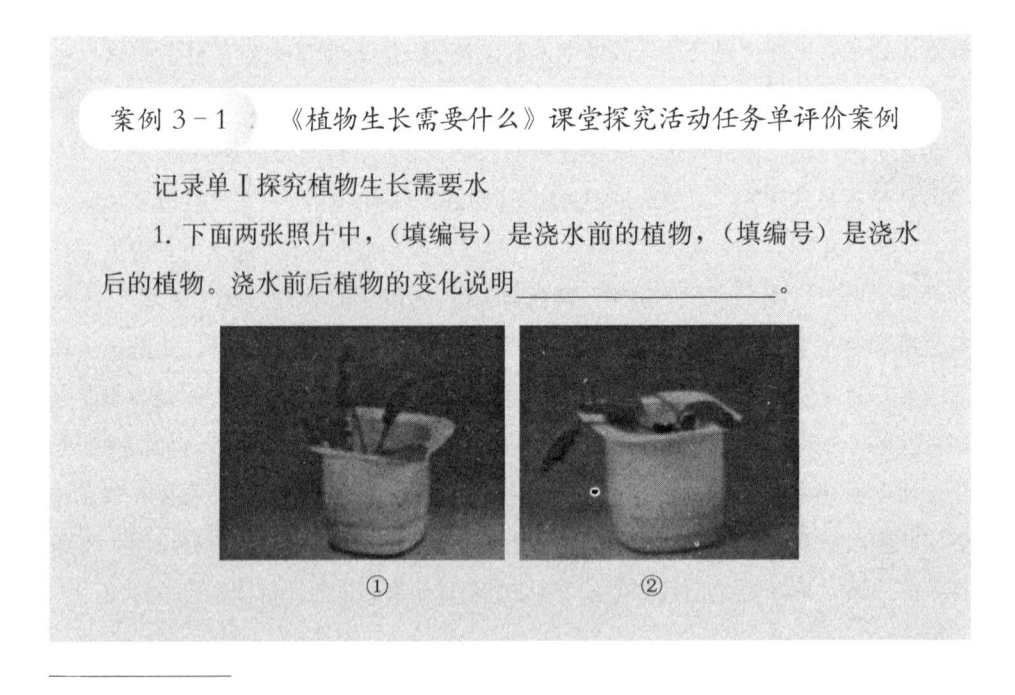

案例3-1 《植物生长需要什么》课堂探究活动任务单评价案例

记录单Ⅰ探究植物生长需要水

1. 下面两张照片中，（填编号）是浇水前的植物，（填编号）是浇水后的植物。浇水前后植物的变化说明_____。

①　　　　　②

---

[1] 中华人民共和国教育部. 义务教育科学课程标准（2022年版）[S]. 北京：北京师范大学出版社，2022：122.

记录单Ⅱ探究植物生长还需要哪些条件

2. 为了研究植物的生长还需要哪些条件,你是怎样设计实验的?用文字或图画记录下来。

> 我认为植物的生长还需要_____
>
> 我这样实验:

我观察到的实验现象是_____,

这说明_____。

核心素养	评价内容		评价量规			评价结果
			★	★★	★★★	
探究实践	实验规范	设计实验方案	做到1项	做到2项	做到3项	( )★
		按计划开展实验				
		观察收集证据				
科学思维	记录与分析的能力		有记录	记录完整	记录完整正确填写发现	( )★

3. 学业水平测试是否能进一步强化学科育人导向。经过一个单元或一个学期的学习,学生习得了各种科学知识,但这些知识是分散的、缺乏逻辑联系的,还没有在学生大脑中构建出指向科学核心概念的知识结构图,影响学生对核心概念的整体理解和迁移应用。《义务教育科学课程标准(2022年版)》提出科学

学业水平考试的命题原则要强化育人导向。[1] "开放课堂"通常会在单元学习结束后通过口头方式或者纸笔测试方式,对学生该单元的学习情况进行诊断评价,发现学生学习中的薄弱环节。如针对二年级第二学期《植物吸收和输送营养》单元,依据本单元知识结构图设计以下单元测试题,了解学生是否能够将植物的组成部分和植物的生长条件以及植物的功能等不同的知识点构建在同一个知识结构图中。同时,结合知识结构图,引导学生对单元开展的探究实践活动进行描述,从而了解学生科学思维、探究实践等核心素养的发展情况。(见图3-7)

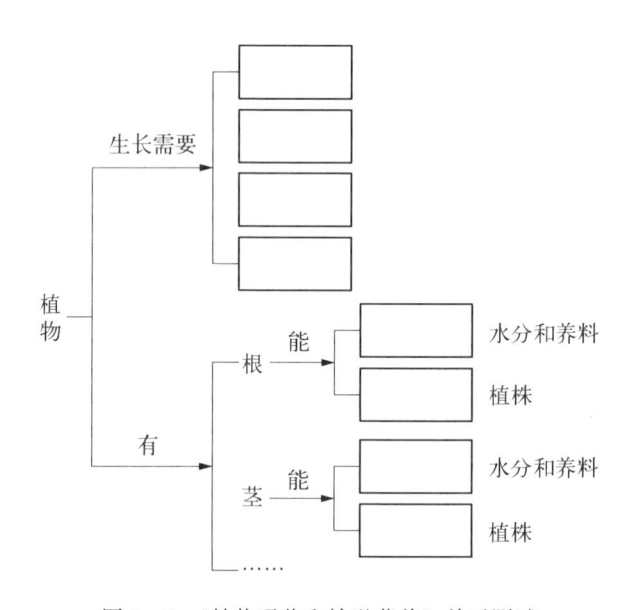

图3-7 《植物吸收和输送营养》单元测试

二、"开放探究"的实践与评价

《义务教育科学课程标准(2022年版)》要求学生"掌握基本的科学方法,具有初步的探究实践能力"[2],并提出"以探究实践为主要方式开展教学活动"。[3]"开放科学"通过倡导"开放探究",利用校园、社区、社会场馆等资源创设不同

---

[1] 中华人民共和国教育部. 义务教育科学课程标准(2022年版)[S]. 北京:北京师范大学出版社,2022:123.
[2] 同上,第7页。
[3] 同上,第119页。

的学习情境，鼓励学生基于情境转变角色、转化思维，采用各种不同的探究方式、探究方法，形成丰富的探究成果，促进学生深度学习的发生。

（一）"开放探究"的实践操作

"开放探究"通过创设不同的学习情境、引导不同的探究方式、倡导不同的探究方法、鼓励不同的成果形式，达到激活学生学习兴趣、培养学生合作精神、提高学生探究实践能力、展示学生兴趣特长等"开放科学"学习目标。

1. 创设不同的学习情境，激发学生学习兴趣。在校园、社区、场馆等学生熟悉的情境中，蕴含了大量的科学知识。将这些蕴含了科学知识的情境巧妙引入，能唤醒学生的现实生活体验，发现科学与真实生活间的密切联系，感受科学的有用性，产生更多的探究热情。因此，在"开放探究"中，我们要积极创设与学生现实生活有关的学习情境，创造性地把教材中的科学知识、探究问题转化为生活问题，在生活问题探究实践中经历科学知识的形成过程，激发学生的学习兴趣。如在二年级第一学期《加热与保温》单元《怎样保温》一课的学习中，教师创设了"天气冷了，爷爷去公园锻炼带上了一个水杯，怎样的水杯更保温呢？"一下子唤醒学生们的生活经历，纷纷介绍自己家里天气冷的时候出门是怎么带热水的，然后自然而然地探究什么样的材料和结构更保温。

2. 引导不同的探究方式，培养学生合作精神。在学生探究实践过程中，我们既重视学生个体的自主学习，也鼓励学生分小组进行合作学习。个体的自主学习有利于了解每一位学生的学习实际，也有利于培养学生的问题意识、创新意识等。而分小组的合作学习，有助于学生在小组合作中学习与他人交流、沟通、分工、协商，通过团队的力量共同解决问题。在选择采用自主学习或合作学习具体哪一种探究方式时，可以基于探究实践任务的难易程度、选择的探究方法以及探究实践活动的时间、资源情况而定。当探究实践任务难度较大，需要完成调查、收集资料、制作、项目研究等多个探究实践任务，探究实践时间较短或者材料工具有限的情况下，更多采用小组合作的方式。

3. 倡导不同的探究方法，提高探究实践能力。探究实践活动包括学生在学习过程中进行的观察、实验、测量、记录、调查、制作、种植、养殖、读图识图、项目研究、科普剧等多种不同的探究方法。在小学阶段，结合不同的学习内容，引导学生体验不同的探究方法，提高学生的探究实践能力。在三年级《植物探探探》实践活动中,学生可以选择不同的感兴趣的问题,如"怎样制作叶脉书签?""怎样制作树叶标本?""植物的种子都一样吗?""在八月,上海能看到哪些植物开花?"……根据选择的问题再选择可能解决问题的探究方法,如通过资料收集了解树叶标本的步骤,然后在小区实地考察,选择自己喜欢的树叶,回家后再根据查阅的资料,设计尝试标本的制作过程。在对不同探究方法的体验中,不断提高自己的探究实践能力。

4. 鼓励不同的成果形式,展示学生的兴趣特长。在探究实践中,鼓励学生根据自己的兴趣、爱好、特长形成文本、视频等不同形式的学习成果。在小学低年级学段,可以多采用口头语言表达为主的视频或者以照片、图画为主的文本记录单;而在中高年级,多采用实验探究报告、项目小论文等文本成果,另外教师还可以指导学生生成拓印画、标本制作等不同的学习成果。在一年级《我的校园植物朋友》实践活动中,学生可以选择通过给植物朋友拍照或画像,拓印植物的叶,在校园地图上标记植物编号,录制植物朋友介绍小视频等不同形式,展示学生的探究实践成果。

(二)"开放探究"的评价标准

《义务教育科学课程标准(2022年版)》提出"以学生为主体进行教学设计","充分考虑学生的认知水平,针对拟定的教学目标和教学内容,按照学习进阶设计促进学生自主、探究、思维、合作的教学活动,渗透科学史教育,重视幼小衔接",[1]以及"重视学生学习方法评价……及时发现好的学习方法和解决问题的方法,并推荐给其他学生"[2]的评价建议。"开放探究"通过与学生生活实际相关联的学习情境创设、制定丰富多元的探究目标、提供可多元选择的内容方法来激活学生的探究能力,鼓励学生用自己擅长的方法来解决各种各样的问题。具体评价标准如下:

1. 是否与生活实际相关联。"开放探究"倡导学习情境的创设,是否将学生熟悉的生活情境、感兴趣的事物作为"开放探究"情境创设的切入点,关系到学生能否迅速进入科学思维的最近发展区,掌握学习的主动权,发挥学习的积

---

1 中华人民共和国教育部. 义务教育科学课程标准(2022年版)[S]. 北京:北京师范大学出版社,2022:119.
2 同上,第121页。

极性。

2. 探究目标是否丰富多元。"开放探究"最终以综合培养学生核心素养、发展学生学习水平为目的，即通过核心素养培养最终践行立德树人。因此，是否能够设定不同维度、不同层次的目标，满足每个学生的不同发展需求，是"开放探究"成效的重要评价指标。

3. 能否自由选择内容方法。"开放探究"尊重学生的个性与差异，针对不同的学生，容许并鼓励学生自由选择不同的学习内容、采用不同的研究方法，并给予个性化的指导，帮助学生个性化发展。

三、"开放社团"的实践与评价

《义务教育小学科学课程标准（2022年版）》提出了"自主探究和合作交流""既要考虑学生自主独立的学习，还要考虑学生之间的合作学习"[1]的课程实施建议，以及"关注学生学习过程评价。要通过观察学生在学习活动中的表现，了解学生的学习状况，评价教学的成效，以此为依据调整教学目标、内容和方法，提交教学活动的有效性"[2]的评价建议。为了满足学生不同层次的科学学习需求，我校创建了"科创小达人""小科迷俱乐部"等跨班级开放社团，以及以班级为单位的"科学小/中队"，发展不同层次学生的科学探究能力，同时实现不同社团成员的梯度培养和动态更替。

（一）"开放社团"的实践操作

"开放社团"根据不同的学生群体采用不同的培养策略，帮助学生从在老师和家长的帮助下完成任务，发展到通过参与各个社团的教师组织的培训习得相关技能，独立或合作地完成任务，最终突破学校边界，走向更大的平台，创造性地完成富有挑战性的各种竞技任务。

1. 正向激励"科学小/中队"队队争先。"科学小/中队"以班级中队或小队为单位，学生人人参与科学探究实践活动，并通过中队、小队任务的时间节点管理，推动队队争先完成探究实践任务。

在机智豆中队参与的《机智豆向前冲——基于科技馆资源的STEM+课程实

---

[1] 中华人民共和国教育部. 义务教育科学课程标准（2022年版）[S]. 北京：北京师范大学出版社，2022：119.
[2] 同上，第121页。

践活动》活动中,机智豆中队的 35 名同学自主形成了击剑小队、王者小队等 7 个小队,每个小队选出了小组负责人,组织协调组内成员任务分工合作,对实践活动项目各阶段任务完成情况进行登记(见表 3-2)。由于整个实践活动课时时间长,且穿插在学生日常的学校课程学习中,因此实践活动越到后面,学生的新鲜感越少,学习的兴趣与积极性打折扣,经常会有各种各样的状况出现,特别是第三阶段后,不少学生出现了懈怠或畏难情绪,认为他们在校内完成这样的制作是不太可能的,也不愿意主动和家长协商购买制作材料。通过公开透明的时间节点管理法,将各个小队前期的活动结果全部罗列进项目时间节点管理表(见表 3-2),激励机智豆的小队员们向着项目最终目标进行最后的相互追赶和冲刺。虽然有些曲折,但令人高兴的是七个小队 35 名学生都坚持到了项目最后,每个小队都制作出了抗震建筑,还通过了专业测试设备的检测。

表 3-2 《机智豆向前冲》项目时间节点管理表

小队项目节点	主题小报学生互评与教师评价	知识前测	科技馆参观自评表	知识后测	抗震建筑资料查找	抗震建筑制作项目思维导图学生互评与教师评价	材料购买与准备	抗震建筑制作	其他备注
击剑小队	7☆/8☆	√	缺5号	√	√	9☆/10☆	1/9 提交(姜)	√	
奇点小队	1☆/9☆	√	√	√	√	9☆/6☆	1/2(王)	√	
榴莲小队	9☆/10☆	√	√	√	√	7☆/7☆	1/8	√	
猫头鹰小队	2☆/8☆	√	缺10、35号	√	√	0☆/10☆	1/8(袁/蔡)	√	
荣耀小队	4☆/8☆	√	缺32号	√	√	9☆/10☆	1/10(徐)	√	
胜利小队	6☆/7☆	√	缺17、34号	√	√	2☆/9☆	1/4(张)	√	
王者小队	2☆/8☆	√	缺12、14、20号	√	√	2☆/10☆	1/2(郑)1/10(樊)	√	

2. 夯实训练"小科迷俱乐部"特长飞扬。"小科迷俱乐部"聚集了一群群痴迷于DI、机器人、乐高、编程、微生物、新能源、模型、科幻画等科技专题项目的学生，他们利用课余时间聚集在一起，在俱乐部指导老师的带领下不断积累专项科学知识，提高专项科学技能，了解项目最新的发展动态。在各级各类科技交流展示活动中，经常能看到他们活跃的身影。

以我校DI俱乐部为例，低年级俱乐部的学生在指导老师的组织下进行一次次的头脑风暴，开启奇思妙想。"校园操场上突然出现的不明物体""森林里迷路的小鹿""穿上圣诞老人服装的灰姑娘"……教师和学生一起创设各种不同的情境，然后发挥想象，讲述一个特别的故事，阐述一个意想不到的科学原理。到了中高年级，学生在老师的指导下尝试将情境从故事里搬到现实中来，利用身边的材料制作故事中的各种道具，编写舞台剧脚本，然后亲自演绎。在2021年DI全国展示活动中，DI俱乐部成员演绎了一个女建筑师落入神秘的梦幻世界的故事。故事里女建筑师建造了一座具有特殊功能的房子，成功帮助女皇摆脱老鼠的追逐找回幸福的生活。他们自制的精致的服装，有趣的道具，夸张的表演获得了评委和观众的一致好评。

3. 专业引导"科创小达人"勇于创新。我校通过一年一度的"科创达人赛"评选各年级的"科创小达人"。低年级的"科创达人赛"主要以金点子、科幻画为主题，引导学生观察身边的各种科学现象、科学问题，发挥科学想象；中高年级的"科创达人赛"主要以小课题小探究为主，鼓励学生从自己感兴趣的问题出发，形成地球空间、植物、动物、微生物、医学与健康、社会学、工程等不同学科方向的小课题，在老师的指导下制定研究计划，开展研究并撰写研究报告。中高年级评选的"科创小达人"项目同时推送上海市青少年科学社平台，参与科学社青少年科技创新大赛项目培养孵化。

"科创小达人"小胡注意到上海街头的共享单车大大改善了居民的出行，但是也产生了停车矛盾，原来上海马路边的人行道通常比较狭窄，停放共享单车以后人行道就更拥挤了，甚至还会出现共享单车占用盲道的情况。经过问卷调查和访谈，小胡确定了人们取用共享单车的心理承受距离，同时提出倾斜停放共享单车、制作马路边立体停车架等建议。"科创小达人"小凌是一个编程爱好者，他注意到盲人过马路非常不便，于是想给盲人做一个智能导航帽，还利用自己的编程专长设计程序，他的创造发明获得了专家们的肯定，荣获"小院士评比一等奖"。

(二)"开放社团"的评价标准

《义务教育科学课程标准（2022年版）》提出，课程要面向全体学生，为充分发挥科学课程的育人功能，为全体学生提供公平的学习与发展机会，满足学生终身发展和适应社会发展的需要。同时还指出"关注个体差异"。[1]"开放社团"既为全体学生创造"开放社团"活动，也为小科迷提供"培养基"，还为"小达人"搭建更高的平台，提供更专业的支持。

1."开放社团"活动是否人人可参与。小学生具有非常强的可塑性，尽管每学年初，学校的各个兴趣社团都会通过学生自主报名、教师选拔等方式，选拔一批学生加入各个不同俱乐部，但是我们还是鼓励各个社团设计一些开放活动，在学校的科技节、科技月活动中，让每个学生都有机会参与这些开放活动，开启科学探究的大门。如生物环保社团的"自然笔记"、DI社团的"纸牌结构"、航模社团的"纸飞机"等活动，已经成为学校人人可参与的经典开放社团活动。社团在开发设计开放活动时，必须考虑活动实现门槛要低，活动所需要的材料容易获取，技术并不是遥不可及，同时活动的趣味性要强、探究味也要浓，这样的活动才能面向全体学生开放。

2. 能否为小科迷提供"培养基"。兴趣是特长培养的原动力，很多学生因为喜欢开始了对某一个专项内容的学习。然而怎样激发学生的科学兴趣，吸引学生开启科技类社团学习，并持续地坚持下去，需要科技社团不断地丰富自身，成为小科迷不断成长的"培养基"。一方面社团要有固定的社团活动时间和场所，另一方面，也是更重要的，社团要有兼具趣味性和指导性的系列社团活动内容。

3. 能否提供专业支持助力"小达人"。针对科创小达人，社团一方面要发现他们并提供不同的舞台，让他们进行锻炼，另一方面还要提供专业指导，供小达人继续成长，具备站上新舞台的能力。学校各科技社团同时承担市、区各类科技

---

[1] 中华人民共和国教育部. 义务教育科学课程标准（2022年版）[S]. 北京：北京师范大学出版社，2022：2—3.

赛事，社团导师积极参与市、区科协等科普机构开展的培训、交流活动，为"小达人"培养提供专业支持。

四、"开放之旅"的实践操作

《义务教育科学课程标准（2022年版）》提出了"突出核心概念在真实情境中的应用，加强知识学习与现实生活、社会实践之间的联系，实现学生对核心概念的深度理解、有效构建和灵活应用"[1]的课程实施建议。"开放科学"挖掘校外的各类场馆资源，通过"开放之旅"带领学生走向校外的不同场馆，通过任务单导学，引导学生有目的地参与研学，从走马观花地游玩到深度游玩。"开放科学"提倡学习情境的生活化，在学校的研学旅行活动中，我们选择科技馆、昆虫馆、火车博物馆、豫园湖心亭、黄浦滨江等科普场馆，设计研学旅行课程。在"开放之旅"中，学生可以自由选择感兴趣的研学探究任务单，带着任务单走进场馆自主开展研学课程。

（一）"开放之旅"的实践操作

"开放之旅"研学课程关键在于设计和管理。首先通过挖掘场馆资源，发现场馆资源中的科学元素；然后设计趣味性任务单，吸引学生积极参与研学实践；最后通过组织管理落实学生研学实践活动实施。

1. 挖掘场馆资源。学校教师通过场馆实地考察、与场馆工作人员对接，挖掘场馆资源中的科学元素，搭建起场馆和学校课程之间的桥梁，将场馆资源转化为学生研学课程资源，开发研学课程。

2. 设计研学任务单。结合场馆资源，教师可以设计指向不同核心素养的研学任务和与之匹配的研学任务单。在《小小湖心亭》研学活动中，教师设计了指向探究实践核心素养的"城隍庙游览地图"任务单，结合湖心亭茶道、小吃、建筑等设计了指向不同科学观念的"打卡"系列任务单，挖掘湖心亭茶楼的百年经营史，设计了指向探究实践、态度责任的"百年茶楼的经营秘密"任务单供学生多元选择。（见图3-8）

---

[1] 中华人民共和国教育部. 义务教育科学课程标准（2022年版）[S]. 北京：北京师范大学出版社，2022：118—119.

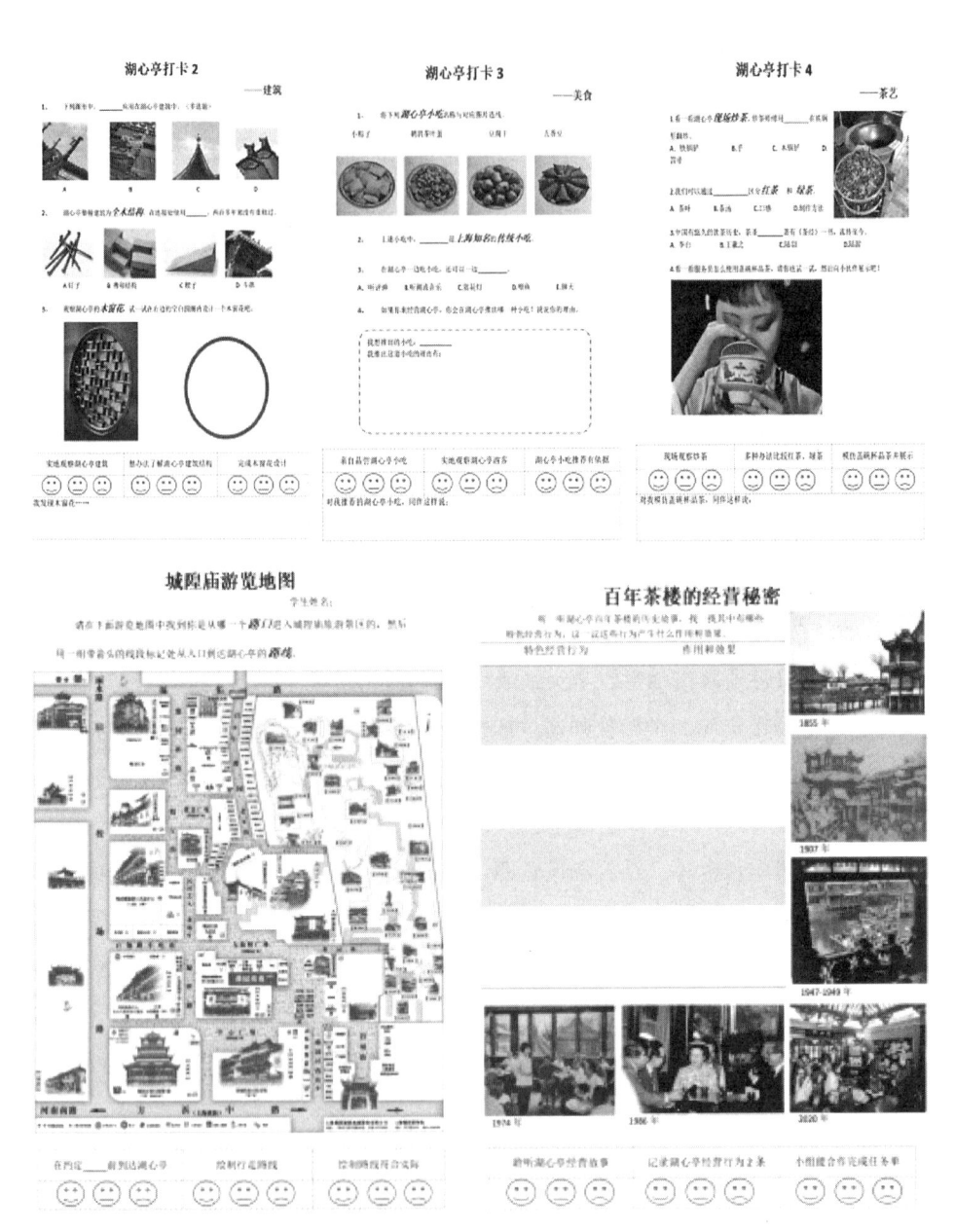

图 3-8 《小小湖心亭》研学活动任务单

任务单也可以设计成学习工具，指导和支持学生自主完成场馆课程探究实践任务。在基于钱学森图书馆场馆资源设计的《升腾的智慧》研学活动任务单中（见图3-9），教师首先通过找规律、涂一涂、算一算任务引导学生仔细观察场馆内的展品资源；接着引导学生选择不同的形状、不同的文稿内容，不同的悬挂方式等个性化的设计模型；在模型制作过程中，引导学生关注问题、解决问题，最终完成模型制作。

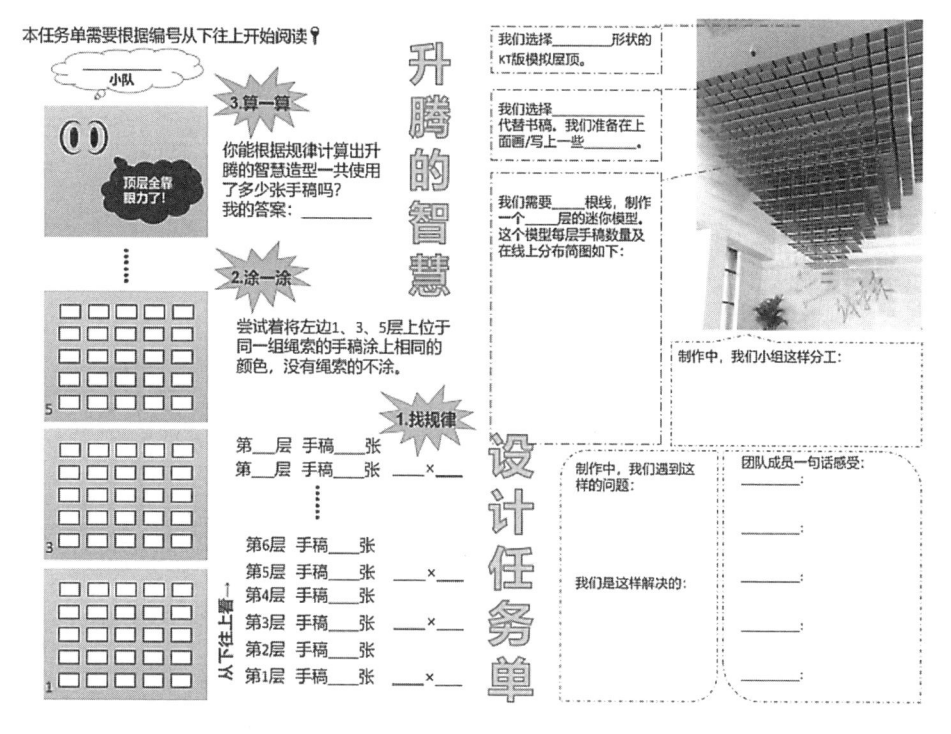

图3-9 《升腾的智慧》研学活动任务单

3. 推进研学实践活动实施。在组织实施研学实践活动的准备阶段，教师要对学生进行动员，需要开展小组合作的要组织学生完成分组，做好外出安全教育；在场馆研学实践活动中需要利用场馆展教资源的，要及时对接场馆方和学生，对于学生进行实践探究活动所需要的材料工具、关键技能教师要及时给予支持，同时还要确保不同小组、小组成员之间的联系沟通；在研学实践活动后，教师要组织学生及时交流小结，分享研学过程中的探究记录等。

(二)"开放之旅"的学习评价

"开放之旅"的学习评价根据评价对象设置学生个体评价和小组评价,评价指标主要包括学生行为表现、探究实践情况,以及沟通合作等指标。

以《升腾的智慧》研学活动评价表(见案例3-2)为例,学生个体评价表主要评价学生在研学实践活动中的场馆参观表现,具体是文明有序、认真聆听、仔细观察等参观好习惯;结合学生探究实践任务"制作升腾的智慧模型"对学生参与模型制作是否有兴趣、是否有自己的设计主张、是否积极参与模型制作进行过程评价;此外,还对学生是否能主动与人交流沟通、对他人正向反馈回应、任务分工合理等团队沟通合作情况进行学生自评、互评。小组评价主要针对探究实践任务完成需要经历的主要过程"设计方案""模型制作"以及团队合作情况进行小队自评、互评以及教师评价。

案例3-2　　　　　《升腾的智慧》课程评价

1. 评价主体

评价主体包括学生自评和互评、小组自评和互评,以及教师评价。

2. 评价内容

学生个人评价表主要针对学生场馆参观行为表现、参与模型设计与制作情况和参与团队合作情况三个维度进行自评和组内成员互评。场馆参观评价指标旨在培养学生参观好习惯的养成,如文明有序、认真聆听、仔细观察等;模型设计与制作旨在了解学生学习兴趣、活动参与情况;团队合作旨在引导学生主动交流沟通、对同学积极正向评价、尝试将团队任务合理分工。

小组评价表主要从设计方案、模型制作、团队合作三个维度开展评价,通过评价引导学生进一步明确任务要求以及完成任务需要的方法技能等。如设计方案需要先发现场馆展品规律,模型设计图清楚易懂,文本主题内容受欢迎;制作出的模型要符合主题,内容丰富,造型美观,遇到制作问题能够想办法解决;团队合作中有矛盾能够协商解决,任务合理分工人人有活干,成员之间互相帮助。

教师评价主要为描述性评价，针对小队以及小队成员在项目实施中的亮点进行描述。此外，如果有需要改进的，教师在评价中增加改进建议。

3. 达成度

每一个二级评价指标达成度分三级，只要有参与即可拿到1颗☆，参与情况较好可拿2颗☆，参与情况很好可拿3颗☆，学生在评价表中根据相应情况给☆涂色。

4. 评价表单

学生个人评价表									
	场馆参观			参与模型设计与制作			参与团队合作		
	文明有序	认真聆听	仔细观察	对活动内容感兴趣	有自己的设计主张	积极参与模型制作	主动交流沟通	正向反馈回应	任务分工合理
自评	☆☆☆	☆☆☆	☆☆☆	☆☆☆	☆☆☆	☆☆☆	☆☆☆	☆☆☆	☆☆☆
互评	☆☆☆	☆☆☆	☆☆☆	☆☆☆	☆☆☆	☆☆☆	☆☆☆	☆☆☆	☆☆☆

小组评价表									
	设计方案			模型制作			团队合作		
	发现场馆展品规律	模型设计图清楚易懂	文本主题内容受欢迎	内容丰富	造型美观	问题解决	矛盾协商	合理分工	互相帮助
小队自评	☆☆☆	☆☆☆	☆☆☆	☆☆☆	☆☆☆	☆☆☆	☆☆☆	☆☆☆	☆☆☆
小队互评	☆☆☆	☆☆☆	☆☆☆	☆☆☆	☆☆☆	☆☆☆	☆☆☆	☆☆☆	☆☆☆
教师评价									

（案例提供者：上海市黄浦区卢湾二中心小学　吴汉红）

五、"开放节日"的实践与评价

《义务教育科学课程标准（2022年版）》提出："精心组织，加强监控，让学生经历有效探究和实践过程。"[1] "开放科学"中的"开放节日"以学校科技活动为载体，通过常规项目和专题项目的开展形成了一套学校科技节、科技活动日等"开放节日"的实践操作流程，浓郁了校园科技文化氛围。我校以往的"开放节日"校内常规项目主要有"节能金点子""变废为宝""自然笔记"等，分别指向学生"观察与思考""材料与制作""信息收集与处理"等探究实践能力的培养。"开放节日"校外常规项目主要有"科幻画""纸艺与纸结构""新能源""模型""机器人""社会调查""社会实践"等，主要指向学生专项能力培养。

此外，"开放社团"还结合社会、时代热点以及学校当年设计的专题特色项目，组织全校各个小/中队队员全员参与，如"菜花节""绿萝节""不一样的声音""我们的世博会""校园植物大搜索""纸飞机""纸牌结构"等"开放节日"活动。

（一）"开放节日"的实践操作

《义务教育小学科学课程标准（2022年版）》提出"要加强对探究和实践活动的研究和指导，整合启发式、探究式、互动式、体验式和项目式等各种教与学方式的基本要求，设计并实施能够促进学生深度学习的思维型探究和实践。"[2] 我校的"开放节日"将启发式、探究式、互动式、体验式以及项目式的要求融入学校"开放节日"流程化的设计之中。

1. 确定活动主题。根据市、区科技节主题，学校科技特色项目等，确定围绕学科核心概念和跨学科概念的"开放节日"活动主题。

2. 设计活动方案。围绕活动主题，设计活动项目及项目内容，明确各活动项目负责人，估算各活动项目实施需要时长，确定"开放节日"开始实施日期和结束日期。

3. 开展活动。（1）开幕仪式。宣布各年级活动项目、项目内容及项目活动时间，鼓励各个小/中队队员积极参与。（2）分项目实施。各活动项目负责人根据项

---

[1] 中华人民共和国教育部. 义务教育科学课程标准（2022年版）[S]. 北京：北京师范大学出版社，2022：119.
[2] 同上。

目活动需要与参与该项目的各班级学生以及班主任进行交流沟通，提供必要的项目指导，按期进行班级评比、年级评比，并登记班级、年级项目活动中表现优异的学生和学生活动成果。(3) 闭幕仪式。对项目活动中积极组织参与的中队、小队，以及表现优异的学生进行表彰，对优秀的学生活动成果进行展示，对项目活动进行小结。

(二)"开放节日"的评价标准

《义务教育科学课程标准（2022年版）》提出："倡导跨学科融合、校内外结合，体现评价的综合性、增值性及过程性。"[1]"开放节日"通过设计面向全体学生的节日活动，激发学生学科学的兴趣，并在活动参与中综合地发展学生的核心素养。

1. "开放节日"是否指向科学核心素养。"开放节日"旨在营造校园科学文化，让学生参加科技探究实践活动，动脑想一想，动手做一做，激发学生对科学的渴望和追求，培养和发展学生科学核心素养。

2. "开放节日"是否面向全体学生。"开放节日"以普及为主、竞赛为辅，内容设计通常比较大众化，门槛不高，适合学生人人参与。学生通过参与体验不同探究实践类型的活动项目，有利于发现自己的兴趣爱好和特长。

3. "开放节日"实施是否趣味化。"开放节日"项目设计游戏、比赛等环节，培养学生对科学的兴趣，形成学生参与科技实践活动的内部动力。

案例 3-3　　《创新·体验·成长——给科技插上想象的翅膀》科技节活动设计

1. 活动宗旨

为深入贯彻党的二十大关于实施科教兴国战略、人才强国战略、创新驱动发展战略的重要部署，同时基于《上海市中长期教育改革和发展

---

[1] 中华人民共和国教育部. 义务教育科学课程标准（2022年版）[S]. 北京：北京师范大学出版社，2022：120.

规划纲要》和《关于深化教育综合改革进一步加强创新人才培养的若干意见》精神,从小学低年级学生开始营造热爱科学、崇尚创新的浓厚氛围,激发学生们的想象能力和创新热情,进一步树立强国有我的远大志向,黄浦区卢湾二中心小学以"创新·体验·成长——给科技插上想象的翅膀"为主题开展校科技节系列活动。通过设计不同年级的不同科技特色活动,浓郁校园科技文化氛围,鼓励孩子们亲手实践、大胆想象,充分点燃孩子们对科技的热情,激发孩子们的探究兴趣,让孩子们充分感受到科技的魅力,也在孩子们心里撒下科学的种子。

2. 活动目标

(1)丰富校园文化生活,普及科技知识,弘扬科学精神,培养科学核心素养。(2)助力不同年级学生科学知识的形成,拓展学生对科技的了解,拉近学生与科技的距离,进一步激发学生学习科学的兴趣,培养学生科学思维。(3)充分挖掘学生内在潜力,综合地培养学生,提高学生创新能力和探究实践能力,促进学生全面发展。(4)进一步深化科学课程与其他学科之间的联系,促进学科融合,发挥跨学科学习的教育价值。

3. 活动内容

本次科技节活动根据各年级学生的年龄特点,对科技能力的综合考虑,设计针对不同年级的5个不同活动,通过课内与课外结合,线上与线下结合开展活动。活动方法主要有观察、绘画、实验、设计与制作等,活动形式以个人、小组合作和亲子活动为方式。具体规划详见下表。

活动年级	核 心 活 动			
	活动名称	活动形式	参与方式	资源建议
一年级	未来科技生活畅想画	个人或亲子	绘图+视频讲解	A3或A4纸、画笔
二年级	天宫空间站服装秀	个人或亲子	制作+视频讲解	废旧报纸等材料、剪刀、胶水、画笔等

续 表

活动年级	核 心 活 动			
	活动名称	活动形式	参与方式	资源建议
三年级	纸塔承重	个人	制作+视频呈现	A4纸、硬币、尺
四年级	昆虫创意折纸	集体活动	设计+制作+视频	废旧材料（报纸、塑料杯、纸盒等）、手工折纸、胶水、剪刀、画笔等材料
五年级	自然笔记	个人	观察+设计	A3或A4纸、画笔

4. 活动实施（以一年级"未来科技生活畅想画"科技节活动为例）

"未来科技生活畅想画"科技活动项目的设计从一年级学生的年龄特点出发，激发学生对未来生活的畅想，鼓励学生大胆想象，让学生充分体验创作科幻作品的乐趣，提高孩子们的创新能力和科学素养。首先，基于此次科技节活动的主题"创新·体验·成长——给科技插上想象的翅膀"，组内老师确定了一年级活动子主题，明确活动任务，确定好活动方案后，依靠学校、班级、班主任及科学教师的活动宣传，积极组织学生参与活动；接着，给学生足够的时间进行构思、创作，与老师进行交流，修改畅想画的内容和结构，与美术老师进行颜色选择，与家长一起制作绘画，最终形成作品；在作品设计完成后，鼓励学生通过视频的方式与大家分享创作意图、作品含义；最后通过作品收集、评选、表彰、展示等方式，肯定孩子们的创作成果，提高孩子们的参与热情，培养学生们对科学的积极探索和创造想象。

情景任务一：我当创意小达人——确定未来畅想画主题

学习活动1：认识未来科技生活内容（课内）

课内组织学生聆听未来生活故事、观看天宫课堂中的小探究，了解一些"元宇宙"的知识，对未来科技生活形成初步概念。

学习活动2：交流心中的未来科技生活（课内）

引导学生通过初步认识，结合自己的生活经验和已知的科学知识，组织学生交流自己对未来科技生活的想象，以激发其他同学的想象能力。鼓励学生大胆发言，集思广益。

学习活动3：确定畅想画作品内容（课外）

根据课上交流，学生可以通过网上查阅、视频搜索及父母帮助，确定自己畅想画的作品内容，也可通过互动软件（如微信、钉钉等）与老师交流确定作品主题。

情景任务二：我做小小设计师——设计未来科技生活畅想画

学习活动1：设计畅想画草图（课外）

课外初步构思，用铅笔进行草图绘画，可以参考收集到的图片素材，再结合自己的想象进行草图绘制；也可以让父母一起参与协助绘图。

学习活动2：完成畅想画制作（课内+课外）

与相关老师进行沟通交流，设计修改画作方案，确定畅想画构图，确定颜色基调，尝试进行颜色匹配。涂色过程中认真仔细、涂色均匀、色彩鲜明。在指定时间内上交作品。

学习活动3：录制畅想画视频介绍（课外）

学生结合自己的作品，在父母的协助下，录制畅想画视频介绍。通过视频介绍，呈现图画设计的意图、作品呈现的内容、创作过程等。

情景任务三：我来举办小画展——设置科学畅想画廊

学习活动1：未来科技生活畅想画交流讨论会（课内）

组织完成畅想画的学生交流分享自己的作品，介绍作品的内容和含义；引导学生根据评价要求对作品进行客观评价，参与交流互动讨论。

学习活动2：举办班级画展秀（课内）

在班级艺术展板或墙上展示学生完成的畅想画作品，并组织学生对喜爱的作品进行投票（评价要求见学生互评表）。

学习活动3：举办年级科学画廊（课内）

评选班级部分同学的画作参加校级评选，利用走廊中的科学画廊以年级为单位进行"给畅想画送颗小红花"投票活动。

学习活动4:科技活动小结(课内)

引导学生回顾"未来科技生活畅想画"科技节活动各个阶段的过程,交流分享学生的收获与感悟。

5."未来科技生活畅想画"活动评价

为了激发孩子们的创作热情,提高创作能力,对于参与的学生都给予一定的评价和奖励。活动评价主要包括学生互评和教师评价,设置个人奖项和团体奖项。详见黄浦区卢湾二中心科技绘画比赛评分表。

(1)个人奖项评价

① 教师评价:表格中的几项内容分别以星星数量进行评价,每一个项目总星数都已表述在表格中,最终评价教师以总星数多少进行奖项设置,并予以公示。

黄浦区卢湾二中心科技绘画比赛评分表

教师评委:_____　　　　　　　　　　　　　　　　时间:

序号	姓名	作品主题鲜明突出 ☆☆☆	构图饱满、色彩鲜艳、比例结构准确 ☆☆☆	具有一定的创意想象能力 ☆☆☆	画面整洁有层次感 ☆☆	绘画认真专注坚持完成作品 ☆☆	规定时间内完成绘画内容 ☆	视频介绍(附加☆)	获得☆数

② 学生评价：以班级为单位进行评价。

Ⅰ. 学生投票表决，选出50%的名额代表班级参加校级比赛。

Ⅱ. 其余同学获得优胜奖，给予个人奖状。

以年级为单位进行评价：

Ⅰ. 每班参观科学画廊

Ⅱ. 送你一朵小红花：每人三朵红花贴纸，一朵可选自己班级同学，其余两朵选择其他班级的不同同学。

Ⅲ. 学校将以30%、30%和40%的花朵数量比例，再结合教师评委的星数，设置一、二、三等奖，并给予个人奖状和奖品。

（2）集体奖项评价

集体奖项评价主要以班级参与学生的数量、获奖人数的比例来评定，以此感谢所有参与的学生和各班级对此次活动的重视和参与，提高集体荣誉感。

（案例提供者：上海市黄浦区卢湾二中心小学　丁燕萍）

综上所述，在课程实践中，学校通过打造"开放课堂"，践行"开放探究"，创建"开放社团"，推行"开放之旅"，激活"开放节日"等不同实践举措，不仅让儿童天然的好奇心在探究实践中得到释放，同时积极探索"开放科学"课程在不同时间与空间条件下有效实施的策略，让科学核心素养在"开放科学"课程实践中得到落实。

（本章执笔人：上海市黄浦区卢湾二中心小学　吴汉红）

第四章
逻辑序列性：系统地推进课程深度变革

用逻辑化的观点探索课程深度开发路径，实现课程体系的规范化、科学化和系统化，全方位进行课程的组织变革，是解决当前课程割裂问题的最优角度。课程坐标的逻辑序列性强调课程各要素之间的交互和印证，学校在充分把握和解读课程性质和理念的基础上，使课程目标的设定、课程内容的设计、课程实施的路径、课程评价的操作形成逻辑闭环。

如果学校研制出来的课程互相之间"各司其职"，无法形成课程逻辑，就难以促进教师专业发展和满足学生个性发展。如果把一门课程比作是一颗星星，那么课程坐标就可以帮助我们找到它所属的星座。有了课程坐标，我们可以为每一门课程找到它所属的课程领域，明晰它所要培育的核心素养和学科（跨学科）素养，明确每门课程在课程目标、课程内容、课程实施、课程评价中应该达成的样态，最终实现以儿童为中心的逻辑归旨。

从学校课程体系宏观层面来看，学校通过课程坐标构建基于核心素养的课程体系，是指由学科课程、活动课程和空间课程这三大领域课程构建一体化的共生模式，三大领域课程之间相互渗透、相互促进、多向融通。逻辑终点是三大领域课程能否强化立德树人的根本任务，最大程度地实现学校以儿童为中心的育人目标，提升学生核心素养，并实现优势互补、资源共享和互利共赢，从而满足学生多维度的学习需求和学习兴趣。其中，学科课程是知识习得的主体，活动课程是联结知识与实践的载体，空间课程则是贯穿于教育过程中灵动的隐性课程力量，三者的融合能够使知识和现实世界更好地联系起来，进而使学生得到更全面的发展。

从中观层面看，三大领域课程围绕学科素养和跨学科素养，实现课程目标、课程内容、课程实施和课程评价等课程要素的整体统筹设计。在横向上，从课程内容（学习/主题）领域按照逻辑重构进行合理分类，根据三大领域的课程特质，让学生分门别类把握不同的学科和跨学科素养。在纵向上，课程坐标将学校课程按照年级分为不同层级，形成适应不同年龄阶段学生的课程阶梯，按先后顺序，由简至繁，保持课程的整体连贯。这样形成了学校课程的肌理严密，让课程有逻辑地在学校落地，把杂乱无序、零敲碎打变为逻辑清晰、系统架构。

例如，《义务教育英语课程标准（2022年版）》指出英语学科的课程目标是培育学生的学科核心素养。核心素养的达成是以语言能力的发展为基础，带动学习能力、思维品质和文化意识的协同发展。学校"融英语"课程坐标的设计充分考虑语言学科的特征，将横坐标界定为指向语言技能范畴的四大学习领域，即"融口语""融视听""融阅读"和"融写作"。课程纵坐标则以年级为序列，在各领域中课程自成体系，螺旋上升，学生通过系统学习，相关技能得到培养。同时，隐含在技能与课程内容背后的思维、文化、学习能力等素养也在循序渐进的学习中得到提升。

总之，逻辑序列性作为课程坐标的重要属性之一，强调课程各要素之间交互印证，促使学校在充分把握和解读课程性质和理念的基础上，深度开发学校课程，使课程目标的设定、课程内容的设计、课程实施的路径、课程评价的操作形成逻辑闭环。

课程坐标

融英语：在富有逻辑感的课程中落实学科育人

上海市黄浦区卢湾二中心小学英语学科组共有教师 15 名，老中青三代教师的年龄分布较为合理。组内教师均具备本科及以上学历，其中硕士 1 名。高级教师 1 名，同时为区学科带头人及市名师基地成员，占全组教师的 7.7%；一级教师 9 名，其中一名为区骨干教师，占 61.5%；二级教师 5 名，占 30.8%；中高级职称教师占比近 70%。总体来说，英语学科组是一支由高级教师、区学科带头人引领，由成熟型的一级教师担当中坚力量，由二级教师为新生力量的队伍，始终秉持着"务实"和"创新"的精神内涵。我们依据《义务教育英语课程标准（2022 年版）》绘制学科课程坐标，推进学科课程深度实施。

第一节 课程理念由学科性质逻辑演绎

英语学科课程是一个多维度、多层次、多内涵的课程体系，既有体现知识技能要求的工具性方法论，又有培育意志品质、思维品质、文化理解等人本主义的追求。

一、学科课程性质

《义务教育英语课程标准（2022 年版）》将英语学科课程性质界定如下："义

务教育英语课程体现工具性和人文性的统一，具有基础性、实践性和综合性特征。学习和运用英语有助于学生了解不同的文化，比较文化异同，汲取文化精华，逐步形成跨文化沟通与交流的意识和能力，学会客观、理性看待世界，树立国际视野，涵养国家情怀，坚定文化自信，形成正确的世界观、人生观和价值观，为学生终身学习、适应未来社会发展奠定基础。"[1]

从新课标对英语课程性质的表述中不难看出，工具性与人文性的统一是英语课程最根本的特性。英语课程的工具性是指英语课程承担培养学生基本英语素养和发展学生思维能力的任务。英语教学的工具性着眼于培养学生运用能力的实用功能和课程的实践性特点，关注学生知识的积累运用，体现能力为主。而人文性是指英语课程承担着提高学生综合人文素养的任务。英语教学的人文性着眼于形成跨文化意识，增强爱国主义精神，发展创新能力，形成良好品格和正确的人生观与价值观。

工具性与人文性两者之间存在辩证关系。工具性是人文性的基础与途径，人文性是工具性的载体与灵魂，二者并不是对立的。布卢姆曾说过："认知领域与情感领域是密切交织在一起的。每一种情感行为都有某种类别的认知行为与之相对应；反之亦然。"换句话说，英语教学中的"知识""技能"，是和在训练这些"技能"、获得这些"知识"的过程中所体现出来的"思想""态度""人文""情感"紧密相关的，也就是说，在英语教学的每一个环节中，都不存在单纯的"工具性"，也不存在单纯的"人文性"。任何一次"技能"的训练，任何一种"知识"的获得，任何一个教学环节的具体实施，都黏附着特定的价值观。教师需在教学实践中，以学生为本，既注重夯实学生的人性根基，丰厚其人生积淀，又注意到必要的语言知识技能（听、说、读、看、写）学习，使二者融合，高度统一。

二、学科课程理念

基于上述思考，结合校情，我们提出了"融英语"的理念，并以此为内核开展课程设计与实施。"融"在古汉语词典中的解释为融合、明朗。《现代汉语词典》中与融相关的词语有"融合""融汇""交融""融通""融达"等。

---

[1] 中华人民共和国教育部. 义务教育英语课程标准（2022 年版）[S]. 北京：北京师范大学出版社，2022：1.

"融英语"的理念主要表现在四个层面：

1. 知识技能与习惯品格的融合：英语学科教育教学过程中，教师不仅要关注学生语言知识的学习以及语言技能的形成，更应从人本主义出发，将学习语言过程中应具备的习惯、策略和品格囊括在内，贯穿于课程目标、课程结构、课程内容、课程评价与实施的全过程。不仅教会学生知识，培养学生技能，更教会学生学习，为他们的终身学习与发展打下良好的基础。

2. 语言与思维的融通：语言是思维的外壳，思维是无声的语言，语言与思维密不可分。二者互相交织，相互影响。在学科育人过程中，教师应有意识地将语言学习和思维培养有机融合，注重对学生观察、记忆、思维、想象和创新能力的培养。

3. 中西方文化的融会：语言表达习惯、表达方式、文字符号的不同，衍生出不同的文化，折射出语言背后的意识形态差异。学习语言的过程，即学生了解不同语言文化的过程，教师应该帮助学生了解世界和中西方文化的差异，拓宽视野。

4. 国家情怀与国际视野的融达：英语课程作为义务教育阶段的基础课程之一，在拓展学生国际视野的同时，必须体现国家意识和社会主义核心价值观，明确学科应该培养什么人、如何培养人、为谁培养人的问题。

"融英语"中的"融"主要表现出以下几个特性：

（一）"融英语"是儿童的英语

英语学科教育归根到底是"人"的教育。学校英语课程设置以儿童的发展需求为本，关注核心素养的四个维度，即语言能力、学习能力、文化意识和思维品质在课程中的交融与渗透，培育学生的关键能力与必备品格，促进儿童持续健康成长。

（二）"融英语"是生活的英语

《义务教育英语课程标准（2022年版）》要求以主题为引领选择和组织课程内容。"融英语"的课程内容选择遵循培根铸魂、启智增慧的原则，紧密联系学生生活实际。我们以课程六要素中的"主题"为引领，通过对"人与自我""人与社会""人与自然"三个范畴主题和子主题意义的探究，打破单元壁垒，将学校英语学习与学生已有的生活经验相勾连，激活学生的知识经验和生活经验，以多样化的教学方式激发学生的英语学习兴趣，丰富学生学习体验，帮助学生架构起以主题为框架的知识体系，提升学生的核心素养。

（三）"融英语"是实践的英语

坚持学思结合、用创为本，引导学生通过知识迁移，运用所学知识与技能解决现实生活中的实际问题。[1]《义务教育英语课程标准（2022年版）》如是说。"融英语"注重语言学习的过程，强调语言学习的实践性，主张学生在语境中接触、体验和理解所学的语言，并在此基础上内化、运用语言。教师在教学过程中尽可能多地为学生创造在真实语境中运用语言的机会，学生在老师的指导下通过感知、体验、实践、参与和合作等方式，完成学习任务，获得学习的成就感。

（四）"融英语"是多元的英语

《义务教育英语课程标准（2022年版）》强调要注重"教—学—评"一体化设计。"融英语"坚持以评促教、以评促学，将评价贯穿于英语课程教与学的全过程。学校教研组在长期实践与研究中，努力做到评价主体多元化、评价方式多样化、评价结果可视化，并总结提炼出了英语课堂教学六步法，这一教学方法为教师开展"教—学—评"一体化设计提供了教学范式，大大提升了教师的课程实施能力，使课堂教学效益得以最大化。"融英语"的评价是多样态的。如，英语课堂中的Worksheet学生任务单，既是学生的学习材料，又是教师评价的载体，记录学生学习足迹的同时，教师对学生该堂课的表现予以评价；学期末的低年级主题式游园会、社团、项目化学习、学科赛事等多样态评价方式，丰富了英语学科活动。我们通过评价活动设计，引导学生成为各类评价活动的设计者、参与者和合作者，并自觉运用评价结果改进学习。同时，教师针对学生学习表现及时提供帮助与反馈，反思调整教学行为，从而形成教学相长的教学生态圈。

（五）"融英语"是资源的英语

《义务教育英语课程标准（2022年版）》特别关注英语课程中的资源整合。"融英语"在素养导向的课程坐标以及课程内容的支撑下，将课程资源有效融合，探索多途径落实学科核心素养。如以牛津英语为主阵地的课堂教学、跨学科项目化学习、学科竞赛、学校社团、课程空间设计等多种样态实施路径，拓

---

[1] 中华人民共和国教育部. 义务教育英语课程标准（2022年版）[S]. 北京：北京师范大学出版社，2022：3.

展了学生理解、学习、运用、迁移英语的渠道。与此同时，推进信息技术与英语教学的深度融合是当下英语课程教与学的时代要求。一方面，我们通过课件的制作，以信息化手段辅助教学，为学生创设真实的语境；另一方面，通过"乐满地英语"学习空间的打造，为学生提供沉浸式的英语学习环境，让信息技术赋能教学。

第二节　课程目标由核心素养细化生成

《义务教育英语课程标准（2022年版）》指出："英语课程要培养的学生核心素养包括语言能力、文化意识、思维品质和学习能力等方面。语言能力是核心素养的基础要素，文化意识体现核心素养的价值取向，思维品质反映核心素养的心智特征，学习能力是核心素养发展的关键要素。"[1]

一、学科课程总体目标

《义务教育英语课程标准（2022年版）》阐述了英语课程的总目标是：学生应通过本课程的学习，发展语言能力，培育文化意识，提升思维品质，提高学习能力。[2] 总体目标如下：

1. 发展语言能力。能够在感知、体验、积累和运用等语言实践活动中，认识英语与汉语的异同，形成语言意识，积累语言经验，进行有意义的沟通与交流。

2. 培育文化意识。能够了解不同国家的优秀文明成果，比较中外文化的异同，发展跨文化沟通与交流的能力，形成健康向上的审美情趣和正确的价值观；加深对中华文化的理解和认同，树立国际视野，坚定文化自信。

3. 提升思维品质。能够在语言学习中发展思维，在思维发展中推进语言学习；初步从多角度观察和认识世界、看待事物，有理有据、有条理地表达观点；逐步发展逻辑思维、辩证思维和创新思维，使思维体现一定的敏捷性、灵活性、创造性、批判性和深刻性。

4. 提高学习能力。能够树立正确的英语学习目标，保持学习兴趣，主动参与

---

[1] 中华人民共和国教育部. 义务教育英语课程标准（2022年版）[S]. 北京：北京师范大学出版社，2022：4.
[2] 同上书，第5—6页。

语言实践活动；在学习中注意倾听、乐于表达、大胆尝试；学会自主探究，合作互助；学会反思和评价学习进展，调整学习方式；学会自我管理，提高学习效率，做到乐学善学。

二、学科课程具体目标

基于英语课程总目标，结合教材内容和"融英语"课程理念，我们从语言运用、学习策略、语言文化三个维度将学科课程目标进行细化，形成了以单元为视角的具体目标。

以小学英语学科五年级第一学期教材（牛津上海版）为例，五年级第一学期英语教材共包含 4 个主题模块（Module），即 Getting to know you, Me, My family and friends, Places and activities 以及 The natural world；五年级第二学期英语教材同样包含 4 个主题模块（Module），即 Using my five senses, My favourite things, Things around us 以及 More things to learn。每个主题模块又包含 3 个单元（Unit），每个单元由 6—7 个学习栏目组成。以五年级第一学期第一模块为例，我们将课程目标细化如下，见表 4-1。

表 4-1　小学英语学科五年级第一学期第一模块目标表

模块	单元	目标
Getting to know you	U1 My birthday	共同目标： 1. 语言运用 （1）识别并正确朗读国际音标/iː/, /ɪ/, /e/, /æ/, /p/, /b/, /t/, /d/, /k/, /g/。 （2）知晓常用字母组合 e_e, ee, ea 的读音规则，背记 e, i, y, p, b, t, d, k, g 的读音规则。 （3）了解陈述句、祈使句、特殊疑问句朗读语调的变化。 （4）在"Getting to know you"的语境中，知晓、理解序数词、交通类和职业类词汇的词义、词性，听、读和规范书写并运用。 （5）识别动词一般现在式（第三人称单数）的词形变化。 （6）知晓疑问代词 When, How, What 的意思，并根据情境正确使用。 （7）识记序数词 first, second, third, fourth, fifth, sixth, 并用其表达日期。 （8）知晓介词 by, on 的意思及用法，并选出适当的介词进行描述。

续 表

模块	单元	目标
Getting to know you	U2 My way to school	（9）运用一般现在时完成交际任务。 （10）理解陈述语气、祈使语气表达的句子意思，并做出应答。 （11）运用陈述句、特殊疑问句进行表达和交际。 （12）听、读句子和语段，规范抄写，并进行简单表达。 （13）简单讲述对话、故事中的时间、地点、人物、事件等基本信息，阐明事件的起因、过程和结果。 （14）简单复述邀请函、海报中的主题、内容、对象等，并理解其文本格式。 （15）通过思考和判断，尝试表达自己的观点。 2. 学习策略 （1）借助图片、媒体、实物、板书等直观媒介学习简单的语段。 （2）在语言实践活动中互帮互学。 （3）尝试使用词典学习词汇。 3. 语言文化 在"Getting to know you"的语境中，进一步了解中英文表达方式的差异。
	U3 My future	校本要求： 1. 运用本单元所学的知识，结合"My way to school"一课，画一画从家到学校的路线图。 2. 根据路线图，运用核心句型 How do you come to school? I come to school ... 进行询问和应答，并能用核心句型 I come to school ... by ... 介绍从家到学校的路线，完成语段的表达。

第三节　课程框架由语言要素推导建构

《义务教育英语课程标准（2022年版）》指出："课程内容的六个要素是一个相互关联的有机整体，共同构成核心素养发展的内容基础。其中，主题具有联接和统领其他内容要素的作用，为语言学习和课程育人提供语境范畴；语篇承载表达主题的语言知识和文化知识，为学生提供多样化的文体素材；语言知识为语篇的构成和意义的表达提供语言要素；文化知识为学生奠定人文底蕴、培养科学精神、形成良好品格和正确价值观提供内容资源；语言技能为学生获取信息、建构知识、表达思想、交流情感提供途径；学习策略为学生提高学习效率、提升学习效果提供具体方式方法。"[1] 根据课程内容的相关要素，结合我校办学理念、英语学科课程理念和课程目标，我们构建了学科课程结构，绘制了学科课程坐标以及学科课程矩阵。

一、学科课程结构

依据《义务教育英语课程标准（2022年版）》中课程内容的相关要求，"英语课程内容由主题、语篇、语言知识、文化知识、语言技能和学习策略等要素构成。围绕这些要素，通过学习理解、应用实践、迁移创新等活动，推动学生核心素养在义务教育全程中持续发展。"[2] 其中，"语言技能分理解性技能和表达性技能，具体包括听、说、读、看、写等方面的技能及其综合运用。听、读、看是理解性技能，说、写是表达性技能。语言技能中的'看'通常指利用多模态语篇中的图形、表格、动画、符号，以及视频等理解意义的技能。理解多模态语篇，除了需要使用传统的阅读技能之外，还需要观察图表中的信息，理解符号和动画的意义。理解性技能和表达性技能在语言学习过程中相辅相成、相互促进。"[3] 依据课程标准的相关要求，"融英语"课程共包含"融口语""融视听""融阅读""融写话""融文化"五个板块。

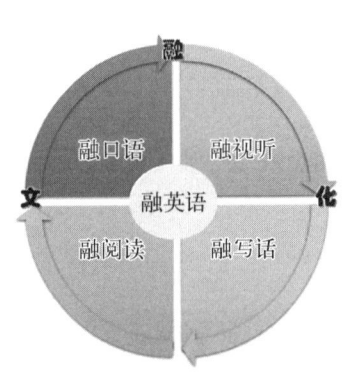

图4-1 "融英语"学科课程结构图

图4-1中，各板块课程内涵如下。

"融口语"指向培养学生的口语交际能力，主要包括：Fun land Ⅰ、Fun land Ⅱ、外教英语Ⅲ和戏剧英语。我们通过创设真实的情景在课堂中模拟接近于生活的交际场合，并通过活动设计，为学生提供学习、理解、运用口语的机会，最终

---

1 中华人民共和国教育部. 义务教育英语课程标准（2022年版）[S]. 北京：北京师范大学出版社，2022：12—13.
2 同上，第12页.
3 同上，第25页.

实现口语交际能力的提升。

视听是取得语言知识的基本途径之一，也是保证语言规范化和加强语言实践的重要手段，是提高语言交际能力的中心环节。"融视听"以牛津英语（上海版）教材作为依托，辅以校本课程 Golden ears（金耳朵），利用这些音频和视频资源，聚焦学生英语学习中看和听的能力的培养。

阅读作为小学英语教学的一部分，对于学生的英语学习有着极其重要的作用。对于处于英语入门阶段的小学生来说，传统的阅读教学是比较乏味枯燥的。因此黄浦区卢湾二中心小学英语教研组积极探索阅读教学与教法，结合学校实际，精心打造了"融阅读"系列校本阅读课程。主要包括 Reading for fun Ⅰ、Reading for fun Ⅱ、Reading for taste Ⅲ、Reading for taste Ⅳ 和 Reading for taste Ⅴ。

写话是学生学习英语的重要环节，是语言的输出环节，对于学生而言英语书面输出难度较高。"融写话"以牛津教材为依托，充分挖掘教材中的写作主题和材料，力求学生在日常学习中充分理解文本，丰富情感体验，从而在写作中下笔有神，并通过校本课程 Little writer 和 Writing master 让学生在教师指导和实操中训练书面表达中的逻辑思维能力、话题解读能力等。

"融文化"则渗透在口语、视听、阅读、写话的各个环节。英语教学绝不是孤立的语言教学，而应该是语言学习和文化学习的结合。比如在英语阅读中，学生要真正理解所读材料内容，不仅要掌握足够的语言知识，还要了解英语国家风俗、文化、宗教等方面知识，只有这样才能在阅读中充分理解材料。因此文化的熏陶是日常教学中必不可少的一环。

"融口语""融视听""融阅读""融写话"从听、说、读、看、写的语言技能角度出发，通过合理的课程设置，以单元主题为引领，依托多模态语篇，使学生学习丰富的语言知识，发展相关的语言技能。而"融文化"则融合渗透在前四个维度之中，伴随着四项技能的提升同步发展。语言技能的形成以及核心素养的培育是一个长期的、持续的过程。

二、学科课程坐标

《义务教育英语课程标准（2022 年版）》阐述了课程理念，学校在开设课程时要发挥核心素养的统领作用，构建基于分级体系的课程结构，以主题为引领选择和组织课程内容。[1] 故,"融英语"课程坐标横坐标兼顾语言知识、文化知识、语言技能和学习策略等不同层面的学习要求,纵坐标建立循序渐进、可持续发展的英语分级体系,由低到高明确学习内容与要求。

我校英语课程设置严格遵守市教委规定,同时兼顾学生、家长和社会需求。除了地方课程《牛津英语》外,学校依据对学生、家长和教师的学科需求调研结果,曾先后开设过 8 类校本课程,力求通过课程设置丰富学生学习体验,实现课程资源与学生需求的无缝对接,使学校课程真正为学生发展服务。(见图 4‑2)

	融口语	融视听	融阅读	融写作
五年级	戏剧英语	Golden ears V	Reading for taste V	Writing master V
四年级	戏剧英语	Golden ears IV	Reading for taste IV	Writing master IV
三年级	外教英语 III	Golden ears III	Reading for taste III	Writing master III
二年级	Fun Land II	Golden ears II	Reading for fun II	Little writer II
一年级	Fun Land I	Golden ears I	Reading for fun I	Little writer I

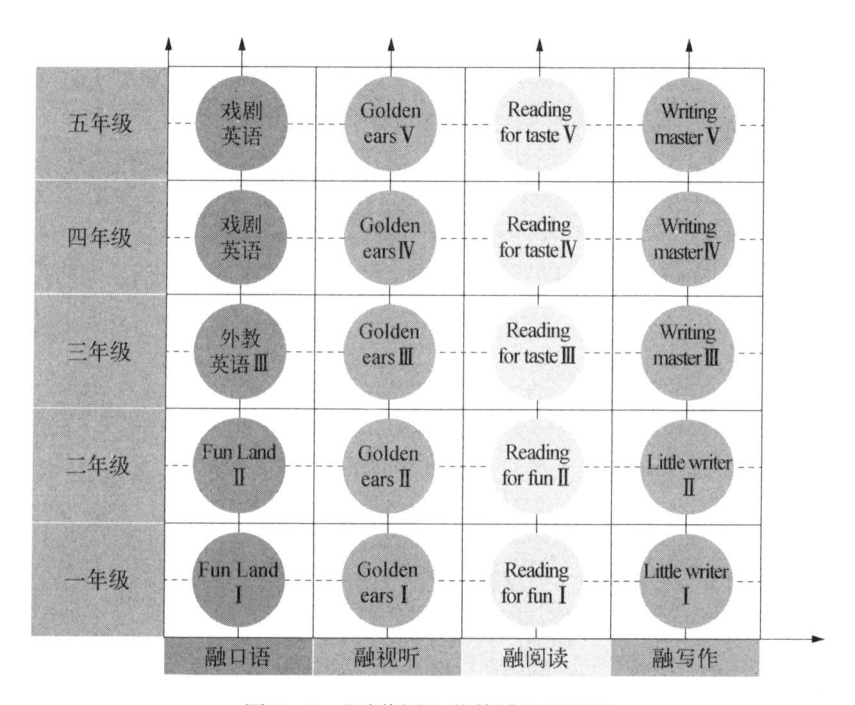

图 4‑2 "融英语"学科课程坐标图

图 4‑2 中,横坐标对应的是基础英语课程教育的几个不同维度,设置的课程内容分别对应听、说、读、写这四项语言技能,纵坐标则体现了课标的纵深推进,以及语言知识和语言能力的螺旋式上升。

---

1 中华人民共和国教育部. 义务教育英语课程标准(2022 年版)[S]. 北京:北京师范大学出版社,2022:2.

以聚焦"融阅读"中的阅读课程为例，英语阅读课程分为悦读系列、绘读系列和品读系列。悦读系列的教学对象为一、二年级学生，每周设立1节阅读课（35分钟），通过童趣生动的阅读内容，旨在激发学生阅读兴趣；绘读系列的教学对象为三年级学生，每周开设1节阅读课（60分钟），通过画一画、读一读、演一演的方式，绘声绘色地展现阅读所得，旨在养成学生阅读习惯、增进学生阅读体验；品读系列面向四、五年级学生，每周开设1节阅读课（60分钟），以适切的阅读任务驱动学生阅读，以精准的阅读指导引导学生思维，旨在发展学生多元思维，培养学生阅读策略，提升学生文化感知力。从阅读兴趣的萌发，到阅读习惯的养成，再到阅读素养的提升，"融阅读"课程内容高度统一、目标拾级而上，体现了课程为学生发展服务的宗旨。

三、学科课程矩阵

根据《义务教育英语课程标准（2022年版）》课程目标部分的阐述，"融阅读"分为低年级的 Reading for fun（悦读）和中高年级的 Reading for taste（品读）两个系列，主要通过绘本阅读教学达成发展语言能力，提升思维品质，培育文化意识和提高学习能力的总目标。以一年级第一学期"悦读"课程为例，英语学科组构建了以课程目标为横列、课程内容为纵列的中观课程矩阵图（见图4-3）。

内容＼目标	语言能力		思维品质		文化意识		学习能力	
	词句感知与积累	故事理解与表达	观察与比较	信息提取与梳理	文化现象识别与判断	文化价值感悟与内化	乐意模仿与表达	参与合作学习
Going to school 去上学	4	3	2	1	1	1	3	1
At school 在学校	4	3	2	1	1	1	3	1
My family 我的家庭	4	3	2	2	2	2	3	2
What jumps! 跳跳跳	4	3	3	3	2	2	3	2

续 表

目标＼内容	语言能力		思维品质		文化意识		学习能力	
	词句感知与积累	故事理解与表达	观察与比较	信息提取与梳理	文化现象识别与判断	文化价值感悟与内化	乐意模仿与表达	参与合作学习
What grows on trees? 树上长什么？	4	3	3	3	2	2	3	2
Farm twins 农场里的双胞胎	4	3	3	3	3	3	4	2
Yoyo is on the farm 悠悠在农场	4	3	3	3	3	3	4	3
Cloud picture 云朵想象画	4	3	4	4	4	3	4	3

图 4-3 1A Reading for fun 一年级第一学期"悦读"课程矩阵图

"悦读"课程目标包含词句感知与积累、故事理解与表达、观察与比较、信息提取与梳理、文化现象识别与判断、文化价值感悟与内化、乐意模仿与表达和参与合作学习八个维度。其中词句感知与积累和故事理解与表达服务于英语语言能力的发展；观察与比较和信息提取与梳理服务于思维品质的提升；文化现象识别与判断和文化价值感悟与内化服务于文化意识的培养；乐意模仿与表达和参与合作学习服务于学习能力的提高。

一年级第一学期的绘本阅读包括 8 个绘本主题，分别指向校园生活、家庭生活、农场见闻和自然世界四大主题模块。通过对课程目标和课程内容的综合分析，每个模块主题对达成课程目标的支持程度各不相同，对学科核心素养的培育起到的作用也各有侧重。如 8 个绘本主题对一年级学生语言启蒙的作用相当大，能够帮助学生感知和积累日常生活用语，因此均赋值 4 分，显示其对发展语言能力这一目标起到关键支持作用。由于一年级第一学期处于学习适应期，特别是刚开始的关于校园生活的 2 个绘本主题，更多的是让学生了解学习环境，积累与校园生活相关的词汇、句子与表达，但还没有开展对思维能力和文化意识的培养活动，因此前2个阅读绘本的教学对达成思维与文化目标的关联度不大，因此赋值大多为1分。但随着学习进程的深入，勾连思维与文化目标的教学内容比重越来越大，赋值也就随之增加。

在撬动课程改革的过程中，教研组将教师作为课程改革的推力和源泉，充分尊重教师的个人教学主张，鼓励教师结合个人特长以"融英语"课程理念为核心，选择一个维度进行校本课程的设计与开发。长期的课程实施经验，使校本英语课程得到了充分的生长，形成了 Reading for fun、外教口语、Reading for taste 等经典校本课程，各聚焦核心素养的某个维度，培养学生的关键能力和必备品格。

由此可见，本坐标矩阵不仅体现了课程目标与课程内容的关联程度，也能充分体现出课程纵深推进中，目标达成度逐步递进的动态过程，有利于教师在课程实施与评价中有的放矢，合理制定教学计划和评价方案。

第四节　课程实施由学科实践充分推展

《义务教育英语课程标准（2022年版）》从教学建议与评价建议两方面提出了英语课程的实施原则。在教学建议中，课程标准提出坚持育人为本，加强单元教学的整体性，深入开展语篇研读，秉持英语学习活动观组织和实施教学，引导学生乐学善学，推动"教—学—评"一体化设计与实施，提升信息技术使用效益。[1]在评价建议中，课程标准指出："评价与考试旨在评价学生核心素养的发展水平，促进学生全面、健康而有个性地发展。通过形成性评价与终结性评价相结合的多元评价方式，检测和衡量学生在相关学段的学业成就，为高一级学校招生录取提供依据，为评价区域和学校教学质量提供参考，为改进教育教学提供指导。"[2]

英语教研组在"融英语"理念的引领下，打破单元壁垒，倡导任务型教学模

---

[1] 中华人民共和国教育部. 义务教育英语课程标准（2022年版）[S]. 北京：北京师范大学出版社，2022：47—52.
[2] 同上，第52页。

式。通过感知、体验、实践、参与和合作等方式，借助"融课堂""融社团""融项目""融空间""融赛事"等实施路径，探索能够激励学生学习兴趣和自主学习能力发展的评价体系，以"融英语"课程为载体，探索多途径、多样态的评价，实现评价的激励与改进功能。

一、"融课堂"的实践与评价

语言与思维是相辅相成的。学生在课堂学习中的思维越深刻，其语言表达会越明确。因此，我们的英语课堂教学既要有外在的交际语言活动，又要有内在的思维训练。"融课堂"就是将两者融合统一，同时能优化教学，从而更好地提高英语教学质量。

（一）"融课堂"的实践操作

《义务教育英语课程标准（2022年版）》中的"国家英语学科核心素养结构图"指出，核心素养是课程育人价值的集中体现。英语课程要培养的学生核心素养包括语言能力、文化意识、思维品质和学习能力等方面。语言能力是核心素养的基础要素，文化意识体现核心素养的价值取向，思维品质反映核心素养的心智特征，学习能力是核心素养发展的关键要素。核心素养的四个方面相互渗透，融合互动，协同发展。如何通过教学，以提升语言能力为核心，同时发展学生的其他三项素养，我校英语教研组进行了深入的探索，并研制了基于校情的"融课堂"教学模式。

"融课堂"任务驱动式教学评模式共分六步，即通过创设语篇情境，引出本课话题，热身引入；通过整体感知，引导学生了解语篇主旨大意；通过分层解析，聚焦语篇信息的提取和语篇结构的理解；通过朗读、默读、问答等多种形式，帮助学生整体回顾语篇内容；通过组织学生进行交流表达，完成语言任务，关注学生语用体验；通过课后练习，帮助学生复习巩固，内化学习成果。在这个学习过程中，学生积累语言知识，形成语言技能，提升语言能力。同时，经过教师的学法指导及学生的自主体验，发展学生的学习能力、思维能力和文化品格。评价则是通过表现性任务的实施融合到教学过程中，通过制定评价细则，从多个维度（学习兴趣、学习习惯、学业成果）评价学生的学习成效。通过多元主体（教师、家长、同伴、学生）的参与，激发学生的能动性。最后，给学生一个更全面、客观的评价。（见图4-4）

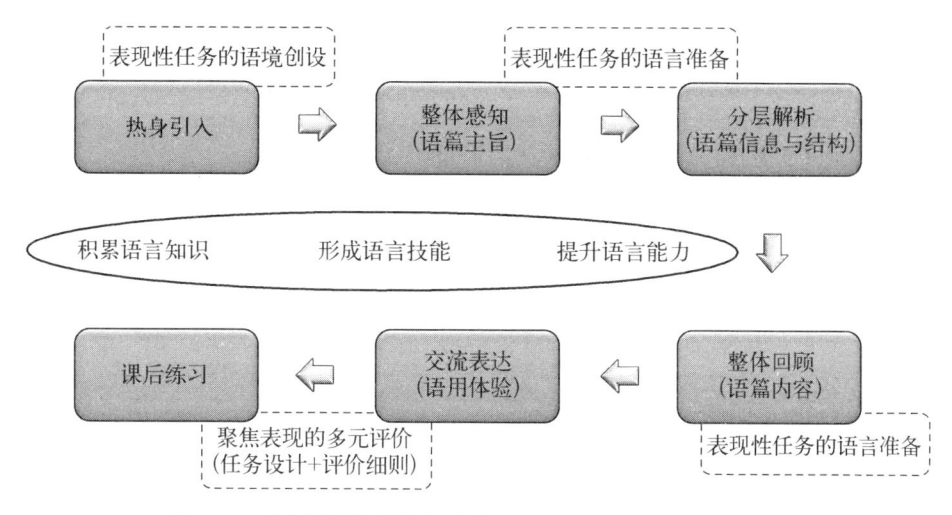

图4-4 "融课堂"任务驱动式（Task-based）教学评模式图

（二）"融课堂"的评价标准

《义务教育英语课程标准（2022年版）》指出："评价与考试旨在评测学生核心素养的发展水平，促进学生全面、健康而有个性地发展。"[1]依据《上海市小学英语学科教学基本要求》和《小学英语学科基于课程标准评价指南》的精神和要求，我们解析、细化课程标准的目标、内容和要求，同时基于"共融"的英语课程理念，结合学校英语教学的现状，通过表现性任务的设计与实施，切实将评价融入英语课堂。我们从"学习兴趣""学习习惯""学业成果"三个维度，结合本校英语学科的教学特色，合理制定"融课堂"的评价标准。

1. 口头评价。小学低年段以"养成教育"为重点，评价维度侧重于学习兴趣的激发和学习习惯的培养，通过激励性的评价激发学生学习英语的兴趣，帮助学生养成良好的学习习惯，促进学生语言技能的初步发展。

课堂上着重从学生的学习兴趣、学习习惯两方面进行评价，并根据学生表现，给出"Good!"或"Excellent!"的评价。（见表4-2）

---

[1] 中华人民共和国教育部. 义务教育英语课程标准（2022年版）[S]. 北京：北京师范大学出版社，2022：52.

表 4-2　口头评价表

评价维度	评价内容	评价标准
学习兴趣	听读兴趣	Good：能参与语音、单词、句子的听读。
		Excellent：能积极参与语音、单词、句子的听读。
	表达兴趣	Good：能在语境中参与词、句的表达。
		Excellent：能在语境中积极参与词、句的表达。
学习习惯	听的习惯	Good：能认真倾听老师的指令和同伴的发言，理解意思。
		Excellent：能认真倾听老师的指令和同伴的发言，并作出准确而及时的应答。
	说的习惯	Good：能在课堂中与同伴进行问答，能用语段进行介绍或描述，表达较完整流利。
		Excellent：能在课堂中与同伴进行问答，能用语段进行介绍或描述，表达完整流利。
	读的习惯	Good：能较流利地朗读单词、句子或语篇。
		Excellent：能在理解的基础上，流利地朗读单词、句子或语篇。

（表格设计者：上海市黄浦区卢湾二中心小学　鲍珺）

2. Worksheet 任务单评价。教师根据教材内容以单元为整体设计 Worksheet。在课堂实施过程中，教师先给出任务的背景，并对任务进行总体描述，接着呈现给学生这个任务的评价标准，依据学生在各维度中的表现情况，分别给出一星至三星。（见表 4-3）

表 4-3　Worksheet 课堂评价表

评价维度	评价内容	观察点	评价标准		评价主体
学习兴趣	表达兴趣	口头介绍绘本、故事内容的情况。	在老师和同伴的帮助下完成故事内容的简单描述。	☆☆☆	自评
			能独立完成故事内容的准确描述或介绍。		

续　表

评价维度	评价内容	观察点	评价标准		评价主体
学习习惯	写的习惯	故事续写的情况。	能较准确运用大小写和标点，书写较工整，书写错误在3处以上。	☆☆☆	自评
			能准确运用大小写和标点，书写工整，书写错误在3处及以下。		
学业成果	语言知识	任务单填写情况。	能结合本单元的语言知识完成任务单的填写，但信息不完整，拼写错误、词法错误在3处以上。	☆☆☆	师评
			能准确运用大小写和标点，书写工整，书写错误在3处及以下。		
	语言运用	故事的复述或表演的情况。	能结合任务单提供的信息完成故事的复述或表演，逻辑基本通顺，语句基本达意。	☆☆☆	师评
			能结合任务单提供的信息完成故事的复述或表演，逻辑通顺，语句达意。		

（表格设计者：上海市黄浦区卢湾二中心小学　许轶华）

> 案例 4－1

5A Module4 The natural world Unit 1 Water Period3 The Yangtze River 单元教学设计

一、单元目标

（一）语言知识与技能

1. 能正确朗读音标/tʃ/，/dʒ/，/ʃ/，/ʒ/，并能正确地辨别含有这些音素的单词。

2. 能较为熟练地在语境中运用核心词汇 first，next，then，finally 描述动作的先后顺序，并能正确书写。

3. 能较为熟练地运用核心句型 What does/do ... do first/next/then/finally? First/Next/Then/Finally, ... 对做某事的步骤进行询问和应答。

4. 能整合新旧知识，有条理地介绍沏茶的步骤、小水滴的循环过程和长江的流向情况，撰写保护水资源的倡议书。

(二) 语言情感

学生在了解水的语境和写倡议书的项目学习中，感受生活中的水、自然中的水和母亲河之水，了解水的形态和功能，树立保护水资源的意识。

(三) 学习策略

在了解水的语境中，能借助实物操作、图示演绎、拼图建模等方式完成学习任务，并能与同伴合作学习。

二、单元实施

(一) Pre-task preparations

情境任务 1：感知生活中的水和自然界中的水。（Finding the water at home and in the nature.）

学习活动 1：回顾并朗读关于水的儿歌，继续展开本单元主题的学习。

学习活动 2：通过作业成果展示与评价，回顾前两课时内容，感知生活中的水和自然界中的水。

学习活动 3：通过欣赏视频、师生问答，引出本课的话题 The Yangtze River。

(二) While-task procedures

情境任务 2：了解长江的地理位置（Knowing about the location of the Yangtze River.）

学习活动 1：通过观看视频，初次感知文本内容，借助地图解读长江的流经情况，知道长江是中国最长的河流。

学习活动 2：通过在地图上填写顺序副词，检测对长江发源地和流经区域的掌握情况。

情境任务 3：了解并简单地介绍长江的流向（Knowing about the direction of the Yangtze River.）

学习活动 1：结合录音、阅读、手势、图片等，了解长江的起源、流经地及最终的流向，理解本单元的核心单词 first，next，then，finally。

学习活动 2：根据长江的流向，结合新授词组，对长江的流向做简单的介绍。

（三）Post-task activities

情境任务 4：完整地介绍长江的流向（Introducing the direction of the Yangtze River.）

学习活动 1：通过完成拼图或建模的小组活动，初步运用所学语言对长江的流向做简单的介绍，巩固副词的运用。

学习活动 2：通过欣赏视频，进一步感受长江的壮丽和伟大，引发对保护母亲河的思考。

三、作业内容与评价

（一）作业内容

课时作业：

1. Write an introduction card（读一读，根据提示将短语填写在横线上，完成长江介绍卡）。

2. Do a puzzle or make a model（动手制作长江流域的拼图或模型）。

```
□ run into the sea
□ start high in the mountains
□ run down and run through
□ meet more water
```

An introduction about the Yangtze River
The Yangtze River is very, very long.
First, _____
Next, _____
Then, _____
Finally, _____
It is our Mother River.
　　　　　　　　　　By_____

本课时的学习内容围绕长江的流向展开。在作业部分，学生首先需要在语境中运用四个顺序副词描述长江的流向。随后，学生根据课堂中的视频演示，在课后动手制作长江流域的拼图或模型。这是一个创新性实践类作业，学生基于所学，并结合生活中对于长江的了解，通过小组合作完成这份实践类作业。

（二）作业评价

在本课时中，学生会以小组合作的方式完成长江流域的拼图或模型。针对这份作业，评价主要从学习方式（小组合作）和学业成果两方面展开。

评价维度	评价内容	评价标准		评价主体	评价方式
学习方式	合作方式	☆	能在同伴的提醒下进行合作学习，完成自己的分工任务。	互评	即时圈星
		☆☆	能和同学进行小组合作，并能根据分工基本完成自己的任务。		
		☆☆☆	乐意和同学进行小组合作，并能根据分工完成自己的任务。		
学业成果	写的成果	Good	能在老师或同伴的帮助下，完成长江的报告。	师评	等第评价
		Great	能较为完整地完成长江的介绍，语法和拼写基本正确。		
		Excellent	能完整地完成长江的介绍，书面表达结构清晰，语句丰富。		

（三）作业设计意图

1. 凸显"融英语"的情感价值，从自然走向人文

本单元的主题为水，作业设计也紧紧围绕"水"这一主题层层推进，让学生在动手泡茶的过程中感受水在生活中的实际应用，在小水滴循环流程的复述中体验自然界中水的千变万化，在长江流域模型的搭建中体会母亲河的秀美壮丽，激发学生珍惜自然资源的意识以及对于华夏文化的自豪。这一单元的实践类作业旨在让学生在动手过程中体验水的奇妙，从生活中的水走向自然界的水，最终回归到母亲河的人文情怀，凸显学科"融英语"理念下作业的育人价值。

2. 结合"融英语"的生活经验，从课本走向生活

本单元每课时的作业都需要学生动手完成一个任务，达到了在"做中学"的目的。如在第一课时中，学生通过在家里泡茶，在实际操作中复现了泡茶的过程，具有实际的生活意义。而第三课时中，长江流域拼图和模型的搭建需要学生在课堂所学的基础上，结合实际与想象。这类实践作业把学生的注意力聚焦在怎样利用英语作为工具来完成任务，能够让学生在生活中运用课堂上所学的知识，真正践行"融会贯通，学以致用"的学习理念，从而达到"融英语"的学习经验。

3. 设置"融英语"的作业梯度，从模仿走向创新

本单元的作业设计是在学科"融英语"的理念下，对学生口语表达、听力理解、阅读素养、写话能力和文化意识培养的尝试与探索，遵循由易到难的原则进行设计。作业的梯度体现了思维的进阶和能力的发展。从最初的模仿，到在语境中的运用，再到整合新旧知识、尝试创新。学生通过每一课时实践作业的完成，逐步提高语言运用的熟练度、思维表现的纵深度和核心素养的聚焦度。

（案例提供者：上海市黄浦区卢湾二中心小学　唐佳莹）

二、"融社团"的实践与评价

我校有多个英语社团，这些社团共同构成了内容丰富的"融社团"，学生在

社团活动中进一步体验学习英语的快乐，激发英语学习兴趣，体验中西方文化的共融，在互相交流中展现个人才华。

（一）"融社团"的实践操作

根据《义务教育英语课程标准（2022年版）》关于社团部分的阐述，运动、文艺等社团活动能挖掘学生潜能。[1]

"融社团"通过开展丰富多彩的社团活动来提升学生的学习兴趣，挖掘学生的潜能。英语学科社团活动是英语课堂的拓展和延伸，它不局限于牛津教材的学习，旨在进一步提高学生课外学习能力，拓宽学生的视野。而英语社团活动中潜移默化的文化渗透，也可以启发学生的思维能力，发展想象能力，提升欣赏能力，并初步感知中西方文化间的差异。

1. 戏剧社。通过组织课后社团活动，学习英语戏剧的基本理论，解析剧本背景，了解国际文化历史，解读剧本，培养学生学习语言知识的能力，最终通过戏剧表演呈现学生综合语言运用能力。从试音、选角、训练、排演，直到最后在台上面对观众演出，让学生学会英语沟通的技巧，帮助他们建立自信，提升团队精神，提高对戏剧和外国文化的鉴赏能力，体会中外文化的融合以及家国情怀与国际视野的共融。

2. 绘本社。通过阅读绘本拓展学生的词汇量，帮助学生养成良好的阅读习惯，提升学生的人文素养。低年级的学生从模仿朗读绘本，到最终能有感情地进行表演。高年级的学生则可以将故事进行改编，发挥想象力，最终呈现不同的故事，表达不同的观点，体会语言、思维与文化的共融。

3. 口语社。通过不同场景的布置，让学生沉浸于相应主题的环境中，帮助学生表达自己的想法，锻炼学生的口语表达能力，培养学生的交际能力。在这样轻松欢快的语言学习环境中，我们鼓励学生大胆交流自己的想法，并及时肯定他们的想法，让学生在学习的过程中找到自己的价值。

（二）"融社团"的评价标准

随着各项社团活动的开展，学生沉浸在浓厚的英语学习氛围之中。以绘本社为例，在社团活动实施中，我们尤为注重学生阅读素养的培养，一年级注重学生

---

[1] 中华人民共和国教育部. 义务教育英语课程标准（2022年版）[S]. 北京：北京师范大学出版社，2022：15.

阅读习惯的培养,二年级强调解码能力的养成,三、四年级侧重于语言知识的积累,五年级关注阅读策略的习得。我们通过 Worksheet 来检测学生的阅读成效,一方面以"能够仔细倾听或观察"为观察点,引导学生对自己的阅读兴趣进行自我评价;另一方面,教师以学生任务单的完成情况为依据,对他们的阅读理解能力进行评价。(见图 4-5)

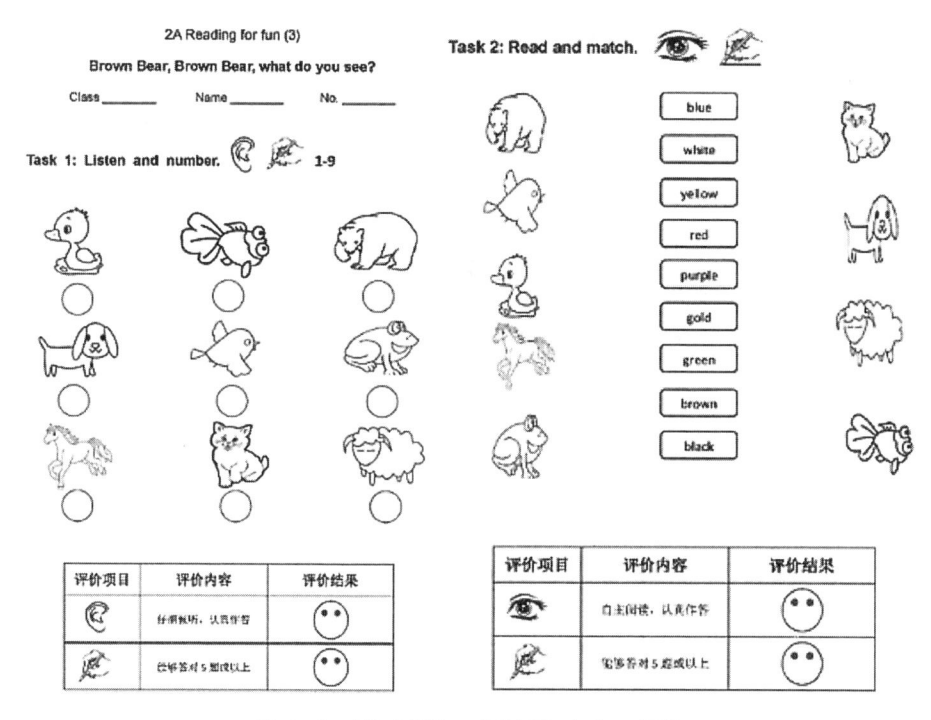

图 4-5 "绘本社"二年级 Worksheet 评价

社团活动结束后,我们通过亲子阅读单,对学生能否坚持每天阅读养成良好的阅读习惯进行评价。

表 4-4 "绘本社"阅读评价表

评价维度	评价内容	观察点	评价标准	评价主体
学习兴趣	阅读兴趣	阅读的情况	☺ 能在老师或同伴的指导下,完成绘本的阅读。 ☺ 能自主完成绘本的阅读。	自评

续 表

评价维度	评价内容	观 察 点	评 价 标 准	评价主体
学习习惯	阅读习惯	阅读时长	☺ 每周能保持阅读 15—20 分钟。 ☺ 每天能保持阅读 20 分钟及以上。	家长评
学业成果	阅读理解	阅读绘本,完成题目的情况	☺ 能答对 3—4 题。 ☺ 能答对 5 题及以上。	师评

(表格设计者:上海市黄浦区卢湾二中心小学　徐家瑶)

三、"融项目"的实践与评价

《义务教育英语课程标准(2022年版)》指出:"秉持在体验中学习、在实践中运用、在迁移中创新的学习理念,倡导学生围绕真实情境和真实问题,激活已知,参与到指向主题意义探究的学习理解、应用实践和迁移创新等一系列相互关联、循环递进的语言学习和运用活动中。"[1] "融项目"是让学生在课堂教学之后,基于驱动性问题的探究,引发他们自己的调研与创新,从而解决问题或挑战,并在真实的学习经历和体验中获得新技能。学生在具体的情景中通过探究来解决学校或身边的具体的实际问题。

(一)"融项目"的实践操作

《义务教育英语课程标准(2022年版)》指出:"坚持学思结合,引导学生在学习理解类活动中获取、梳理语言和文化知识,建立知识间的关联;坚持学用结合,引导学生在应用实践类活动中内化所学语言和文化知识,加深理解并初步应用;坚持学创结合,引导学生在迁移创新类活动中联系个人实际,运用所学解决现实生活中的问题,形成正确的态度和价值判断。""融项目"学习在我校已经开展一年多了,相对于日常以语言知识和技能训练为主的作业练习,项目化学习更具有主题意义。项目化学习对学生而言不仅是跨学科的综合性知识和语言运用,更能够帮助他们形成正确的价值观。学生在从提出问题到解决问题的整个项目完成的过程中,充分调动了多种英语技能,有助于综合语言运

---

1 中华人民共和国教育部. 义务教育英语课程标准(2022年版)[S]. 北京:北京师范大学出版社,2022:3.

用能力的提高。

以三年级案例"我为学校做模型"为例，此项目基于牛津英语（上海版）三年级上册教材中 Our school 主题下的内容。为了让学生更好地了解学校，并能熟练地向他人介绍，我们设计了让学生为学校做模型的项目活动。学生可以选择为学校绘制平面图或搭建模型，在动手制作的过程中，学生能进一步探索校园，增进对校园的了解。这样的活动设计不仅可以激发学生的学习兴趣，培养学生的英语综合能力以及动手能力，还能引导学生从智力和情感上都投入到有意义的学习过程中，从而让学习真正发生。

（二）"融项目"的评价标准

《义务教育英语课程标准（2022年版）》指出，教学评价的基本原则是：1. 应以学生核心素养的全面发展为出发点和落脚点。2. 应充分发挥学生的主体作用。3. 应采用多种方式与手段。[1] 为了及时了解学生的学习进展，在项目推进过程中，教师会运用各类量表开展评价，为后续教学提供依据。

仍然以三年级案例"我为学校做模型"为例，评价量表设计如下：

表 4-5 "我为学校做模型"项目评价表

评价形式	评价维度	评价内容	个人自评	组内互评
组内评价	情感态度	能积极、认真地参与项目学习，并对小组有贡献。	☆☆☆☆☆	☆☆☆☆☆
		能与组员相互合作，并在组员有困难的时候提供帮助。	☆☆☆☆☆	☆☆☆☆☆
	学习策略	能认真学习教材内容，知道学校各个场所的名称与功能。	☆☆☆☆☆	☆☆☆☆☆
		能运用学校平面图，对所需资料进行收集，并在组内讨论整合。	☆☆☆☆☆	☆☆☆☆☆
		能参与组内的各项合作活动，能借助模型介绍学校。	☆☆☆☆☆	☆☆☆☆☆

---

[1] 中华人民共和国教育部. 义务教育英语课程标准（2022年版）[S]. 北京：北京师范大学出版社，2022：53.

续　表

评价形式	评价维度	评价内容	个人自评	组内互评
组间评价	语言运用	能用英语介绍学校的各项设施。	☆☆☆☆☆	☆☆☆☆☆
		能用英语介绍学校各项设施的功能。	☆☆☆☆☆	☆☆☆☆☆
		能制作学校的小模型，并用英语做介绍。	☆☆☆☆☆	☆☆☆☆☆
	作品呈现	能用英语介绍小组的作品，有适当的肢体语言和表情。	☆☆☆☆☆	☆☆☆☆☆
		能交流分享自己小组的写作成果——"Our school"的短文。	☆☆☆☆☆	☆☆☆☆☆

（表格设计者：上海市黄浦区卢湾二中心小学　纪云丽）

四、"融赛事"的实践与评价

《义务教育英语课程标准（2022年版）》指出，英语课程总目标是：学生应通过本课程的学习达到如下目标：1. 发展语言能力。2. 培养文化意识。3. 提升思维品质。4. 提高学习能力。[1]

"融赛事"是课程实施中的一个重要环节，参与其中的每一个学生，通过多元评价的共融，达成课程学习的总目标。

在学校通过课程坐标构建基于核心素养的"务本尚智"的课程体系中，"融赛事"是将学科课程、活动课程和空间课程这三大领域课程一体化的一个纽带，既能体现彼此相互渗透、相互促进、多向融通，又能满足学生多维度的学习需求和学习兴趣，并通过及时评价给出恰当有效的正向反馈，使学生得到更为全面的发展。

（一）"融赛事"的实践操作

"融赛事"在课程实施过程中，综合了过往英语竞赛的经验，弥补了竞赛特别是知识性竞赛中的枯燥又脱离生活场景等缺陷。

在小学英语学习的五年历程中，学生们逐步增强对英语学习的好奇心，养成

1　中华人民共和国教育部. 义务教育英语课程标准（2022年版）[S]. 北京：北京师范大学出版社，2022：5—6.

良好的英语学习习惯，形成模仿英语的能力，并逐步形成了有效的学习策略和中西方语言文化差异意识。

对于低年级学生来说，"融赛事"以口语表达和听力理解为主，注重听力习惯和表达习惯的培养，用知识技能与习惯品格的共融，帮助学生初步形成英语学习能力。对于中年级学生来说，"融赛事"以阅读素养和写话能力为主，通过语言知识的积累，帮助学生初步形成结构运用能力，并用语言、思维与文化的共融，逐步强化学生的英语学习能力。对于高年级学生来说，"融赛事"以文化意识为主，引导学生在各种赛事中理解中西方文化异同，用中外文化的共融和家国情怀与国际视野的共融，进一步提升学生的核心素养。

（二）"融赛事"的评价标准

在"融赛事"结束后，教师应给予学生及时的评价与反馈，见表4-6。

表4-6 "融赛事"评价表

项目内容	低年级		中年级		高年级
	找一找说一说	听指令做动作	读一读写一写	读短文写答案	读短文列表格
评价方式	1. 能找到规定类别的词汇的图片，并正确朗读。 2. 能在＿＿分钟内完成。	1. 能听懂指令并按要求完成动作。 2. 能在＿＿分钟内完成。	1. 能读懂短文，并规范地写出关键句。 2. 能在＿＿分钟内完成。	1. 能读懂短文，并写出正确的答案。 2. 能在＿＿分钟内完成。	1. 能读懂短文，并在表格中罗列异同。 2. 能在＿＿分钟内完成。

（表格设计者：上海市黄浦区卢湾二中心小学 严曼莉）

在"融英语"的课程设计和实施的全过程中，我们始终依据儿童身心发展规律，将学生发展放在首位，结合英语学科特质，努力做到融合知识技能与习惯品格，融通语言学习与思维发展，融汇中国文化与西方文化，融合国家情怀与国际视野，使语言学习的过程成为学生形成积极的情感态度、开始主动思维和大胆实践、提高跨文化意识、形成自主学习能力的过程。

（本章执笔人：上海市黄浦区卢湾二中心小学 谈雯倩）

第五章
专业自主性：创生教师的课程实践理性

"教师即课程"不仅仅是一种理念，更是一种实践。实现教师的课程自觉，让教师主动参与学校课程建设，掌握课程坐标这一工具，有利于教师提升课程领导力。教师不仅能自主开发"点坐标"课程，而且能分析该课程在什么条件下能实现学习目标、实现到什么程度。课程坐标具有典型的专业自主性，可以指导教师的课程实践，提升教师的课程实践理性，提高教师的课程实践效能。

随着教师专业发展作为学校课程改革的重要核心环节，地位日益凸显。学校创造性地提出了基于教师专业视角的课程建设新思路。引导教师建立"教师即课程"的理念，实现教师的课程自觉，主动参与学校课程建设，自主掌握对课程坐标工具的合理设计和运用，形成教师提升课程领导力的技术觉悟。教师用清晰的课程意识、科学的课程工具和先进的评价方法，不仅能自主开发设计"点坐标"课程，而且能分析课程在什么条件下能实现目标、实现到什么程度。学校按学科教研组划分，组织老师经历课程系统的开发，起步初期以理论指导实践，结合校情构建课程框架，以循序渐进的方式不断丰富课程内涵，在持续性实施与反思中提炼与总结。相信每一个身在其中的教师，在如此"孕育"的过程中，能修炼专业素养，用更专业的眼光和思想为学生创设更优质的课程。

一是清晰的课程意识。教改实施至今，基层学校在课程标准引领下，纷纷结合校园文化、育人价值观以及生源学情等研发校本课程体系。在这一过程中，就需要教师具备课程意识。课程意识体现了教师对本学科教学价值的认同与理解，并以此为基础设立课程的育人目标、教学内容、实施方法以及评价标准，等等。

二是科学的课程工具。提到"工具"，最容易让人联想到的词语就是"为我所用"。小学阶段是学生认识世界、走进社会的启蒙期与发展初期，此时的学生将各门学科学到的知识与技能运用在实际情境中；在多样化的活动中积累经验丰富认知；在面对问题时，学习理性地分析与判断，找到合适的解决方法，等等，都是各学科所要承担的重要的教育任务。以学科知识为经度，以学生能力为纬度，用科学的思想设计课程，让学生在运用所学知识的过程中了解"学以致用"的意义，进而发现学习的乐趣，并激发进阶学习的欲望。

三是先进的评价方法。当下，考量学生的综合能力已不再局限于纸笔测试、单次测试等传统方式，用形式多样的实践活动丰富课程内涵，既是教师课程观的体现，也是学生提升素养的重要途径。那么提升的效果究竟体现在哪些方面？提升的有效性如何衡量？这些都需要在课程中配以先进的评价方法。可以说，评价是课程不可或缺的重要组成部分。参考科学的量规，贴合学生的实际能力，更重要的是必须让老师运用起来"得心应手"，愿意不断使用并以此矫正活动设计的规范性。

通过研发和使用课程坐标及衍生工具课程矩阵，推动教师深度卷入教育迈向核心素养时代的学校课程建设，使教师用专业视角带着问题进行研究，整合课程内容，撬动课堂教学改革，提升教师专业素养，增能赋权。而且，课程坐标的设计因为有教师的参与，会更为清晰易懂，容易被更多教师所理解和接受。

以数学学科为例，《义务教育数学课程标准（2022年版）》阐述了数学课程核心素养内涵：会用数学的眼光观察现实世界，会用数学的思维思考现实世界，会用数学的语言表达现实世界。[1]在实践教学理念的过程中，有赖于教师以专业的视角设计遵循学生认知能力发展规律的课程体系；以专业的眼光捕捉学生在学习中的点滴成长；用科学的评价工具对学生的学习表现给予专业的指导。"智享数学"的提出，旨在为学生创设一段规范、丰富、好玩的数学经历，让学生享受收获学习成果的乐趣，同时，教师在经历课程开发、实施与评价的过程中可以获得专业成长。

课程坐标

智享数学：以专业自主性实现学科课程自觉

上海市黄浦区卢湾二中心小学数学学科组现有14位成员。全部具有本科及以上学历，其中硕士3名。高级教师1名，中级教师8名。有1位老师担任黄浦区种子计划小学数学学科领衔人，2名区骨干教师，累计4名名师工作室成员。目前，教师队伍吸收了一批年轻的教学力量，经过见习规培以后，都能积极参与学科课题研究项目，不断完善教学技能的同时也在完成高一层次的学历进修。整个

---

[1] 中华人民共和国教育部. 义务教育数学课程标准（2022年版）[S]. 北京：北京师范大学出版社，2022：5—6.

团队的学术研究氛围浓郁。学科组依据《义务教育数学课程标准（2022年版）》绘制学科课程坐标，推进学科课程变革。

第一节　学科课程理念的专业理解

一、学科课程性质

《义务教育数学课程标准（2022年版）》指出："数学是研究数量关系和空间形式的科学。""义务教育数学课程具有基础性、普及性和发展性。学生通过数学课程的学习，掌握适应现代生活及进一步学习必备的基础知识和基本技能、基本思想和基本活动经验；激发学习数学的兴趣，养成独立思考的习惯和合作交流的意愿；发展实践能力和创新精神，形成和发展核心素养，增强社会责任感，树立正确的世界观、人生观、价值观。"[1]可以看出，数学课程的基础知识、基本技能、基本思想和基本活动经验（以下简称"四基"）是重要的基础，现今正处于大数据、人工智能时代，数学应用于生活的方方面面，在社会生活中发挥着极其重要的作用。因此，学生通过数学学习要形成和发展面向未来社会和个人发展所需要的数学核心素养。[2]数学核心素养体现在三个方面，即会用数学的眼光观察现实世界、会用数学的思维思考现实世界、会用数学的语言表达现实世界。[3]

在培养学生数学核心素养的过程中，我们倡导学生经历各种探究活动，在数与代数、图形与几何、统计与概率、综合与实践四个学习领域设计并开展智享探究的数学学科活动，让学生在智性探究的过程中获得数学"四基"，培养学生发现、提出、分析和解决问题的能力（以下简称"四能"），形成具有校本特色的数学课程理念。

二、学科课程理念

基于上述认识，我们提出"智享数学"的理念。"智享数学"课程的核心理念

---

1 中华人民共和国教育部. 义务教育数学课程标准（2022年版）[S]. 北京：北京师范大学出版社，2022：1.
2 同上，第2页。
3 同上，第5—6页。

就是让每个学生在学习数学时都能够"活动"起来。具体表征为：能记录自己的思考、能聆听他人的发言、能提出存有的疑惑、能回答他人的质疑、能收获属于个人的成功，实现理性思维、科学精神、智力发展的三个数学教育价值。我们所设计并实施的"智享数学"课程追求以下课程特性：

（一）"智享数学"是聚焦素养培育的数学

《义务教育数学课程标准（2022年版）》指出："确立核心素养导向的课程目标。"[1]数学基础知识、基本技能主要体现为结果性的知识、客观性的事实，而数学基本思想、基本活动经验则是在学习过程中学生主体获得的主观性体验和感悟。两者的结合，使数学学习中的结果与过程、客观与主观、静态与动态、外在与内化有机地结合起来，相互为补，能克服"双基"教学过于表层、追求熟练、缺乏对数学本质理解的弱点。基于数学核心素养的数学教学应提倡以问题为导向、探究活动为载体，采用问题驱动式教学方式，立足于问题发现、提出、分析、解决的全过程，在问题解决的过程中，引发、导引、深化学生的数学思考，促进学生数学核心素养的提高。

（二）"智享数学"是强调结构特征的数学

《义务教育数学课程标准（2022年版）》指出："设计体现结构化特征的课程内容。"[2]由于数学核心素养发展的整合性、综合性、跨界性等特点要求，要改变教师过分关注具体知识点、数学教学呈碎片化的倾向。从这一要求出发，教师在数学知识、技能教学中要注意引导学生把握内容主线，注意知识结构，特别要注意通过积累多样化的数学活动经验、感悟数学基本思想，让学生去把握知识的逻辑走向及相互的关联，从更深层次上体会数学内容的本质联系，从而形成良好的数学认知结构，有效地促进数学思维品质的发展。目前，采用"单元式"的教学方式是值得提倡的。这里的"单元"是广义的，它可以是基于章、节的知识单元，也可以是跨章节的主题或内容群，还可以尝试以数学的思想方法等来设置单元。但无论何种形式的单元教学，都是通过"四基"的实施，最终聚焦于核心素养的达成的。

---

[1] 中华人民共和国教育部. 义务教育数学课程标准（2022年版）[S]. 北京：北京师范大学出版社，2022：2.
[2] 同上。

(三)"智享数学"是助力学生发展的数学

《义务教育数学课程标准（2022年版）》指出："实施促进学生发展的教学活动。"[1]教学应更关注其内在的动因，这个动因的指向就是在教学中如何让数学知识"活"起来。增强教学动因的方法、途径很多，但关键的是学习主体的参与性。这将促使教师更有意识地注重数学教学中多样化活动的设计，使学生积极主动地投入到数学探究的活动和过程之中，通过自我的体验去积累活动经验、感悟数学思想，在探索中去理解数学的本质。在探究发现数学知识、运用数学知识解决问题的过程中，感悟数学思维活动的特点，提升数学思维的品质。在具体教学设计中，教师要善于将陈述性知识的教材进行二度设计，转换成一系列问题序列，形成有效驱动学生学习的"问题链"。这种主体参与性、活动性更强的学习必然带来素养的发展。

(四)"智享数学"是引发教学反思的数学

《义务教育数学课程标准（2022年版）》指出："探索激励学习和改进教学的评价。"[2]我们认为学习过程的本质是学生作为主体，通过能动地参与学习活动从而获得素养发展的过程。构建面向学生学科素养发展的学习过程评价指标体系，就是要坚持过程性评价，坚持尊重学生学习的过程性特点，坚持用动态发展的眼光来评判学生的学习质量，这不仅是适应未来学科素养学业质量评价的现实需求，更是促进学科素养落地的关键着力点。

(五)"智享数学"是走近数字化转型的数学

《义务教育数学课程标准（2022年版）》指出："促进信息技术与数学课程融合。"[3]我们依托信息化诊断平台，让学生在系统上答题，如果出错，系统不但会记录而且会做深度诊断，分析学生是由于什么原因出错，是在哪个点上出错，需要温习哪些知识或通过什么样的练习来提升能力。只要做好这方面的工作，教师和学生就可以在应用中不断迭代优化教学大数据系统。

总之，"智享数学"是教育者通过对数学知识文化的理解、传承和创新促进

---

1 中华人民共和国教育部. 义务教育数学课程标准（2022年版）[S]. 北京：北京师范大学出版社，2022：3.
2 同上。
3 同上，第4页。

自身完善和发展；发展学生抽象和直观、推理和运算、模型和分析等能力，培养学生的理性思维、应用思维，使学生形成正确的数学价值观、科学观；在沉淀数学文化和总结数学经验的同时促进数学课程自身的完善和发展。

第二节　学科课程目标的专业设计

《义务教育数学课程标准（2022 年版）》指出，数学课程目标的确定，立足于学生核心素养发展，集中体现数学课程育人价值。[1]

一、学科课程总体目标

《义务教育数学课程标准（2022 年版）》指出，通过义务教育阶段的数学学习，学生逐步会用数学的眼光观察现实世界，会用数学的思维思考现实世界，会用数学的语言表达现实世界（简称"三会"），学生能获得适应未来生活和进一步发展所必需的数学基础知识、基本技能、基本思想、基本活动经验；体会数学知识之间、数学与其他学科之间、数学与生活之间的联系。在探索真实情境所蕴含的关系中，发现问题和提出问题，运用数学和其他学科的知识与方法分析问题和解决问题；对数学具有好奇心和求知欲，了解数学的价值，欣赏数学美，提高学习数学的兴趣，建立学好数学的信心。养成良好的学习习惯，形成质疑问难、自我反思和勇于探索的科学精神。[2]

（一）会用数学的眼光观察现实世界

《义务教育数学课程标准（2022 年版）》指出："数学为人们提供了一种认识与探究现实世界的观察方式。通过数学的眼光，可以从现实世界的客观现象中发现数量关系与空间形式，提出有意义的数学问题；能够抽象出数学的研究对象及其属性，形成概念、关系与结构；能够理解自然现象背后的数学原理，感悟数学的审美价值；形成对数学的好奇心与想象力，主动参与数学探究活动，发展创新意识。"[3] 在小学阶段，数学的眼光主要表现为：抽象能力（包括数感、量感、符号

---

[1] 中华人民共和国教育部. 义务教育数学课程标准（2022 年版）[S]. 北京：北京师范大学出版社，2022：5.
[2] 同上，第 11 页。
[3] 同上，第 5 页。

意识）、几何直观、空间观念与创新意识。

这里说的数学的眼光主要是指数学抽象。用数学的眼光观察现实世界，要求学生能够自发地从数学的视角观察现实生活、敏锐地捕捉数学信息，并发现日常生活现象中的数学问题，理解问题的本质，揭示普遍规律。余继光立足于问题解决的角度，认为"数学的眼光包含数学知识、数学能力、数学应用意识、数学建模方法等"。不同学者虽然对数学的眼光的理解不同，但都强调了数学和现实世界的联系，认为数学是认识世界的一座桥梁。

（二）会用数学的思维思考现实世界

《义务教育数学课程标准（2022年版）》指出："数学为人们提供了一种理解与解释现实世界的思考方式。通过数学的思维，可以揭示客观事物的本质属性，建立数学对象之间、数学与现实世界之间的逻辑联系；能够根据已知事实或原理，合乎逻辑地推出结论，构建数学的逻辑体系；能够运用符号运算、形式推理等数学方法，分析、解决数学问题和实际问题；能够通过计算思维将各种信息约简和形式化，进行问题求解与系统设计；形成重论据、有条理、合乎逻辑的思维品质，培养科学态度与理性精神。"[1]在小学阶段，数学的思维主要表现为：运算能力、推理意识或推理能力。

这里的数学思维主要是指逻辑推理。一般研究者认为，数学思维品质是指思维的深刻性、广阔性、灵活性、独创性、敏捷性、批判性六个方面。数学思维是个人通过体验运用数学知识、方法解决问题的过程，并逐渐形成一种条理化、数学化的理解和解决问题的思维方式。王文君认为，"数学思维就是以数、形和推理过程为研究对象，以数学语言与符号为思维载体，认识和发现数学规律为目的的一种思维"。王仲春认为，数学思维是人们理性认识数学对象，进而运用数学知识解决现实问题的过程。不同学者对数学思维的理解虽然不同，但都离不开"逻辑推理""数学化""理性认识""解决问题"等关键词。简单地说，数学思维是应用各种数学思想和方法思考、解决问题的过程。数学教学应引导学生用数学的思维思考现实世界，并发展学生的思维品质。

---

[1] 中华人民共和国教育部. 义务教育数学课程标准（2022年版）[S]. 北京：北京师范大学出版社，2022：6.

(三) 会用数学的语言表达现实世界

《义务教育数学课程标准（2022年版）》指出："数学为人们提供了一种描述与交流现实世界的表达方式。通过数学的语言，可以简约、精确地描述自然现象、科学情境和日常生活中的数量关系与空间形式；能够在现实生活与其他学科中构建普适的数学模型，表达和解决问题；能够理解数据的意义与价值，会用数据的分析结果解释和预测不确定现象，形成合理的判断或决策；形成数学的表达与交流能力，发展应用意识与实践能力。"[1] 小学阶段，数学语言主要表现为：数据意识或数据观念、模型意识或模型观念、应用意识。

有专家提出："到了小学中高年级，在培养学生的初步逻辑思维与概括能力的同时，还要注意训练学生的数学语言。训练学生用数学语言表述有关概念和命题，对促进学生逻辑思维能力的提高将起重要作用。"[2] 不同学者虽然对数学语言的理解不同，但都重视能运用准确的数学语言表述数学定义、公理、定理，清楚地阐述数学问题，并能有条理地分析和解决数学问题。

二、学科课程具体目标

基于科学课程总目标，结合教材内容和"智享数学"课程理念，现以小学数学学科三年级数学教材（沪教版）为例，设置了13个单元的数学学科课程具体目标。（见表5-1）

表5-1 "智享数学"学科课程具体目标表

上 学 期	下 学 期
第一单元　复习与提高 共同目标： 1. 两步计算试题，并解决实际问题；两步计算的实际问题；结合生活实际问题，掌握分析方法，理解并口述数量关系；能列式解决两步计算的实际问题，并对答案进行估计和检验。	第一单元　复习与提高 共同目标： 1. 两步计算试题，并解决实际问题；两步计算的实际问题；结合生活实际问题，掌握分析方法，理解并口述数量关系；能列式解决两步计算的实际问题，并对答案进行估计和检验。

1　中华人民共和国教育部. 义务教育数学课程标准（2022年版）[S]. 北京：北京师范大学出版社，2022：6.
2　沃建中. 小学数学教学心理学[M]. 北京：北京教育出版社，2001：49.

续 表

上 学 期	下 学 期
2. 万以内数的加减法的计算：（1）万以内数的加减法笔算：根据笔算法则，会笔算万以内数的加减法。（2）万以内数的加减法口算：会进行万以内数的加减法口算（主要为整十数、整百数的加减法口算）。（3）万以内数的加减法估算：能根据实际需要，合理进行估算，并尝试合理地、多样地解决问题。 **校本要求：** "退位看得见"：学生利用身边熟悉的物品，在位值图里表示数使得退位可视化，理解"退一作十"，理清退位计算的程序，深入理解位值的概念。	2. 四则混合运算，并解决实际问题：（1）四则运算的意义与关系：从实例中归纳出加、减、乘、除的意义，归纳并理解加减法的关系以及乘除法的关系，并进行相关的验算。（2）四则混合运算的顺序：认识圆括号；总结带有括号的混合运算顺序。 3. 面积单位的认识：知道面积的意义，认识面积单位平方分米（dm²） **校本要求：** "小手拉大手"：借助方格纸，勾勒出学生及家长的手，运用所学的知识，对手的面积大小进行估测、比较。
第二单元　用一位数乘 **共同目标：** 乘数是一位数的乘法：（1）乘法笔算：理解并掌握乘法笔算的法则；能调用运算的法则，运算求解。（2）乘法口算：能比较熟练地口算积在 100 以内的两位数乘一位数的乘法。（3）乘法估算：运用计算的规律对计算结果进行估算和判断，逐步会用估算检验精确计算，提高数感。 **校本要求：** "速算比拼"：在规定时间内又快又正确地完成一位数乘两、三位数的计算练习。	**第二单元　用两位数乘除** **共同目标：** 乘、除数是两位数的乘除法：（1）乘除法笔算：理解并掌握乘除法笔算的法则；能调用运算的法则，运算求解。（2）乘除法口算：能口算两位数乘整十数的乘法、两位数除两位数商是一位数的除法。（3）乘除法估算：运用计算的规律对计算结果进行估算和判断，逐步会用估算检验精确计算，提高数感。 **校本要求：** "算一算上学路"：记录并估测步行或乘坐交通工具的速度以及相对应的时间，通过所学数量关系，计算上学路程，并进行验证。进一步理解速度的内涵，巩固"速度、时间和路程"之间的数量关系。
第三单元　时间的初步认识（三） **共同目标：** 时间的认识（三）：（1）年、月、日：认识年、月、日、时、分、秒，并了解它们之间的关系。（2）平年与闰年：能判断大月、小月与闰年、平年。 **校本要求：** "制作年历卡"：通过制作、美化年历卡，进	**第三单元　统计** **共同目标：** 1. 分类计数：尝试根据需要，通过多种渠道（包括实验、利用网络等）收集、整理有用的数据。 2. 统计图表：（1）能读出条形统计图所统计的内容信息，会看图比较数量的多少，会进行简单的制图。（2）在利用统

续 表

上 学 期	下 学 期
一步巩固《年、月、日》的知识，深度掌握年、月、日的内在联系，培养学生动手设计制作的能力，通过实践活动让学生感受体验数学知识与生活的密切联系。	计表、条形统计图进行数据呈现后，会联系生活实际进行简单的统计分析，并作出判断。（3）在现实情境中经历数据收集、整理、描述及分析的统计过程，综合体验统计的实效性。 **校本要求：** "课后服务小调查"：对周四本班的学生课后服务参与情况进行调查，制作统计图表。让学生体验数据收集与整理的全过程。从学生生活实际和感兴趣的事物两个角度出发，体会统计与日常生活的密切联系，感知统计是有趣和有用的，初步了解数学的价值。
第四单元　用一位数除 **共同目标：** 除数是一位数的除法：（1）除法笔算：理解并掌握除法笔算的法则；能调用运算的法则，运算求解。（2）除法口算：能比较熟练地口算被除数在100以内的两位数除一位数；（3）除法估算：运用计算的规律对计算结果进行估算和判断，逐步会用估算检验精确计算，提高数感。 **校本要求：** "家庭采购员"：学生制定好购物清单，进入超市寻找物品、记录价格，并核算总价。在活动中进一步了解购物过程，积累购物经验。从数学的角度发现问题、提出问题，并主动应用数学知识解决问题。利用暑假让学生亲身经历购物活动并切实记录。	**第四单元　分数的初步认识（一）** **共同目标：** 分数的初步认识：（1）分数的意义：能借助实物、图形，认识几分之一、几分之几。（2）分数的读写：知道分数各部分的名称，会读写分数。 **校本要求：** "巧作几分之一"：能将不同形状的彩色纸片平均分，取出其中一份并进行说理。借助实物，加强对于几分之一的理解。
第五单元　几何小实践 **共同目标：** 1. 长度单位与长度的估测：知道度量长度的单位有千米（km）、米（m）、分米（dm）、厘米（cm）、毫米（mm）等，了解长度单位千米、米、分米、厘米、毫米之间的进率。 2. 三角形与常见四边形的认识：理解三角形的分类（按角分、按边分），理解锐角三	**第五单元　计算器** **共同目标：** 计算器的认识和使用：（1）计算器的认识：认识计算器的结构，初步了解计算器常用功能键的名称以及使用方法。（2）计算器的使用：合理地应用计算器进行计算，以提高计算效率，并感受用计算器进行计算的优越性；通过计算，探索、发现一些简单的数学规律。

第五章　专业自主性：创生教师的课程实践理性　163

续 表

上 学 期	下 学 期
角形、直角三角形、钝角三角形、等腰三角形、等边三角形的意义。 3. 轴对称图形的初步认识：能识别轴对称图形，找出常见轴对称图形的对称轴。 4. 面积单位的认识：知道面积的意义，认识面积单位平方米（m²）、平方分米（dm²）、平方厘米（cm²）；知道相邻面积单位之间的进率。 **校本要求：** "剪窗花"：通过实践活动，帮助学生进一步加强对轴对称图形的认识，能用不同的方法剪出各种形状的轴对称图形。在观察、交流、制作等实践活动中，让学生感受图形的对称美，启迪学生的灵感，培养学生的合作交流能力和创造能力。通过本次数学实践活动，让学生去了解中国传统窗花剪纸艺术，让学生感受劳动人民的高超技艺，培养学生的民族自豪感。	**校本要求：** "有趣的计算工具"：借助网络、书籍，收集相关资料，了解计算工具的演变历史，体会数学的文化价值，制作一份小报介绍相关知识。
第六单元　整理与提高 **共同目标：** 四则混合运算，并解决实际问题：四则运算的意义与关系：从实例中归纳出加、减、乘、除的意义，归纳并理解加减法的关系以及乘除法的关系，并进行相关的验算。 **校本要求：** "减法塔小游戏"：利用数卡，按流程图的指令构造减法塔，加深对减法塔内在规律的理解。	**第六单元　几何小实践** **共同目标：** 图形的周长：(1) 理解周长的意义。(2) 会计算长方形、正方形的周长。会运用长方形、正方形周长的计算解决实际问题。 **校本要求：** "别样体验，玩转周长"：学生动手操作、测量、对比：一张长方形纸，剪去一个角后，长方形的周长和面积的变化。通过动手实践，强化周长与面积的概念理解，能运用所学概念解决实际问题。
	第七单元　整理与提高 **共同目标：** 1. 两步计算试题，并解决实际问题：两步计算的实际问题：结合生活实际问题，掌握分析方法，理解并口述数量关系；能列式解决两步计算的实际问题，并对答案进行估计和检验。

续　表

上　学　期	下　学　期
	2. 图形的周长：（1）理解周长的意义。（2）会计算长方形、正方形的周长。会运用长方形、正方形周长的计算解决实际问题。 **校本要求：** "乘除数卡小游戏"：学生通过任意抽取的4张数卡，编出最大积、最小积的乘法算式，并进行计算。通过小游戏不仅巩固本单元的新知，也加强了两位数乘法的竖式计算练习。

第三节　学科课程框架的专业建构

一、学科课程结构

《义务教育数学课程标准（2022年版）》明确，义务教育阶段数学课程内容由"数与代数""图形与几何""统计与概率""综合与实践"四个学习领域组成。[1] 以此为基础，结合学校"智享数学"的教学理念，划分为"玩转代数"（数与代数）、"几何探秘"（图形与几何）、"对话数据"（统计与概率）、"生活数学"（综合与实践）等课程（见图5-1）。

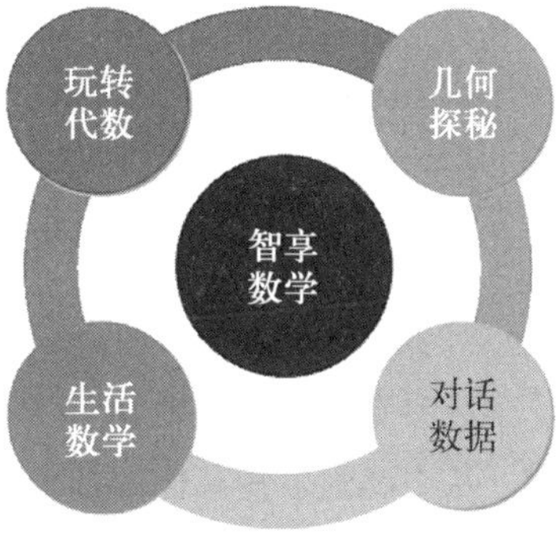

图5-1中，各板块课程内涵如下。

图5-1 "智享数学"学科课程结构图

（一）玩转代数

"数与式"课程中的"数"指的是数的认识与数的运算，这两块内容是小学阶段数学学习的重要内容。在小学五年中，学生将会逐步学习整数、小数和分

---

[1] 中华人民共和国教育部. 义务教育数学课程标准（2022年版）[S]. 北京：北京师范大学出版社，2022：16.

数,同时逐步掌握四则运算的计算法则。学生经历由数量到数的抽象过程,理解和掌握数的概念;对于运算的理解,则需通过经历算理和算法的探索过程。"式"指的是数量关系。这是新版课标相较于前一版课标的一个明显的不同。主要是用符号(包括数)或含有符号的式子表达数量之间的关系和规律。学生会在具体情景中感悟数量关系并形成基本的加法模型或乘法模型,初步形成应用意识。

(二) 几何探秘

小学阶段需要学习的几何与图形知识,主要包括"图形的认识与测量"和"图形的位置与运动"两个主题。"图形的认识与测量"包括对立体图形和平面图形的认识,线段长度的测量以及图形的周长、面积和体积的计算。在这一块内容中,学生要充分经历从实际物体抽象成几何图形的过程,积累观察与思考、归纳的经验,逐步形成空间观念,体验测量感受同一度量单位的意义,基于度量单位,理解推导一些常见的基本图形的周长、面积、体积的计算公式,逐步形成量感和推理意识。"图形的位置与移动"主要是指确定点的位置,认识图形平移、旋转、轴对称,增强空间观念,体会运动前后图形的变与不变,感受数学美,逐步形成空间观念和几何直观。

(三) 对话数据

这一板块的内容属于统计与概率。在小学阶段包括"数据分类""数据的收集、整理与表达"和"随机现象发生的可能性"三个主题。随着学生年龄的增长,经历从事物分类到数据分类的过程,学习统计图表时,学生将进一步认识数据分类,从中感悟事物共性的抽象过程。"数据的收集、整理与表达"旨在帮助学生利用统计图表和统计量呈现和刻画信息,形成初步的数据意识。"随机现象发生的可能性"是通过试验、游戏等活动让学生了解简单的随机现象,感受并定性描述随机现象发生可能性的大小,感悟数据的随机性,形成数据意识。

(四) 生活数学

数学知识来源于生活,也终将回归于生活。"生活数学"旨在学生面对实际情境和真实问题时,运用数学和其他学科的知识与方法,经历发现问题、提出问题、分析问题、解决问题的过程。积累活动经验,感悟思想方法,形成和发展模型意识、创新意识,提高解决实际问题的能力,形成和发展核心素养。

在这一课程中，主要采用主题活动和项目化活动的形式。从字面理解，主题活动是围绕某一个数学知识学习展开的，包含了知识的习得与运用，体会数学的价值；项目化学习则以解决现实问题为重点，综合应用数学和其他学科知识来解决问题，体会数学与其他学科间的关联。

二、学科课程坐标

"智享数学"紧扣《义务教育数学课程标准（2022年版）》的要求，旨在夯实四基与四能的同时，促进学生数学核心能力的发展，且基于上海地区的"五四"学制，在日常教学实践中，我们将数学学习目标聚焦于学生各项能力的逐级提升，将教学目标坐标绘制如下图（见图5-2）。

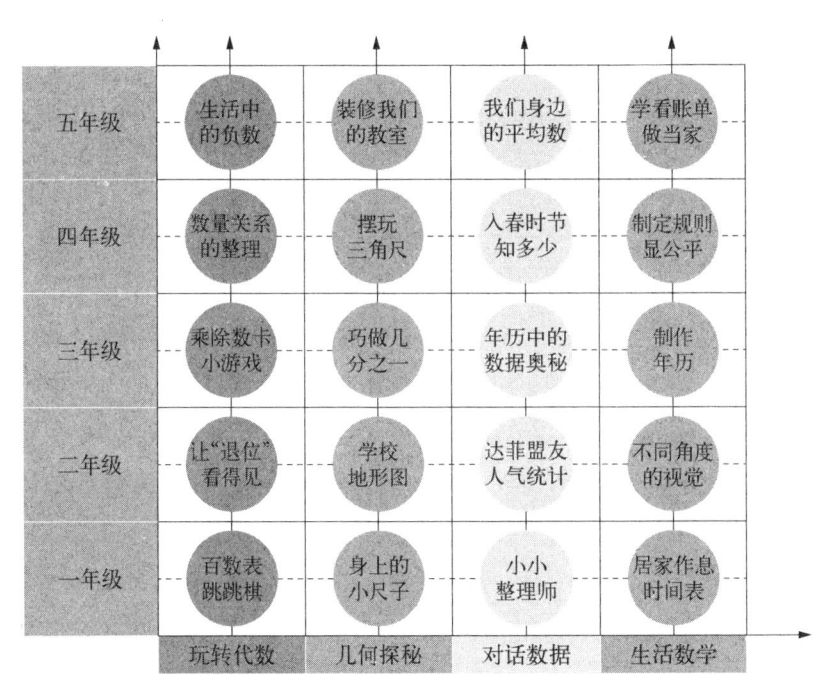

	玩转代数	几何探秘	对话数据	生活数学
五年级	生活中的负数	装修我们的教室	我们身边的平均数	学看账单做当家
四年级	数量关系的整理	摆玩三角尺	入春时节知多少	制定规则显公平
三年级	乘除数卡小游戏	巧做几分之一	年历中的数据奥秘	制作年历
二年级	让"退位"看得见	学校地形图	达菲盟友人气统计	不同角度的视觉
一年级	百数表跳跳棋	身上的小尺子	小小整理师	居家作息时间表

图5-2 "智享数学"学科课程坐标图

图5-2的课程坐标中，横向排列的是"智享数学"四个课程，纵向则是五四学制中的小学五个学年。从下往上看，活动设计顾及学生能力的进阶发展，难易程度体现了由浅入深的思考；从左往右看，"玩转代数"的内容虽然抽象但娱乐性比较强，其他课程中的内容则与生活密切相关，直观地体现了数学知识回归生活的学习目的。

三、学科课程矩阵

在"智享数学"课程活动实施中,经历动口、动手、动脑的实践活动,系统学习基本数学知识,同时在学习中融入生活情景,以问题为导向,在尝试中享受学习数学的乐趣。以四年级"数量关系的整理"单元为例,结合课程标准中提及的数学学科核心素养的三个具体内容,拟制了如下课程矩阵(见图5-3)。

内容＼目标	数学的眼光		数学的思维		数学的表达	
	抽象能力	几何直观	运算能力	推理意识	数据观念	模型意识
乘法的意义	3	3	2	2	2	3
创编问题	2	2	2	2	2	3
整合关联	4	4	2	2	2	4
不定项选择题	3	3	3	2	2	4

图5-3 "数量关系的整理"课程矩阵图

通过对课程矩阵目标和内容的综合分析,课程中学生参与的主题活动对达成课程目标的支持程度各不相同,所体现出的核心素养的培育作用也各有侧重。本课程力求让学生能用"整合"的思想将看似零散的数量关系统整为"乘法模型",使原本需要记忆的三类数量关系9个计算公式转化为同一个数量关系,即"每份数×份数＝总数"。"统整"是一种高层次的数学思维品质,对于小学阶段的学生而言,存有难度但可以引导感悟。因此在单元课程实施中,弱化了乘除法计算的要求,用几何直观的方式找到统整的依托,进而在头脑中完成"乘法模型"的初级建模。表格中4分的赋值正是本课程设计时需要注意的地方,需要充分调动学生口脑并运,完成一次感悟的过程。

第四节 学科课程实施的专业推进

《义务教育数学课程标准(2022年版)》提出,数学教学要制定指向核心素养的教学目标,整体把握教学内容,选择能引发学生思考的教学方式,进一步加强综合与实践，注重信息技术与数学教学的融合。[1]"智享数学"课程通过打造"智享课堂"、组织"智享社团"、举办"智享数学节"、开展"智享研学"以及推进"智享项目"等途径，丰富儿童的数学学习体验，让不同层次的学生在力所能及的活动中获得数学学习能力的发展，教师通过观察与评价，和学生一起对学习成果进行反思，在循序渐进的活动参与中实现数学学科的育人目标。

一、"智享课堂"的实践与评价

"智享课堂"是学生参与最多的数学活动，主要以基础型课程为主。教师依托市统一教材，发挥教研团队的科研能力，以单元整合的思想，按知识体系对教学内容进行纵向分析与整合。这样的课堂教学设计，对学生而言，能更清晰直观地了解知识的由来，较好地实现自主建构；对教师而言，则充分考验本身的学科专业素养，以适切的活动设计与评价标准，对学生数学能力的发展进行科学考量。

(一)"智享课堂"的实践操作

区别于常规教学，"智享课堂"会选取体现"单元整合"特征的内容进行设计。首先，教师团队需要聚焦学习主题，纵向梳理知识体系，即将分册中的相关内容借助单元属性表进行分析；横向比较国内各版本相同内容的编写情况，对其学习借鉴，为教学设计服务。接着，组织学生开展自主探究，使用数学课堂学习任务单进行知识整理，在头脑中建立逻辑关系。最后，利用评价机制，对学生在该项活动中的数学能力给予评价。

(二)"智享课堂"的评价标准

在"智享课堂"中，学生一定会使用学习任务单。这份记录学生思考过程的学习载体，低年级学生主要以口头回答方式完成，以定性的描述性评价为主。对于中高年级学生，任务单会以任务引领，鼓励学生记录自己的想法与思考过程，体现个体差异，成为课堂相互交流的重要内容。学生在欣赏彼此作业的过程中，可以提出疑问，引发深入思考，在不断互动中记录自身的成长。这一阶段会以描述性评价与等级评价相结合。

---

[1] 中华人民共和国教育部. 义务教育数学课程标准（2022年版）[S]. 北京：北京师范大学出版社，2022：84—88.

案例 5-1　　　　　"数量关系的整理"单元教学设计

1. 单元课程目标

（1）回顾和梳理包括乘法的意义以及三个数量关系在内的相关知识。

（2）尝试利用绘图说明、情境分析等方式将三个数量关系进行统整，发现三者间的内在关联，并用自己的语言进行说理表达。

（3）运用"几何直观"的思想，以简图为载体辅助思考，建立相关知识间的联结，习得"以形促思"的学习方法，养成乐于思考、言而有据的学习态度。

2. 单元课程内容

以沪教版为例，学生学习描述数量间关系的活动始于一年级：用"几个几"的句式描述鸡蛋的数量。进入二年级后，学生完成了对现实中数量与数量关系的第一次抽象：即每一份数量相同时，几分之和可以用"几个几"描述，从而拉开了乘法学习的序幕。乘法中的"几个几"或"倍"的概念，都是帮助学生从感性具体上升到理性具体的思维过程。由乘法的逆运算产生的除法，无论是"包含除法""平均分除法"或是"求几倍"，由于商的含义各不相同，有时还需用直观的图示帮助学生理解所求的对象。进入中年级后，学生分三个学期逐步学习了"单价、数量和总价"，"速度、时间和路程"与"工作效率、工作量和工作时间"，对于学生而言，三个数量关系的理解难度依次递增，对三者的习得可视为第二阶段的数学抽象。较之第一次抽象，这时的学习更体现逻辑性：无论哪组数量都在研究"每一份的数量""份数"和"总数量"，运用乘除互逆识记"一乘两除"的数量关系组。当掌握了三组数量关系后，学生会在高年段遇到各种数学问题，无论是算术解法或方程解法，都紧紧依托着数量关系，是一次次从"抽象"回归"具体"的过程。至此，小学应用数学的思维模式基本形成。

设计这样的单元课程，旨在带领学生回顾以往学习过程，通过学法指导让学生初步感知原本看似零散的知识其实具有共同的特征：它们都可以看成一次函数的特殊形式 $y=kx+b$（k 为常数、$b=0$）。其中 k 就是单价、速度、工作效率，它反映了 y 与 x 的关系，即总价÷数量、路程÷时间、工作量÷工作时间。这一类解析式的概念，可以尝试通过梳理和练习，让学生逐步体悟，启蒙代数思想。这一学法指导也是希望学生能体会到数学学习可以触类旁通，融会贯通地理解会更有效。

3. 单元课程的实施

"数量关系的整理"是智享数学中"玩转数与式"的内容。这一课程之所以安排在四年级，是因为经过前三年的学习积累，学生已经分别了解了乘法的意义，又分别学习了三个数量关系，但是会表现出公式记忆困难，在具体情境中会选错数量关系等情况。基于学情，数学组借助课程矩阵对这一课程实施进行思考。

情景任务一：乘法的产生

学习活动1：在学习任务单上绘制12个五角星，并用几个几进行表述。

学习活动2：结合绘图，讲述乘法算式中每部分数的含义。归纳并达成共识，即确定为每一份数量，份数和总数这三个名称。

情景任务二：生活中的乘法

学习活动1：在学习任务单上编写一道运用乘法解决的数学问题。

学习活动2：收集学生创编的数学问题，进行分类。（价格问题、行程问题、工程问题等）

学习活动3：用文字、简图等方式说明这三种数量关系能否体现乘法的意义。完成后进行交流。

情景任务三：生活中的数学问题

学习活动1：用一个不定项选择题，从问题的选择上考查学生在工程问题中对乘法意义，特别是"工作效率"这个抽象概念的理解。

学习活动2：创编一个数学问题，尝试选用合适的数量关系解决。

4. 单元课程评价

在参与"数量关系的整理"一课时，学生在学习任务单上有记录，在课堂交流中有表达，面对问题有思考，因此评价始终伴随着学习持续进行。

"数量关系的整理" 学习任务单
活动1：请绘制12颗五角星，并用"几个几"进行说明。
活动2：数量关系的整理。 乘法中"每份数×份数＝总数"，是否能在数量关系中找到与其对应的内容？试着用文字、线段或简图想一想。

价 格 问 题	行 程 问 题	工 程 问 题

我的结论：
活动3：创编一道生活问题，尝试用数量关系进行解答。

"数量关系的整理"评价表

	图文清晰	关联正确	表述规范	创编新颖
学生自评	☆☆☆	☆☆☆	☆☆☆	☆☆☆
学生互评	☆☆☆	☆☆☆	☆☆☆	☆☆☆
教师评语：				

（案例提供者：上海市黄浦区卢湾二中心小学　施颖琼）

二、"智享社团"的实践与评价

"智享社团"是针对学生的年龄特点、数学学习水平而组织开展的一系列数学实践活动,采用学生自选、老师选拔、走班上课的形式进行。它既不是只适合少数人参加的"思维训练"课,也不是简单的"实践活动"课,它通过设置趣味性、逻辑性、可操作性、可应用性的数学活动,培养学生对数学学科产生真正长久的学习兴趣,从而激发学生潜在的数学智慧,使学生享受数学活动、体验数学的乐趣和价值,形成良好的思维品质、思辨能力,提高数学的应用能力,从而促进学生的全面发展与快乐成长。

(一)"智享社团"的实践操作

1. 引进数学故事绘本,激发学生燃情数学。"数学绘本沙龙"社团主要针对低年级学生开展,以阅读数学故事绘本、趣味数学故事、数学家的小故事等内容为主,培养学生的数学学习兴趣,学习数学课的思维品质。好的数学绘本具有图画设计美观、人物生动活泼、故事贴近生活、有趣味的特点,能将枯燥乏味的数学知识变得精彩丰富,特别符合小学生,尤其是低年段学生的认知特点。学生在阅读绘本故事的过程中容易集中思想,更善于发现故事中隐含的数学问题,从而促进思考,能更直观地了解抽象的数学概念。教师通过精心挑选绘本、设计绘本运用策略,充分发挥绘本的价值。教师还会结合绘本的故事内容,开展丰富的操作性活动,如:动手体验绘本中的拼接操作;根据绘本中的故事进行情景模拟;改编创作延续故事内容……"数学绘本沙龙"的社团活动从"绘本"开始,引导学生将数学知识与现实生活相结合,促进知识的内化,让学生在感受数学魅力的同时,激发日后探究数学的热情。

2. 引进多种数学学具,助力学生玩转数学。"玩转数学"社团围绕"数学折纸""扑克牌""七巧板""汉诺塔"等数学学具展开活动,虽然这些学具在生活中并不陌生,但是"玩"的方式却有很多,教师精心设置开发新颖的"玩转"活动,比如:在正方形中折出最大三角形;折叠制作正多边形、正多面体;用扑克牌算24点;用七巧板拼出各种人物、英文字母、形象、动物、桥、房、塔,等等。让学生在"老朋友"中发现"新乐趣",并且有利于学生同时动脑、动手、动眼,促使学生协调发展,帮助学生日后学习较为抽象的数学知识。"数字华容道"社团和"魅力数独"社团通过设置不同难度关卡、速度比拼等形式,让学生带着头脑去"玩",通过教师教授、学生经验分享、总结规律,在玩中学,不断优化"玩"的策略,实现学生的思维飞跃和智慧提升。

3.引进"交互"教学模式,促进数学应用能力。"思维体操"社团是教师与学生、学生与学生思维火花互相碰撞、教学相长的场所,除了教师作为主讲,指导学生破解具有思考难度的综合性题目外,社团定期举办"辨一辨"的活动,比如:教师精选一些较复杂的应用题,通过举办辩论赛的形式,让学生在辩论中分析逻辑关系,进行数量分析。对于学生在"辩论"中的对立方法或者矛盾,教师不是仅批判对错,而是加以引导。经过"辩"与"辨"的互动,学生的思维得到"碰撞",解决数学问题的思路被打开了,从而逐步突破学习难点,加深对知识的掌握程度,培养思维能力。此外,"思维体操"社团还借鉴了陶行知"小先生制"的教学模式,为学生自主思考和表达创设机会。学生或选择教师提供的数学题,充当"小老师"的角色,在社团活动中站到台前,向社团伙伴们讲解自己分析、解决的过程;或分享自己观察到的数学知识、趣事、文化,以考查学生的知识掌握情况,锻炼学生的数学表达能力。

(二)"智享社团"的评价标准

"智享社团"多为学生根据自身兴趣进行自主选择参加,因此选择数学"智享社团"的学生本身对于数学活动具有一定的兴趣,或者是想要通过参加数学"智享社团"的活动激发自己学习数学的潜能。因此,社团开展的活动是否提升了学生的数学学习兴趣、学生是否从社团活动中提升了数学学习能力等都是"智享社团"关注的重点。其具体评价标准围绕学生参与度、兴趣提升情况、知识掌握程度、数学表达能力等进行,并分为教师评价和学生自评两种,如表5-2所示。

表5-2 "智享社团"评价表

学习表现	评 价 标 准	学生自评	教师评价
参与程度	态度认真,积极参与社团中的每个活动。	☆☆☆☆☆	☆☆☆☆☆
兴趣提升	喜欢社团的活动,并对数学学习有了浓厚兴趣。	☆☆☆☆☆	☆☆☆☆☆

续 表

学习表现	评 价 标 准	学生自评	教师评价
知识掌握	能认真思考，优化方案，运用所学知识技能进行数学解答和挑战。	☆☆☆☆☆	☆☆☆☆☆
数学表达	能用数学的思维思考，用精练的数学语言准确表达。	☆☆☆☆☆	☆☆☆☆☆

案例 5-2　"思维体操社团"——《苏步青爷爷做过的题目》活动案例

1. 活动目标：

（1）巩固"速度，时间以及路程"的数量关系。

（2）学会举一反三，提高解决实际问题的能力。

（3）激发学习数学的兴趣，锻炼思维的灵活性和开放性，拓展数学学习的视野。

2. 活动内容实施：

第一课时：

（1）教师引出例题。我国数学家苏步青在德国访问时，一位德国数学家问了他这样一个问题："甲和乙分别从东西两地同时出发，相向而行，两地相距100千米，甲每小时走6千米，乙每小时走4千米。如果甲带一只狗和甲同时出发，狗以每小时10千米的速度向乙奔去，遇到乙后即回头向甲奔去，遇到甲后又回头向乙奔去，直到甲、乙两人相遇时狗才停住，这只狗共跑了多少千米路呢？"

（2）学生辩论交流。初读题目后，学生尝试用已经学过的"速度、时间和路程"的知识来分析题目中条件、问题的逻辑关系和数量关系，以辩论的形式展开讨论，对同伴的观点进行点评，指出同伴分析过程中的优劣，提出自己的疑问或表达自己的观点。

（3）教师指点迷津。教师针对学生已有的解题思路进行整理并评价，提问学生:"狗从开始到停止跑的时间与甲、乙二人相遇的时间有什么关系?"引导学生从全过程、整体的角度思考问题,优化解题策略,将题目"化繁为简"。

(4)学生讲解分析。学生在教师的引导下,对题目的解题思路有了基本的了解,在经过自己的整理和计算后,得出问题的正确答案,并向社团同伴将题目的分析、列式、计算等解答过程进行完整讲解。

第二课时:

(5)寻找类似问题。经过第一课时的学习后,学生回家查找资料,找寻和苏步青爷爷行程问题类似的题目,并尝试用在社团中学到的方式再次解答,锻炼举一反三的应用能力,在第二课时的社团活动中进行分享介绍。

(6)介绍数学家"苏步青"的故事。学生将查找到的苏步青的资料进行整理,在第二课时的社团活动中向同伴介绍苏步青的经历、贡献等内容,分享自己从苏步青爷爷身上学到的数学品质。

3. 活动评价表:

学习表现	评 价 标 准	学生自评	教师评价
参与程度	态度认真,积极参与社团中的每个活动。	☆☆☆☆☆	☆☆☆☆☆
兴趣提升	喜欢社团的活动,并对数学学习有了浓厚兴趣。	☆☆☆☆☆	☆☆☆☆☆
知识掌握	能认真思考,优化方案,运用所学知识技能进行数学解答和挑战。	☆☆☆☆☆	☆☆☆☆☆
数学表达	能用数学的思维思考,用精练的数学语言准确表达。	☆☆☆☆☆	☆☆☆☆☆

(案例提供者:上海市黄浦区卢湾二中心小学 李怡宁)

三、数学节的实践与评价

数学是认识世界的一座桥梁，新课标总目标希望学生逐步学会用数学的眼光观察现实世界，用数学的思维思考现实世界，用数学的语言表达现实世界。[1]数学节的举办就是以学生喜闻乐见的节日活动为背景，打破课本教材的局限，将结构性的数学知识与学生日常生活经验加以整合与联系，帮助学生加深对数学知识的理解，体会数学与现实生活、与其他学科之间的联系。

例如我校每年辞旧迎新的"元旦义卖会"，学生通过亲身参与售卖、购物活动，在定价、支付、找零的操作中，积累使用货币的经验，逐渐培养起有序思考的习惯、应用数学知识的意识和解决问题的能力，树立正确的价值观。在学期末的"数学王国游园会"上，学生通过趣味闯关了解自身在数学学习中的"收获"和"不足"，锻炼了口头表达、动手操作、解决问题等多方面的综合能力。

（一）数学节的实践操作

数学节由常规项目"元旦义卖会""淘淘丫丫闯智园"游园会以及各年级专题特色项目两部分组成。

1. 元旦义卖会（每年年末）。教师与学生共同筹备。以班级为单位，选择一种店铺种类（文具、玩具、书籍、饮食等），设计店铺招牌、布置货架。每位学生自带1—2件用来买卖的商品并与家长协商确认捐款金额，告知教师，教师等额兑换成模拟货币给予学生供当天购物使用。

确保每名学生至少经历一次买与卖的过程，引导学生熟悉货币之间的换算，体会买家和卖家的操作过程、思考方式的不同，巧妙使用加减乘除解决遇到的问题，树立正确的金钱观、价值观，形成初步的金融素养。

2. "淘淘丫丫闯智园"游园会（每学期末）。通过游园会闯关集章的活动形式，邀请学生与家长共同参与。教师根据本学期所学的重点知识的类型和难易程度设置形式多样、趣味十足的关卡，鼓励学生积极思考、勇敢实践、

---

1 中华人民共和国教育部. 义务教育数学课程标准（2022年版）[S]. 北京：北京师范大学出版社，2022：5—6.

大胆表达。评委老师根据学生在闯关过程中的综合表现，参考评价标准，在学生的闯关卡上赋予相应数量的印章。学生、家长及老师可根据集章数量和现场表现了解学生对本学期数学知识掌握的情况，发现每位学生身上的亮点与不足。

3. 专题特色项目。由各年级数学教研组长及组内老师根据本学年学习内容，结合现实背景和热点新闻，确定活动主题，在各年级各班全面开展。教师为学生提供必要的项目指导，按期进行班级评比、年级评比，并登记班级、年级项目活动中表现优异的学生及其活动成果。

(二) 数学节的评价标准

数学节活动的评价主要针对学生个体，既关注学生的学习成果，又关注其学习潜能和兴趣；既关注学生在活动中知识技能的获得，又重视学生的学习过程与学习经历的体验。一般采取教师评价、生生互评、学生自评等方式。针对数学节的不同活动，评价维度和方法也有所不同，详见表5-3和表5-4。

表5-3 元旦义卖会活动评价表

学习表现	评 价 标 准	学生自评	小组评价	教师寄语
知识掌握	认识人民币，并会进行简单的单位换算。	☆☆☆☆☆	☆☆☆☆☆	
参与程度	能积极主动参与活动，承担责任，乐于合作与分享。	☆☆☆☆☆	☆☆☆☆☆	
解决问题	能认真思考，运用所学知识解决购物过程中遇到的问题。	☆☆☆☆☆	☆☆☆☆☆	
数学表达	能用数学的思维思考，用精练的数学语言准确表达。	☆☆☆☆☆	☆☆☆☆☆	

表 5－4 一年级"淘淘丫丫闯智园"评价准则

环节	活 动 内 容	评 价 标 准
数字巧算园	1、算一算（二选一） A组　　　　　　　　B组 7+5=　　　　　　　9+8= 11-7=　　　　　　14-5= 8-4=　　　　　　　20-18= 13-8-2=　　　　　　6+8+4= （　）-3=8　　　　14-（　）=6 2、数射线上跳一跳。（二选一） 0 2 4 6 8 10 12 14 16 18 20 22 □ ○ □ = □ 0 3 6 9 12 15 18 21 □ ○ □ = □ 3、选出合适的数字，组成组算式。 15、9、17、6、8 □ ○ □ = □　　□ ○ □ = □ □ ○ □ = □　　□ ○ □ = □	1. 在1分半内完成口答，全部正确。（3星） 2. 在2分钟内完成口答，错误在3个以内。（2星） 3. 能在老师引导下完成。（1星）
图形创智坊	1、仔细观察，请你给下面的纽扣分类。 我按照_____分， 可以分成_____，有__个；_____，有__个。 2、按要求，指出相应的物品或形状。 ① ② ③ ④ ⑤ ⑥ ⑦ ① 指出能够滚动的物品。 ② 指出所有的正方体。	1. 能快速反应，清晰表达分类标准和每个类别对应的项目及数量。（3星） 2. 能结合指肢体动作（指认），说出分类标准及每个类别对应的项目及数量。（2星） 3. 能在老师的引导下说出分类标准和每个类别对应的项目及数量。（1星）

续 表

环节	活动内容	评价标准
数学故事会	1、根据题目中的信息，说出问题并列式解答。 （1） 18（颗） □○□=□（ ） （2）车上原来一共有多少人？ （车上还有8个人） □○□=□（ ） (3)妈妈买了12个面包，吃了一些后，还剩下4个，_____？ 算式：_____（ ）	1. 能清楚说出题干中的数学信息、数学问题，并列式计算准确。（3星） 2. 能完整、准确回答列式过程和答句。（2星） 3. 能在老师指导下，列出正确算式并解答。（1星）

四、"智享研学"的实践与评价

"研学"就是指研究性学习，新课标中指出，学生的学习应该是一个主动的过程，研学是一个能够引导学生自己发现问题、提出问题，充分体现学生学习主体地位的途径，通过研学，能促进学生对所学知识的自主思考和研究。

数学学科为人们提供了一种理解与解释现实世界的思考方式。通过数学学习，学生需要形成重论据、有条理、合乎逻辑的思维品质，培养科学态度与理性精神。研学就能在课堂以外的时间让学生养成积极思考、独立研究、自主学习和归纳总结等多项能力。在智享研学中，我们选择一些具有研究价值的课题，以各种形式提供学生研学的支撑，主要落实在两方面："课前研学"与"课后研学"，一方面能够激发学生对数学学习与探究的兴趣，同时也培养学生自主发现问题、解决问题的能力，另一方面能在课后促进学生对知识的深入理解和自主拓展能力，尊重学生在数学学习中的主导地位，将数学学习与现实生活相联系，提高学生对知识的理解和掌握水平。

(一)"智享研学"的实践操作

智享研学在实施中主要分为两部分:"课前研学"与"课后研学"。

1. 课前研学。教师在深入研究教材的基础上,选取一些值得课前研学的课本内容,在此基础上精心设计出"课前研学"任务单,任务单上设计一些关键性问题,让学生能在课前对知识点进行自我探究。研学任务单不仅需要包含知识点,还要有一定的延伸,可以基于课堂中将要讨论的重点内容进行延伸,让学生在课堂讨论中有内容可讲,有依据可辨,激发自主探究的兴趣。例如,在学习"三角形的认识"这一课之前,就可以请学生去了解一下三角形是从什么时候起源的,有什么样的三角形等。在课前预习到这些知识点,经过课上的交流探讨,再加上老师的引导,大部分学生能很快掌握,也能更好地记忆。这样不仅提高了课堂探讨的氛围,更调动了学生学习的积极性。当然,也可以将课前研学的内容延伸到课堂的讨论中,例如,将课前研学的问题作为小组讨论的议题,小学生好奇心强,从同龄人口中学到的知识往往更容易记住,面对疑问,参与周围的讨论,在讨论交流中获取新知,不仅有利于学习能力的提高,也利于合作交流能力的提高。

2. 课后研学。在学生完成课堂学习后,有些内容在课堂中由于受时间、环境的限制,学生并不能深入学习和研究;或者在课堂教学时,关于有些问题学生的讨论结果有分歧,对于一些开放性的问题,大家都觉得有更好的解答。这时,课后研学就起到了非常重要的作用。通过研学,学生们可以在巩固课内知识的同时,将所学到的内容进行深入研究,提高学生的独立思考能力,将一些重难点在课后通过动手操作、查阅资料、讨论研究等方式加深印象,同时也能将课内的知识进行迁移,举一反三,提高独立思考、自主探究的能力。

智享研学能让学生更加清楚自己的所学内容,也更加清晰自己的需求,让老师能够及时了解学生的需求,在教学中更能抓住学生感兴趣的内容,并且有针对性地教学。同时,研学过程不仅营造了课堂学习的良好氛围,课堂的效率也有所提高,学生之间的合作、表达、交流的能力也能得到提高。

(二)"智享研学"的评价标准

"智享研学"的评价需要教师给予一定的重视和积极评价。不同于一般的课堂评价，研学的评价应该对学生在研学的主观能动性、研学形式的多样性、合作交流的有效性上进行，要重视学生在研学过程中的独特感受和体验。主要分成两个方面：

  1. 对学生个人表现进行评价。教师需要关注学生个体的研学态度，观察学生在研学过程中体现出的优点，并及时进行肯定和赞赏。例如，对一些能够独立自主学习、能提出问题并带领大家一起思考的同学，教师可以这样评价："你提出的问题非常有探讨的价值，还能带着大家一起思考，真的要为你点赞！"对于一些能力较弱，但初步尝试搜索资料，羞于表达的学生，教师一定要给他鼓励："你的想法我们非常感兴趣，你能再多说一些吗？""这次你讲得太好了，下次还期待你的发言！"……同时，教师还能关注到学生研学方法的多样性。学生可以利用的方式不一定只有网上查找资料，实物实验操作、请教专业人士、图书馆查阅等都可以成为学生研学的途径。要鼓励学生用各种方式研学，方法的多样性能促进学生在解决问题时打开思维，提高解决问题的能力。

  2. 对合作交流状态进行评价。作为研学的主导者，教师应该在学生合作交流的过程中及时评价学生交流合作的有效性。不仅要关注讨论的效率，还需要关注学生在交流中的状态，做出及时的积极的评价。当学生将所有个人意见汇总在一起时，大家有没有有效地取长补短，将个人研学的内容融合成集体研学内容，这是对合作交流内容性的评价。同时，也要关注团体中是否每位学生都乐于分享交流，学生个体在集体中投入交流的状态也应是教师评价的内容之一。

案例 5-3　　　　　　　　让"退位"看得见

一、案例背景

  仔细看看同学们的错误，大都集中在：知道十位需要退位，但还是把十位0看成0，向百位退一，记作10。学生们的情况让我深思：是不是课堂中我们忽略了什么呢？

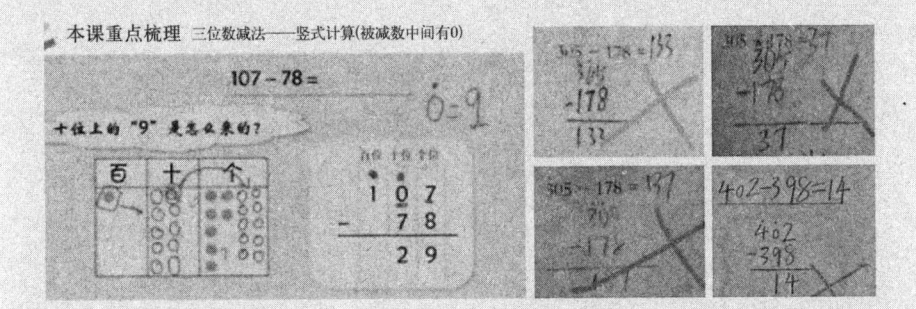

本课重点梳理 三位数减法——竖式计算(被减数中间有0)

二、问题提出

当学生学习被减数中间和末尾有 0 的退位减法时，常常会有这样的疑问："0 上有退位点，怎么变成 9 了呢？"相较于进位加法，退位减法经常是学生的一个难点，在退位减法中，学生往往会产生忘记退位，多退位，搞不清连续退位之间的关系等错误。这些错误的产生往往是学生对位值概念的理解模糊，计数知识和退位过程不清晰造成的。

根据皮亚杰认知发展理论，二年级的学生还处于具体运算阶段，需要直观形象与动手操作才能有效理解位值概念和算理。因此我们进行了一次《让"退位"看得见》的课后研学。

三、具体做法

1. 布置研学内容

在教学"三位数减法——竖式计算"这课时，我向同学们提出以下问题："我们在计算 107 - 78 时，十位上的 0 看成 9，是为什么呢？"由此引发同学们结合课堂学习初次讲述退位过程思考，并布置任务：

① 制作属于自己的位值图。在一张白纸上画出位值图表格，找一些物品代替平时摆在位值图里的小圆片。

② 利用自己制作的位值图，摆出 107。

③ 在位值图中演示 107 - 78 的竖式计算过程，记得先从个位算起哦。用自己设计的位值图，给爸爸妈妈演示计算，说一说退位的过程，"9"是怎么来的？

2. 学生演示退位过程

学生们利用身边熟悉的物品,在位值图里表示数,有的用自己喜欢的乐高积木,有的用五子棋子、豆子,有的用糖果、瓜子等零食。在第一次实践操作后,同学们能边操作边口述退位的过程,特别在位值图中直观发现十位没有任何物品,也就无法向个位退一作十,因此要继续向百位退一作十,同学们看着实物,将这个连续退位过程理解得非常透彻。

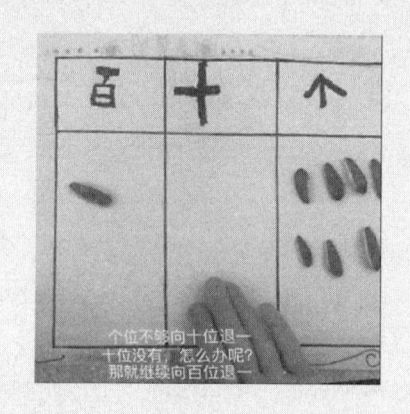

3. 发现问题

第一类保守派。他们用常见的五子棋子、豆子、吸铁石等外形一样的物品来演示计算过程,和老师用小圆片的演示异曲同工。

第二类同学对物品的选择和摆放进行了思考。因为在退一作十的过程中,学生将有一个以一换十的过程,为了区分每个数位上所表示的不

同含义,他们将物品进行了分类,最常见的是按颜色分类。

第三类按照分类进行演示。一粒瓜子表示1个一,一颗糖表示1个十,1块巧克力表示1个百。这类同学已经在摆、换、说的过程中体验到了位值的概念,这种自发将不同数位上所表示的物品进行分类的活动,就符合皮亚杰所说的数理—逻辑知识的心理发生过程,也就是学生在操作中反省自己的动作,从而形成知识。学生开始按照位置值的不同分类摆放,说明他们对位值概念的认识已逐渐清晰。

在操作实践过程中,还产生第二个问题,学生将减数78摆放在了位值图上,来表示相减的过程。这也非常符合学生认知心理,学生的思维运算还是需要实物的支持,并且不愿意打破规则。在位值图中摆出减数,是受到了进位加法的影响,觉得数就应该在位值图中表示,但忘记了运算是一个动态的过程,也让学生能清晰明白减的含义和过程。

4. 研学改进与案例成效

通过视频分享和课堂上的互相点评，学生优化了位值图上的演示过程，学到了如何区分不同数位的值，他们还想出了更加直观的表示方法，以大小来区分。就如同古代人的计数方法，大石头表示1个十，小石头表示1个一，他们或者用不同大小的玩具，也有用大小不一的乐高积木来演示位值的转化关系，清晰明确地指出了为什么十位上的"0"，点上退位点后看成"9"，对照着实物也找到了9的由来。通过这次课后研学，同学们在计算退位减法时，都自觉标注上退位点，0上有了退位点，自然而然就把0看成9，不是程序化的死记硬背，而是基于理解的算理表达。更让人意外的是，同学们更加清晰地理解了位置值的概念，即位值图中每个位置表示的值不同，这都是未来学习数和运算的基础。课后研学后，老师在竖式计算练习中随机安排了两道退位减法的计算：402－84和1002－435。

四、案例反思

1. 课堂学习终觉浅，绝知此事要躬行

在学习退位减法时，同学们虽然在课堂中已经详细了解了退位的计算过程以及算理，但对于低年级的学生而言，有些内容还是需要同学们动手操作实践才能充分掌握和理解。这次的课后研学证明了，处于具体运算阶段的学生还是需要具体事物内化运算。位值图本来就是个比较抽象的内容，特别对退一作十、连续退位这些算理，还少不了学生的动手操作。结合学习，补充上合适的课后研学帮助理解，对低年级学生来说还是非常必要的。

2. 理解位值概念，助力表达算理

低年级学段运算的基础应该是对位值概念的掌握，位值的概念有两个关键内涵：其一，不同位置有不同的值；其二，相邻两个位置的值的转换关系。只有对这两大内涵有了深入理解，学生才能清晰知道计算的道理。通过这次的课后研学，老师也让同学们大胆尝试，从凌乱到划一，

从模糊到清晰，慢慢理清位值的概念和转换关系，利用学生所生成的理解和操作，来引导他们一步步走向知识。学生的学习不能只靠老师教，更应该是自主地探究发现，通过辨析反省来获得知识。这也让我对教学的方式有了更深层次的认识。

3. 智享研学不仅启迪学生，更能启示教师

通过这次研学，对于运算这一动态的过程如何利用位值图这个载体更加清晰地展现，我也有了大胆的想法。在以后的实物演示时，可以用不同颜色、大小的小圆片来表示不同位值。也像同学们的设计一般，根据数位不同，用颜色来区分不同数位上的小圆片。基于学生的理解，让位值的理解更加直观展现。这次的研学不仅让学生有了新的认知，也让我对退位减法在位值图上的演示有新的想法。

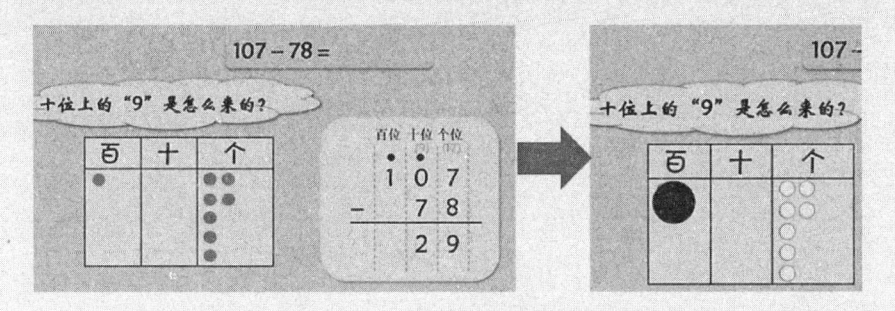

当然，这次研学还有一些可以改进的地方，可以将位值图的实践操作也延伸到进位加法的竖式计算学习中，同时加强学生表述运算过程的能力，鼓励学生在互动交流时，相互点评学习，培养学生的数学表达能力。

（案例提供者：上海市黄浦区卢湾二中心小学　杜丽娟）

五、"智享项目"的实践与评价

新课标中提出了综合与实践板块的学习，该板块指学生在实际情境和真实问题中，运用数学和其他学科的知识与方法，经历发现问题、提出问题、分析问题、解决问题的过程，感悟数学知识之间、数学与其他学科知识之间、

数学与科学技术和社会生活之间的联系，积累活动经验，感悟思想方法，形成和发展模型意识、创新意识，提高解决实际问题的能力，形成和发展核心素养。

智享项目结合新课标的要求，为学生提供项目式学习的平台，以数学学科的基本理念和原则为核心，围绕课程标准中所提出的核心素养，挖掘并设计以解决现实问题为重点的问题，综合应用数学和其他学科知识解决问题，体会数学知识的价值以及数学与其他学科的关联。可以采用"课内＋课外、校内＋校外、集中＋分散"等方式进行，利用项目式学习，把数学学科知识与现实生活、其他学科联系在一起，激发学生的内驱力，促进学生核心素养的生成，提高学生分析问题、解决问题的综合能力。

（一）"智享项目"的实践操作

1. 确定项目的核心知识。教师根据课程标准的要求挖掘出一些核心知识，贯穿在项目学习的始终。教师在设计项目之前确定学生需要重点掌握哪些知识技能，培养哪些核心素养，核心知识的确立能够帮助学生在项目化学习中不会太过分散导致偏离原来的项目学习目标，并且核心知识的确立能够帮助学生感受知识之间的联系与整体性。

2. 确定项目的学习目标。项目学习目标的确定对于项目进行与实施有导向性作用。教师先要明确项目的学习预期结果是什么，并且对学习结果进行目标设定，这能帮助教师在明确项目学习所需要达到的效果之下有目的地进行相关实践。

3. 设计驱动型问题与情境。智享项目的学习情境应该是与核心知识、核心素养等内容相关的现实情境。驱动问题是从情境中抽取出、引发学生认知冲突的关键问题。教师需要选择学生感兴趣的、具有现实意义的项目学习的情境，例如，春游秋游中如何合理规划参观路线？这种真实又需要学生利用数学运算、排列组合等数学技能的问题，往往能够引起学生们的兴趣，保持学生项目学习的学习动机。

4. 组织项目团队。项目化学习往往需要学生们的合作，教师需要对项目小组的分工进行合理的安排指导，防止项目学习中能力较弱的学生参与感降低。因此，每位学生都应该在项目小组中有自己的分工。小组长、记录员、操作员、汇报员等角色能帮助每一位学生更有参与意识,并且需要对项目小组制定一些规范,例如,任务如何分配,轮流发言的秩序,组内如何统一意见。小组根据制定的规范能更加公平、有效地执行项目,促进学生在团队中的合作能力。

5. 项目计划。为了保证各个项目小组的项目顺利展开,在项目开展之前,组内成员应一起制定好项目的计划,同时,教师帮助指导项目计划的合理性,同时监督项目小组是否根据计划执行。项目计划可以将驱动问题分解成若干个子问题,根据子问题制定若干个子任务,计划好完成时间、操作方法、负责人等。项目在执行中,也可以对计划进行调整,只有完成前一个子任务后,才能开始下一个子任务,因此灵活地对计划及时调整,教师可以起到指导的作用,确保项目的顺利开展,也能培养学生在解决问题过程中的应变能力与思维能力。

6. 项目成果展示。每个项目小组都将在最终呈现自己的项目学习成果,成果可以是一个作品,一个设计,一次演讲或者是解决问题过程的汇报。教师可以在展示的方式上对学生有一定的指导,并且最终对项目学习过程进行评价。

(二)"智享项目"的评价标准

1. 学生自评。学生自评主要让学生明确自己在项目进行中的任务,要做什么,需要怎么做才是更好的,并不是真的去评价学生在项目实施过程中的好坏,自我的评价主要是让学生能认知项目学习的一些要求,从而促进他们更好地学习。

2. 相互评价。项目小组中进行互相评价,主要在主动性、贡献度、支持度、沟通能力等方面进行评价,互相评价能引导学生对团队合作的需求有一定认知,促进他们团队合作能力的提高。

3. 教师或家长评价。最终的成果成效可以由教师和家长一起评定,既可以从问题解决、数学知识的运用、成果展示、创新能力等方面进行评价,也可以请没有参与项目的较为专业的人员进行评价,使评价结果更加客观和公正。

4. 过程性评价。在项目执行过程中,教师需要对项目小组执行的过程进行记录和及时评价,此时教师不仅是指导者,更是观察员,需要对学生在项目过程中的态度、行为、成效等进行客观评价。特别是对学生在项目执行过程中的主观能动性以及核心素养的展现进行记录并及时评价。

案例 5-4　　　　　为爱心义卖商品制作包装盒

一、案例背景

该项目是面向二年级学生的数学学科类项目。围绕二年级第一学期第五单元《正方体、长方体的初步认识》内容展开。

五年级的《长方体与正方体的认识》一课是要求学生能够理解长方体与正方体的体积、容积的含义，探索正方体、长方体表面积的计算方法。但这两个内容之间，还可添加一个内容让学生感知空间的体量感，以及长方体、正方体的图形运动变化。许多学生在发展空间观念时，最大的障碍在于"眼中有物，脑中无形"，这就需要我们不断提高学生的空间想象能力。所以，在二年级学生刚接触长方体与正方体时，除了常规的观察、操作以外，如果在学习中加入空间体量的想象，以及几何图形运动与变化的学习经验，会调动学生更多的感官来丰富对概念的理解，有助于空间观念的形成。

二、问题提出

本项目的本质问题其实是"如何培养学生的空间体量感"。结合学校的爱心义卖活动，我将该项目学习的驱动问题设定为"如何为爱心义卖产品制作包装盒"。在产品的选择上，我选择了两种，一种为长、宽、高都不相同的商品，另一种是长宽相等高不同的类似于旋转体的商品。还预备了一种由两件物品组成的商品组合作为拓展。

三、项目过程

第一阶段：头脑风暴，对驱动性问题的解读

首先，教师带着学生理解驱动性问题，并提出"如果要制作一个包装盒，需要考虑哪些要素"这一问题。根据同学们的讨论，我们在黑板上进行了一个简单投票，思考哪一个要素是优先需要思考并解决的，并且把这些因素进行排序,然后根据同学们的思考,将项目分解成子项目。如图,分别有四个子项目。

第二阶段:执行子项目,阶段反思评价

子项目1 长方体包装盒与产品大小有何关系?

1. 选择一个义卖产品,给学生一些长方体纸盒,让他们估测一下哪个盒子适合自己的产品。感知物体的体量,理解长方体包装盒的体积需要大于产品的体积。

2. 动手验证:长方形纸盒还需要满足什么条件。

子项目2 如何为包装盒搭建框架?

该子项目是项目化学习的重点子项目,每一个子项目都是由子问题带领同学们思考。

问题1:搭建之前需要了解哪些条件?

从不同角度观察物品,知道物品的长宽高,当然,二年级的学生还没有系统学过长方体的长、宽、高,但基本能用语言与动作描述出三个方向棱的长短就是所需要知道的长宽高的尺寸。

问题2、3:用几根小棒和连接杆搭建?每根小棒的长度是多少?

复习巩固长方体的顶点、棱、面的特征,用所学的知识进行搭建,搭建完成后用实物验证是否可行。同学们呈现出不同的解决方案。第一层次，学生按照每个维度大约测量的尺寸进行裁剪，量一次剪一次。第二层次，学生按照第一次量好剪下的小棒长度，一端对齐，按照样本剪剩余小棒。第三层次，小组先按颜色分类，分成三种，也就是三种长度的小棒，然后再进行裁剪。这里要特别指出第三层次的小组，他们已经学会用数学的眼光和思维来解决问题，这也正是我们项目化学习需要带给学生们的——带领他们用数学的思维去思考问题，引发他们的思考，不断优化他们解决问题的方法。

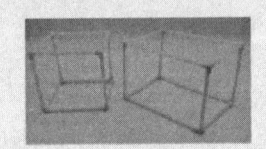

商品的长、宽、高
从不同角度观察物品，知道物品的长宽高

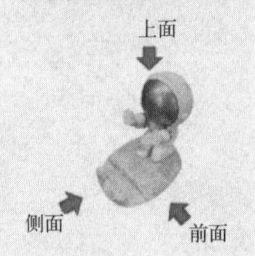

上面
侧面　前面

问题4：如何验证框架尺寸正确，以及如何修改？

在项目进行过程中，就发现了两种情况：这个小组的小朋友因为第一次尺寸太大，进行了修改，第二次又发现尺寸太小，又进行了修改，一共修改了2次。

而另一组呢，一次就成功了，非常顺利地完成了任务，而且他们发现这个旋转体的包装盒长与宽的尺寸是一样的。

到底哪一组的项目化学习才是成功的，或者说是较好的呢？项目化学习不需要顺顺利利，反而问题的产生才是学生学习的契机。

子项目3 增加一个产品，如何改变框架？

在进行第三个项目之前，我们需要对之前的项目进行点评，然后小组探究：如何改变框架以装入两件物品？以及问题2：如何修改更加省材料？

子项目4 如何根据框架来设计长方体展开图，制作纸质的包装盒？

虽然当时都没有学过长方体的展开图，但同学们拿着自己搭好的框架，为每一个面制作了长方形纸片，制作成了一个纸质的包装盒。学生经历想象→估测→搭建→验证→探讨→制作→调整这一过程，结合实际情况想象长方体的变化与运动，感知产品的体量大小，提升了空间想象力，培养了空间观念，并且在整个过程中用数学的思维去解决问题，可谓收获颇丰。

四、案例反思

1. 学生的思维惯性往往被标准答案束缚，而很多问题的解决是没有标准答案的，要想办法让学生打破这样的思维惯性。

2. 学生在项目进行过程中产生的问题非常可贵，这些问题就是学习的契机。

3. 项目化学习中，学生们还是需要阶段性的评价和回顾，生生之间的对话需要仔细记录并聆听，但关于评价的方法，项目化学习还是需要有更好的团队合作模式。

（案例提供者：上海市黄浦区卢湾二中心小学 杜丽娟）

综上所述：课程坐标的表层，显示了学生在进行数学学习过程中，在不同阶段、不同领域可以开展的适切活动，是基础型学习内容的有益补充；课程坐标的内核，蕴含了教师在设计数学教学活动时，针对学生的年龄与认知能力的渐进提升而为学科内容注入更具效用的学习体验的深度思考。可以预见,"点坐标"的设计与实施,或许会随着时间的推移内容有所调整、形式有所改变,但它对于教师而言,其专业导向的作用不会改变,始终可以成为一盏指引明灯,照亮教师教改前行之路,使教师看懂学生发展之本、看清教学实践之效。

(本章执笔人:上海市黄浦区卢湾二中心小学　施颖琼　陈默华)

第六章
操作指导性：提升课程领导力的新介质

　　课程坐标作为课程建设工具，最大的特质就是具有操作指导性。学校以课程坐标和课程矩阵为抓手，提取学校和教师课程领导力提升的证据，形成普适性的经验，使该工具可操作、可复制。课程坐标作为工具不但呈现"可视化"的课程架构与实施路径，而且通过其衍生的课程矩阵工具，帮助教师准确把握课程设计中内容与目标两大关键要素，为优化基于学生核心素养的课程建设提供了指导操作、解决问题的"脚手架"。

课程坐标帮助学校把一门门课程，依据核心素养的内涵及学段特征，实现由无序到有序、由分散到整合、由点到面的系统配置和整体架构。以中观的"学科课程坐标"为例，各学科立足课标，依据各自学科核心素养，结合学校"做一个脚踏实地、心存高远的智慧人"的育人目标，以及通过课程实施，丰富学生实践经历，使学生"有理想会做人，有学力勤探究，有毅力敢拼搏，有个性能合作，有情趣懂生活"的学校课程总目标，对学科课程的学习领域进行多元维度的设计和分类，形成了学科课程坐标的横轴；纵轴则是不同年级的进阶；纵横交错的点表示不同年级在不同的学科学习领域为达成该领域主要学科素养所设置的特色项目课程（点坐标课程）。

而课程坐标衍生的课程矩阵则指导教师在课程设计中准确把握内容与目标两大关键要素，不仅体现了课程目标与课程内容的关联程度，也能充分体现出在课程纵深推进中，目标达成度逐步递进的动态过程，有利于教师在课程实施与评价中有的放矢，合理制定教学计划和评价方案。就微观"点坐标课程"的课程矩阵来说，课程目标的设置依据是核心素养发展水平，课程目标的重点是学生通过课程学习而形成的具有普适性和迁移性的关键能力和必备品格。而课程内容就是在实施课程过程中，教师所教、学生所学的所有内容。但是它不仅是学生通过课程学习的学科知识和技能，也包括学生学习的过程以及在学习过程中的体验和感受。

以体育学科为例，体育是基础的、美好的教育，相较于其他学科，是学生较为喜爱的一门学科。其显著特征就是学生能主动参与身体活动，在游戏活动中展示个体能力、比拼团队配合能力，在竞赛规则内了解运动项目文化、树立体育品德，在实践与体验中获得成功的快乐或失败的经验，培养乐观积极的心态。结合学校的育人目标，教学生做一个真实的人，使学生成为内心强大、敢于承担、积极乐观的人，让学生脸上洋溢自信、阳光是我们体育学科课程坐标构建的主旨与依据。

体育学科的课程内容设置，借助课程坐标建构框架，基于各学段年龄特征，结合学校特色运动项目，采用"内外结合"的大单元结构，积极探索跨学科主题教学等实践路径，意图将学科核心素养的三个方面渗透于每一项课程矩阵中，丰富学习体验、培养高贵品质、塑造健全人格。

课程坐标

燃体育：技术开发课程引领学生面向未来挑战

　　学校体育的使命在于通过培养学生的体育兴趣、态度、习惯、知识和能力来增强学生的身体素质，培养学生的道德和意志品质，促进学生的身心健康。体育与健康课程是增进学生健康的重要途径。"燃"体育是我们基于对《义务教育体育与健康课程标准（2022年版）》[1]解读、实践、总结后的认知，它代表着一种昂扬向上的状态，洋溢着一种积极进取、充满阳光的精气神，也包含着对学生茁壮成长的一份期望——忠于自己所爱的体育运动，不断追求美好而健康的生活。

　　上海市黄浦区卢湾二中心小学体育学科组是一个年龄结构合理、凝聚力强、乐于分享、敢于创新的教师团队。组内教师具有不同的运动特长，有擅长篮球和乒乓的，有游泳运动员出身的，也有艺术体操科班出身的，这些不同特长的教师组合在一起，形成了强大的运动专业背景。作为区级体育教师培训基地，学科组内传帮教氛围浓厚。全组教师潜心教学，致力于提高体育学科的核心素养。在教学和课外指导中紧紧围绕学科课程标准和学生发展实际，求变求新，以灵活的形式、丰富的教学手段激发学生的学习热情，取得了良好的教育教学效果。我校现为冰雪运动特色学校，同时作为市级篮球项目传统学校，多年来参加市级女子篮球比赛始终名列前茅。

第一节　全面把握学科课程理念

一、学科课程性质

　　《义务教育体育与健康课程标准（2022年版）》中指出："体育与健康教育是

---

[1] 中华人民共和国教育部. 义务教育体育与健康课程标准（2022年版）[S]. 北京：北京师范大学出版社，2022：1.

实现儿童青少年全面发展的重要途径……义务教育体育与健康课程以身体练习为主要手段,以体育与健康知识、技能和方法为主要学习内容,以发展学生核心素质和增进学生身体健康为主要目的,具有基础性、健身性、实践性和综合性等特点。"[1]由此可见,体育与健康课程是身体活动与思维学习紧密结合的,以促进学生身心健康和良好社会适应为目的的基础性课程,包括认知、能力与价值情感基础。义务教育体育与健康课程是所有课程中唯一以身体运动、身体发展为特征的课程,学习并掌握运动技能、发展体能,都强调一定的运动负荷以提高体育运动锻炼对增进学生健康的实效。义务教育体育与健康课程的实践性是指以身体练习、健康知识与技能为主要内容和方法,通过体育与健康实践形成良好的、具有个人特点的体育与健康体验,促进学生体育锻炼习惯和健康行为养成,提高学生的体育与健康实践能力。义务教育体育与健康课程既是一门课程,又是一个相对独立的学习领域,它关注教育的整体性,与德育、智育、美育、劳动教育和国防教育形成有机的结合。

二、学科课程理念

基于以上思考,我们深入研读了《义务教育体育与健康课程标准(2022年版)》和体育教学类相关理论书籍,并在实践中不断验证,提出了"燃体育"的概念,以此作为开展体育教学工作的指导纲要,贯彻落实到日常体育教育教学中。

"燃",动词,释义为烧起火焰,引火点着。常见的词语搭配有:燃烧、燃点、燃放、燃料、燃情等。[2]现如今,"燃"之一字也被引用作形容词,意指很有激情,热血沸腾,令人激动亢奋,多用以代表一种励志向上的正能量。它所呈现的是一种积极向上、充满阳光和热血的状态,包含了主动进取、热情踊跃、乐观果敢等正面健康的含义。与体育与健康课程的特征十分吻合,旨在让学生对现实生活充满希望,树立终身参与体育锻炼的意识。

《义务教育体育与健康课程标准(2022年版)》中对课程理念的六个层面进行了分类阐述,从指导思想、实施要求、课程设计、教学方式、学习评价等方面对教师的教学行为提出了明确的理论依据。健身育人作为体育学科的本质特征,

---

1 中华人民共和国教育部. 义务教育体育与健康课程标准(2022年版)[S]. 北京:北京师范大学出版社,2022:1.
2 中国社会科学院语言研究所词典编辑室. 现代汉语词典(第5版)[M]. 北京:商务印书馆,2005:1138.

"燃体育"将围绕以提升学生核心素养为目标，从学生个体出发，点燃每一位学生参与体育运动的热情，以教师的专业素养帮助学生学会基本的运动技能，继而形成健康生活的方式，以多元化的教学内容、学练方法与评价模式，促进学生全面发展，在潜移默化中埋下终身运动的"种子"。

（一）"燃体育"是关注学生健康的体育

《义务教育体育与健康课程标准（2022年版）》中指出："体育与健康课程以习近平新时代中国特色社会主义思想为指导，全面贯彻党的教育方针，落实立德树人根本任务，坚持'健康第一'教育理念，以中国学生发展核心素养为引领，重视育体与育心、体育与健康教育相融合，充分体现健康育人的本质特征，引导学生形成健康与安全的意识及良好的生活方式，促进学生身心健康、体魄强健、全面发展。"[1]确立以人为本、生命至上的教育观，将关注生命、珍爱生命、保证学生生命安全放在整个教育和体育的基础性位置，防止以牺牲学生健康为代价的教育行为发生。[2]我们构建的"燃体育"课程体系，其本质是如同火焰般不断燃烧，有效地引导学生形成健康与安全意识及良好的生活方式，使学生在科学指导下发光、发热。

（二）"燃体育"是激发运动参与的体育

《义务教育体育与健康课程标准（2022年版）》指出："体育与健康课程依据学生的学习需求和兴趣爱好，面向全体学生，落实'教会、勤练、常赛'要求，注重'学、练、赛'一体化教学。坚持课内外有机结合……逐渐养成'校内锻炼1小时、校外锻炼1小时'的习惯。"[3]落实"教会、勤练、常赛"理念是对体育与健康课程如何学用结合、学以致用的理性认知；"校内锻炼1小时、校外锻炼1小时"则是一种定量的期望值，在"燃体育"中我们将其解读为通过"学、练、用"三位一体的有机结合，积极探索学生个体的"内燃"动力，以加强学生的运动参与度，丰富课余文化生活，提升学生生命质量，增进学生身心健康。

---

1 中华人民共和国教育部. 义务教育体育与健康课程标准（2022年版）[S]. 北京：北京师范大学出版社，2022：2.
2 潘绍伟. 义务教育体育与健康课程性质、课程理念理性阐释与实践指向[J]. 中国学校体育，2022，41（6）：11—14.
3 中华人民共和国教育部. 义务教育体育与健康课程标准（2022年版）[S]. 北京：北京师范大学出版社，2022：2.

（三）"燃体育"是理论结合实践的体育

运动技能的习得是通过不断地身体练习，形成肌肉记忆，而理论知识的学习则是对技能掌握的有效支撑，是对运动技能的检验与优化，两者缺一不可。《义务教育体育与健康课程标准（2022年版）》中指出，依据体育学习实践性和健康教育实用性的特点，注重将健康教育教学理论讲授、交流互动与实践应用相结合，激发学生的学习热情，帮助学生理解和掌握知识与技能，提高解决体育与健康实际问题的综合能力；倡导将教师的动作示范、重点讲解与学生的自主学习、合作学习、探究学习有机结合，将集体学练、小组学练与个人学练有机结合，注重将健康教育教学理论讲授、交流互动与实践应用相结合。[1] "燃体育"将课程的实践理念定义为"助燃"，以科学合理的教学方法与手段，帮助学生理解和掌握知识与技能，增强学生的理解能力和实践能力。

（四）"燃体育"是注重全员体验的体育

《义务教育体育与健康课程标准（2022年版）》指出："体育与健康课程重视学习评价的激励和反馈功能，注重构建评价内容多维、评价方法多样、评价主体多元的评价体系。""体育与健康课程在高度关注对所有学生进行激励与指导的基础上，针对不同身体条件、运动基础和兴趣爱好的学生因材施教。"[2] 蒙台梭利教育理念中提到，不同的个体有不同的发展节律，教育要与儿童发展的敏感期吻合，就必须用不同的教育来适应不同的成熟节律。"燃体育"强调体育教师应在实践过程中对所有学生全面关注，了解不同学生的健康状况、运动基础和性格特点，为不同的个体制定适宜难度的学练目标与评价方式，运用合理的教学方法进行分层分类的引导，使每个学生在体育学习中都能获得成功的体验，燃起不同个体参与体育锻炼与健身活动的兴趣。

不同的人有不同的"燃点"，即使再平凡的个体，也有"燃"起来的可能。"燃体育"以健身育人作为学科课程总理念，旨在通过体育课程点燃学生心中参与体育运动的激情，科学地引导学生主动参与身体学练，让体育运动融入生命活动中。结合《义务教育体育与健康课程标准（2022年版）》中的课程理念，形成

---

1 中华人民共和国教育部. 义务教育体育与健康课程标准（2022年版）[S]. 北京：北京师范大学出版社，2022：3.
2 同上，第3—4页。

"燃体育"体育课程理念表（见表6-1）。

表6-1 "燃体育"学科课程理念表

《义务教育体育与健康课程标准（2022版）》中的课程理念	"燃体育"的课程理念
坚持"健康第一"	关注学生健康的体育
落实"教会、勤练、常赛"	激发运动参与的体育
加强课程内容整体设计；注重教学方式改革	理论结合实践的体育
重视综合性学习评价；关注个体差异	注重全员体验的体育

第二节　精准定位学科课程目标

一、学科课程总体目标

课程标准明确指出体育与健康课程围绕核心素养，体现课程性质，反映课程理念，确立课程目标。通过体育与健康课程培养核心素养主要是指学生通过体育与健康课程学习而逐步形成正确价值观、必备品格和关键能力，包括运动能力、健康行为和体育品德等方面（见图6-1）。

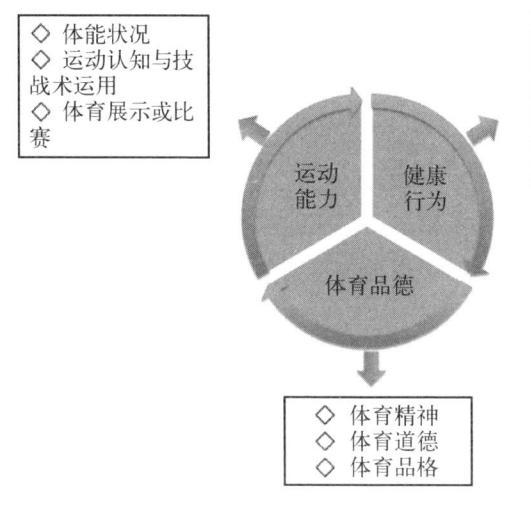

图6-1　核心素养内涵示意图

《义务教育体育与健康课程标准（2022年版）》将课程目标分为总目标和水平目标两个层次，并指出，总目标围绕掌握与运用体能和运动技能，提高运动能力；学会运用健康与安全的知识与技能，形成健康的生活方式；积极参与体育活动，养成良好的体育品德三方面进行定义。[1] 体育与健康课程依据核心素养达成度，分四个水平对课程目标进行细化。

"燃体育"的提出是结合学科核心素养，以课程总目标的三个维度为纲领，结合小学阶段的水平目标要求为框架，将课程目标设定为"燃能、燃身、燃魂"三个方面，帮助学生更好地了解并掌握体育学科中的基本运动技能，有效地发展体能；认知体育与健康的理论知识，运用科学的健身方法，养成自我健身的良好习惯；并通过课堂学练过程中游戏挑战、合作竞赛等真实场景，使其身心得到磨炼与发展，逐步树立积极、正确的价值观（见图6-2）。

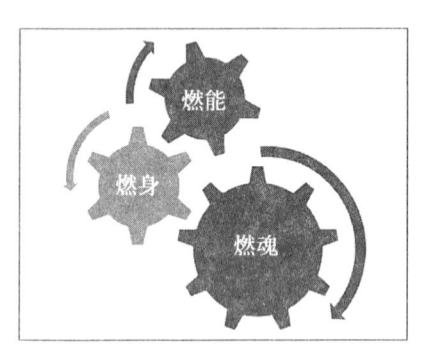

图6-2 "燃体育"课程目标导向图

"燃能"：指向运动能力，主要包括基本运动技能的习得与体能的发展。前者是学生借助体育运动而使其具备一定的体育活动能力；后者侧重的是学生个体体能的贮备，是有效开展体育运动的一项重要衡量指标。借助多种运动项目游戏与体能的学练，让学生在体育活动与展示中感受运动乐趣。

"燃身"：指向健康行为，主要让学生感知体育锻炼对健康的重要性，了解个人卫生、营养膳食等健康知识，知道体育运动中发生运动损伤时的应急方法等。借助传统与信息化相结合的方法，使小学生具备一定的体育锻炼常识，学会运用科学的健身方法，养成坚持锻炼的健身习惯。

"燃魂"：指向体育品德，主要表现为在体育运动中表现出的顽强意志品质，日常学练与游戏比赛中能遵守相应的要求与规则，以及在体育活动中表现出文明的行为举止等。

---

1 中华人民共和国教育部. 义务教育体育与健康课程标准（2022年版）[S]. 北京：北京师范大学出版社，2022：6—7.

二、学科课程具体目标

结合"燃体育"课程理念，我们将日常课程实施内容进行梳理，围绕基础知识、身体活动、身体表现、身体娱乐四个板块，对应其中的单元学练内容，分年级制定课程年段目标实施表。并基于学校硬件设施等资源，对不适宜或无法开展的学练项目进行部分删减，灵活调用现有的客观资源，增补更贴合学生身心活动的学练内容，同时围绕校园体育特色项目进行全面的普及，并设定相应的校本要求。以下为三年级"走和跑"板块内容和对应要求（见表6-2）。

表6-2 三年级"身体活动"板块目标表

体育与健康		教 材 内 容	板块内容对应要求
身体活动	走和跑	健身乐园	站立式起跑和加速跑（各种起跑） 自然地形跑（校园地形跑） 50米快速跑 迎面接力跑	共同要求 1. 形成正确的跑姿，发展速度、力量和灵敏度等身体素质，提高快速启动、积极加速的能力；培养规则意识。 2. 发展心肺功能，提高耐久跑的能力和适应自然地形跑的能力；培养勇敢顽强、克服困难的良好品质。 3. 乐于参与各种跑的游戏，提高自然奔跑能力，增强下肢力量，提高速度和耐力素质，促进生长发育，增强体质；遵守跑的活动和游戏规则，做到公平竞争、友好合作。
		游戏天地	看背后号 大渔网 改换追击目标	
		创意活动	顺风跑和逆风跑	校本要求 1. 通过高抬腿等体能类练习，进一步形成正确的跑步姿态。 2. 组织迎面接力跑的竞赛，提高团队协作能力与班级凝聚力，树立超越自我、赶超他人的自信和勇气。

第三节 可视化架构学科课程内容

一、学科课程结构

义务教育阶段体育与健康课程内容主要包括基本运动技能、体能、健康教育、专项运动技能和跨学科主题学习五大模块。根据课程目标的四个水平，设计相应内容。针对水平一目标，专门设置基本运动技能的课程内容，为体能和专项运动技能学练奠定基础；针对水平二、水平三、水平四目标，分别设置体能和专项运动技能的课程内容；健康教育和跨学科主题学习贯穿整个义务教育阶段（见表6-3）。

表6-3 课程内容与水平目标对应表

课程内容	水平目标			
	水平一	水平二	水平三	水平四
基本运动技能	√			
体能		√	√	√
健康教育	√	√	√	√
专项运动技能		√	√	√
跨学科主题学习	√	√	√	√

其中，健康教育由体育与健康、道德与法治、生物学、科学等多门课程共同承担，体育与健康是落实健康教育的主要课程。体育文化和体育精神主要融入体育与健康课程内容之中。

体育与健康课程以身体练习与思维活动紧密结合为特征，与其他学科的区别在于一个"动"字。在"燃"体育课程构建中，"燃能"与"燃身"作为体育课程的主要特征，对应基本运动技能、体能、专项运动技能三大模块，"燃魂"以培养学生积极向上的体育精神为核心内容则对应健康教育和跨学科主题学习，并依据课程类别划分为五个内容模块：动感学练、趣味体能、多元拓展、校园燃赛、综合探究，从而形成"燃"体育课程结构图（见图6-3）。

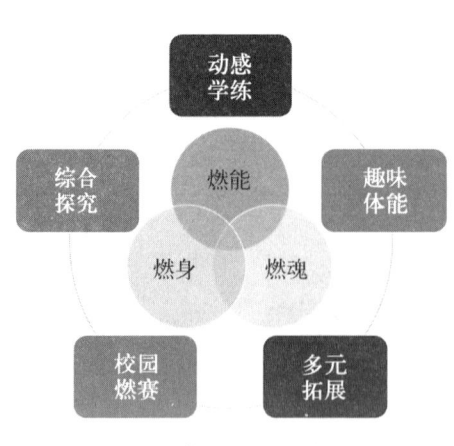

图6-3 "燃体育"学科课程结构图

二、学科课程坐标

《上海市中小学 2021 学年度课程计划》中指出：各中小学要保证学生每天校园体育活动 1 小时，认真落实"三课、两操、两活动"（小学各年级落实"五课、两操、两活动"），即每周安排体育与健康课程 3 课时（小学阶段学校每天开设 1 节体育课）、体育活动 2 次，每天安排广播操至少 1 次、眼保健操 2 次，不得挤占体育与健康课时和体育活动时间。中小学校每天统一安排 30 分钟的大课间体育活动，每节课间应安排学生走出教室适量活动和放松。[1] 我校体育课程设置严格遵守市教委规定，以"燃"体育课程结构为横轴铺开，纵向布局全校一至五年级的所有课程（见图 6-4）。

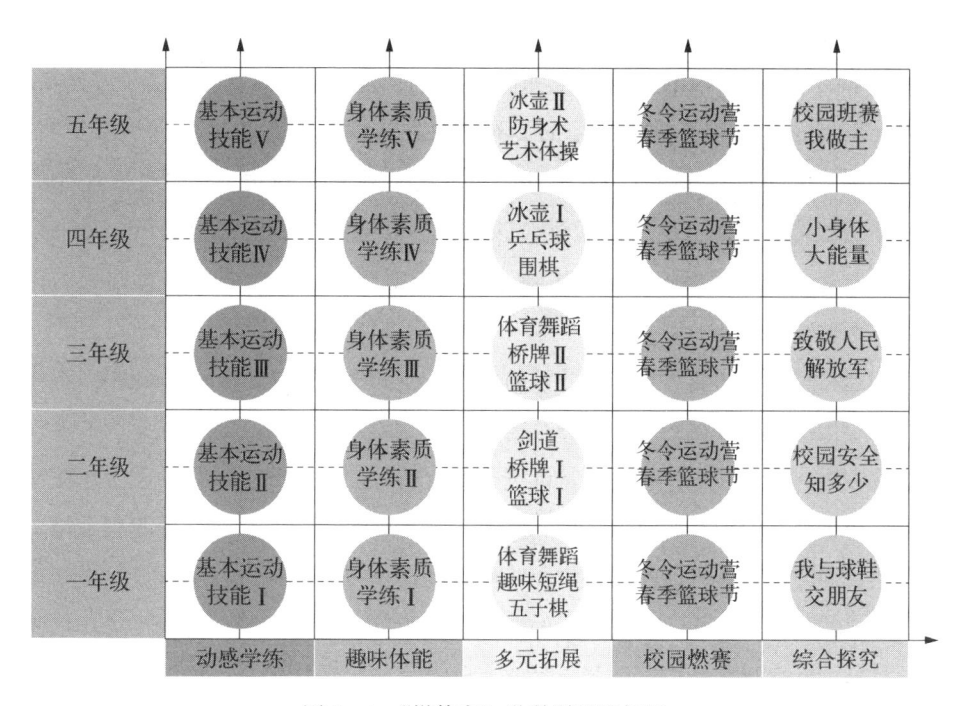

年级	动感学练	趣味体能	多元拓展	校园燃赛	综合探究
五年级	基本运动技能Ⅴ	身体素质学练Ⅴ	冰壶Ⅱ 防身术 艺术体操	冬令运动营 春季篮球节	校园班赛我做主
四年级	基本运动技能Ⅳ	身体素质学练Ⅳ	冰壶Ⅰ 乒乓球 围棋	冬令运动营 春季篮球节	小身体大能量
三年级	基本运动技能Ⅲ	身体素质学练Ⅲ	体育舞蹈 桥牌Ⅱ 篮球Ⅱ	冬令运动营 春季篮球节	致敬人民解放军
二年级	基本运动技能Ⅱ	身体素质学练Ⅱ	剑道 桥牌Ⅰ 篮球Ⅰ	冬令运动营 春季篮球节	校园安全知多少
一年级	基本运动技能Ⅰ	身体素质学练Ⅰ	体育舞蹈 趣味短绳 五子棋	冬令运动营 春季篮球节	我与球鞋交朋友

图 6-4 "燃体育"学科课程坐标图

三、学科课程矩阵

"动感学练"课程指向学生身体基本运动技能的习得，分为"基本运动技

---

[1] 上海市教育委员会. 上海市教育委员会关于印发上海市中小学 2021 学年度课程计划及其说明的通知：沪教委基〔2021〕32 号〔A/OL〕.（2021-07-08）〔2021-08-03〕. https://edu.sh.gov.cn/xxgk2_zdgz_jcjy_01/20210730/f45f960541cf42268bc69100ed11ee39.html.

能"与"专项运动技能"两大板块。依托小学兴趣化教学这一显著特征，自下而上进阶，表现为教师深入研究各年龄段教学内容，着力改进教学方法，提高学生的体育学习实效，发展学生的运动能力；着力挖掘学科育人内涵，营造和谐又不乏竞争的课堂氛围，促进学生自主学练，合作展示，提升学生的体育品德与体育健身的兴趣。以三年级第二学期"专项运动技能Ⅰ"课程为例，体育学科组构建了以课程目标为横列，课程内容为纵列的中观课程矩阵图。根据《义务教育体育与健康课程标准（2022年版）》课程目标部分的阐述，以及我校"动感学练"课程的性质，我们把"动感学练"课程目标设定为基础知识与基本技能、技战术运用、体能、展示或比赛、规则与裁判方法、观赏与评价。其中基础知识与基本技能、技战术运用和体能服务于运动能力的发展；展示或比赛、规则与裁判方法服务于体育品德的提升；观赏与评价服务于健康行为的培养。三年级第二学期的学练内容包括6个项目主题，侧重于球类、田径类、体操类和中华传统体育类四大模块。通过对课程目标和课程内容的综合分析，每个模块主题对达成课程目标的支持程度各不相同，对学科核心素养的培育起到的作用也各有侧重。

如球类运动中的篮球，作为我校的传统特色项目拥有浓厚的学练氛围，将作为我校学生能基本掌握的一种体育技能进行重点学习，同时在二、三年级的多元拓展课程中，聘请区少体校篮球教练进行专业指导，双管齐下地帮助学生掌握基本技能与技战术，因此均赋值4分，显示其对发展运动能力这一目标起到关键支持作用；同时，篮球运动作为一项团队性竞技项目，在学练过程中可以促进学生进行有效的沟通与合作，建立良好的团队合作关系，树立正确的体育品德，培养学生良好的社会适应能力，因此也赋值4分；篮球运动作为全世界较为风靡的体育运动，拥有规范的规则体系与成熟的各级赛制，能让学生在课余时也通过各渠道进行观摩与赏析，从对球员的喜爱到技术的模仿映射到技术动作的打磨，从比赛规则的认知加深对于篮球运动的理解，在浸润式的比赛赏析中进行学习与认知到提升自身的专业素养。由此可见，本坐标矩阵不仅体现了课程目标与课程内容的关联程度，也能充分体现出课程纵深推进中，目标达成度逐步递进的动态过程，有利于教师在课程实施与评价中有的放矢，合理制定教学计划和评价方案（见图6-5）。

内容 \ 目标	运动能力			体育品德		健康行为
	基础知识与基本技能	技战术运用	体能	展示或比赛	规则与裁判方法	观赏与评价
球类	4	3	4	4	3	3
田径类	4	3	4	4	3	3
体操类	3	2	3	4	3	3
水上冰雪类	3	2	3	3	2	3
中华传统体育类	4	2	4	3	2	3
新兴体育类	3	2	3	2	2	3

三年级第二学期"专项运动技能 I"课程

图 6-5 "专项运动技能"课程矩阵图

第四节 技术化导航素养培育历程

《义务教育体育与健康课程标准（2022年版）》中指出："体育与健康课程教学是教师广泛运用各种资源，选择有效教学内容，采用多样化教学方法，指导学生在面对问题、解决问题的真实情景中形成核心素养的实践活动。"[1]体育教研组在"燃体育"理念的引领下，遵循学生的身心发展规律，依据不同的学习内容与课程育人特点，创设情景化、游戏化的课堂激发学练，注重科学的运动负荷以提升学生体能，让学生在玩中学，学中思，思中悟。从课堂实效性、社团多样性、赛事普及性、探究融合性出发，打造"燃课堂""燃社团""燃赛事""燃探究"课程实施模式，探索以激发学生学练兴趣、引导学生养成良好锻炼习惯的评价体系，整体架构学校的体育学科课程结构，积极培育学生的自主健身能力。

---

1 中华人民共和国教育部. 义务教育体育与健康课程标准（2022年版）[S]. 北京：北京师范大学出版社，2022：120.

一、务本"燃课堂",夯实学练主阵地作用

(一)"燃课堂"的定义

体育学科根据体育学习实践性和健康教育实用性特点,强调从"以知识与技能为本"向"以学生发展为本转变"。"燃课堂"的提出是对体育学科理念的一种延续,也是对教师课堂实践的全新挑战。以游戏化为抓手激发兴趣,以合理运动负荷为指标提升体能,注重运用综合性评价对不同个体的激励与反馈,促进学习目标的有效达成,逐步形成核心素养。

(二)"燃课堂"的评价模式

课标、教学与评价是课堂实施中的核心要素。其中,课标是进行教学设计的基准,教师通过对课标的解读,基于过程性评价与终结性评价结合,定性评价与定量评价结合,相对性评价与绝对性评价结合的原则,来合理设计更切合学生实际情况的教学内容和方法。在我们的燃课堂中,教学和评价的实施必然是共生互补的。教师努力实施多元化教学评价,帮助学生提高学习兴趣,增强学习动力,促进每个学生在燃课堂中全面发展,进而实现高效的课堂教学效果。

1. 单元终结性评价。围绕学生运动能力发展的相关学习内容,参照上海市小学体育与健康学科体能考核评价标准,以单元为基准对学生学练成绩进行定量与相对性评价(见表6-4和表6-5)。

表6-4 四年级专项运动技能"前掷实心球"成绩对照表

项 目	前掷实心球(厘米) 1 kg	
得 分	男	女
100	157	147
95	153	143
90	149	139
85	145	135
80	141	131
75	137	127

续 表

项　目	前掷实心球（厘米）1 kg	
得　分	男	女
70	133	123
65	129	119
60	125	115
55	120	110
50	115	105
45	110	100
40	105	95
35	100	90
30	95	85
25	90	80
20	85	75
15	80	70
10	75	65
5	70	60

表6-5　四年级专项运动技能"前掷实心球"单元学习互评、师评表

	合作程度	交流表达		活动参与	遵守规则
他评 （小组评）	□高　□中　□低	□无　□有	□很满意 □较满意 □一般	□积极 □一般 □不积极	□守则 □不守则
教师评星	完成情况 ☆☆☆☆☆	正确率 ☆☆☆☆☆		进步幅度 ☆☆☆☆☆	
教师评语					

2. 单元过程性评价。围绕课堂学练环节、学生的健康行为、思想品德等相关内容，设计过程性评价量表，全面记录学生学习成长细节与反馈，使教师对课程设计进行有效调整（见表6-6和表6-7）。

表6-6 四年级专项运动技能"前掷实心球"单元
课堂教学环节评价融入表

活动环节	评价内容	评价要点	评价融入时机	实施意图
1. 模仿练习"超级变变变"	能不能做到双脚蹬地全身发力将球向前上方掷出？	① 通过不同的姿势投掷，你发现站姿投得更远了吗？ ② 你做到双脚蹬地帮助自己发力掷球了吗？ ③ 你能掌握适宜的出手时机吗？ ④ 你能礼貌对待一同参与游戏的伙伴吗？	1. 教师语言激励，引导学生体验不同姿势的投掷方法，在组织学生结伴回顾中引出评价要点①。 2. 请学生模仿练习正确的前掷实心球动作，强调要领，引出评价要点②③。 3. 教师在巡视指导中引出评价要点④，让学生相互帮助学习。	目标指向1、2
2. 采茶扑蝶（蹬地收腹、适宜的出手时机）	能不能抓住适宜的出手时机（头顶前上方）？	① 你能将小球快速掷出而不被网袋拦截住吗？ ② 你做了小网几次，有移动过吗？ ③ 你有做到认真听讲，遵守活动规则吗？	1. 教师组织学生进行游戏，引出评价要点①。 2. 教师组织中间拦网的学生根据自己的能力特点进行移动，引出评价要点②③并在巡视指导中不断激励学生参与活动。	目标指向1、2、3
3. 连连看（蹬地收腹、适宜的出手时机）	能不能做到快速挥臂、抓住适宜的出手时机？有没有进步，以及和同伴间互助学习？	① 你移动过几次标志桶啊？ ② 你们的三点连一线的长度有没有比原来更长一些呢？（能不能做到全身发力向前上方掷出？） ③ 你们有没有相互提醒动作要领呢？ ④ 当你的小伙伴进步后，你是否主动表扬他了呢？	1. 教师示范讲解青蛙跳的动作，并组织学生学练。同时引出评价要点①。 2. 教师讲解示范小青蛙跳多片荷叶的方法，引出评价要点②。 3. 学生仔细听教师讲解活动方法。组织学生三人一组进行活动练习，在巡视指导过程中反复强调评价要点①②。 4. 教师示范讲解跳高度荷叶的方法，引导学生在活动中主动表扬、鼓励他人。引出评价要点③④。	目标指向2、3

表6-7 四年级专项运动技能"前掷实心球"单元学习自我评价表

姓名 班级		
评 价 内 容	是 √	否 ×
1. 在"淘淘乐"游戏中,你能做到让球速快,球向前上方出手,不被同伴接到吗?		
2. 在"运球接力"的游戏中,你能够和你的伙伴一起合作完成几次接力传递?(　　)。有没有拉长过距离?你用到下肢力量了吗?		
3. 在"星球大战"的游戏中你的球有速度和高度吗?你和同伴一起分工合作了吗?你有遵守游戏规则吗?		
4. 在今天的活动中,你表扬或者帮助过你的伙伴吗?		

(三)"燃课堂"课后作业

为了保证课堂学习的有效延续,明确高质量作业的典型特征,帮助教师从理论的高度认识作业设计的依据、原则和要求,体育学科以短周期作业与长周期运动相结合的方式,开展燃运动作业设计与评价。

1. 短周期作业。依据单元学习内容,以一个自然周为周期进行课后作业任务的设计。下面以三年级正面助跑屈腿跳高单元为例,设计作业任务单以及作业评价表(见表6-8)。

表6-8 短周期作业"前掷实心球"单元学习自我评价表

学生姓名		评价者		日期	
评价等第	评 价 标 准				
优秀	熟练掌握助跑节奏,踏跳有力,屈腿过竿且身体协调,落地屈膝缓冲好。				
良好	掌握助跑节奏,踏跳有力,能正确屈腿过竿,身体协调,落地稳定。				

续 表

评价等第	评 价 标 准
合格	能积极助跑，踏跳有力，能基本完成屈腿过竿动作和落地动作。
需努力	能助跑起跳过竿，但身体不够协调。

作业任务单：根据游戏内容及自身客观情况进行学练，原则上每课次练习8—10分钟。

（1）"听鼓点，学起跳"：用鼓点（节奏）引导学生尝试踩着节拍进行起跳前的助跑与起跳的步伐，可多元尝试"咚—咚—哒"、"咚—咚—咚—咚—哒"让学生逐渐学会自我调整助跑的步数，也可根据节奏的变化让学生从走过渡到跑进行助跑步伐的学练。

（2）"腾飞击掌"：第一阶段以大腿下侧交换击掌练习为热身动作，要求腿部抬高，尽量接近胸腹部，第二阶段为进阶练习，要求双腿用力蹬地，屈膝上提，同时双手在腿部下方击掌。

（3）"飞机起降"：在生活中架设简易跳高架，以橡筋为衡量高度，进行正面助跑屈腿跳高的练习。记录"飞机上升的高度"和"飞机降落的分贝"，亦可通过视频记录与大家分享交流。

2. 长周期作业。结合校园文化特色，创设"淘淘丫丫燃运动"评价记录表，以班级为单位，每月评定出"持之以恒奖""最佳人气奖""积极向阳奖"等特色奖项，并授予淘淘丫丫学练奖章，对学生的课后锻炼进行评价（见图6-6）。

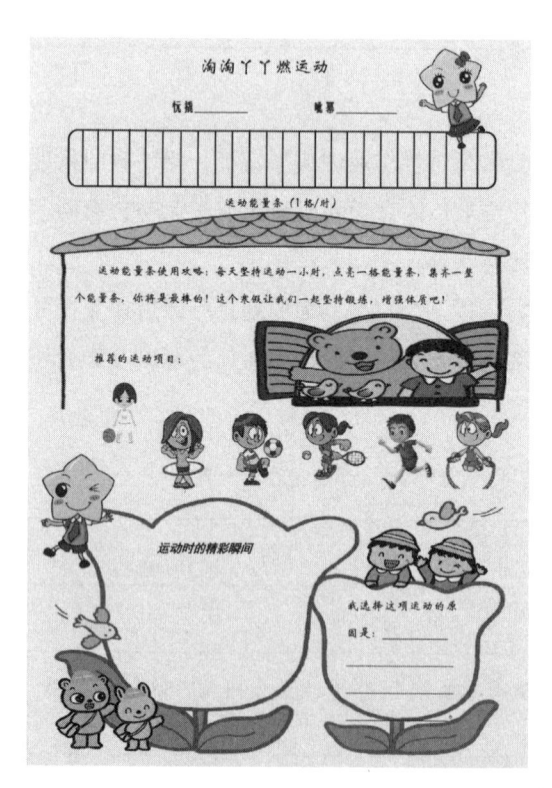

图6-6 长周期作业"淘淘丫丫燃运动"评价图

案例 6-1　　学乐相融 德育渗透 徜徉童真——二年级基本
　　　　　　运动技能"投掷轻物"单元教学设计

1. 单元教学内容

在本单元教学中,第一课时选用贴近儿童生活实际的游戏——甩纸炮导入投掷教材的学习,使学生在玩"纸炮"中体会肘部高于肩的快速向前挥臂动作;第二课时围绕戏耍纸飞机展开,主要帮助学生在游戏中理解适宜的出手方向,进一步提升学生的投掷能力,初步学会上肢躯体与手臂协调配合;第三课时则让学生选用自制道具作为练习器材,通过竞赛形式让学生基本学会在投掷中动作的完整连贯。在过程中让学生学会体育与健康的基础知识和基本方法,懂得遵守规则,互帮互助,学会自省,感知成功,潜移默化地提升体育素养。

2. 教学设计案例(见图 6-7)

年级	二	人数	40	日期		执教	
班级	1	组班形式	自然班	周次		课次	2
内容主题	主题:"飞侠伴我学投掷" 1. 投掷:投掷轻物　　3-(2) 2. 综合活动:"环游打卡"2-(2)			重点	适宜的出手方向		
				难点	上肢躯体带动手臂发力		
学习目标	1. 进一步了解肩上投掷的动作方法,知道快速挥臂与出手方向是影响最终投掷远度的重要因素。尝试用纸飞机引出相关投掷练习,改进上肢躯体与手臂动作配合的协调性,增强上下肢力量,发展投掷能力。 2. 初步学会综合活动"环游打卡"的游戏方法和规则,能根据既定路线,与同伴相互配合,完成环游任务。 3. 表现出参与投掷游戏的热情,在学练中学会互评、自评的方法,养成遵守规则,合作互勉,诚信为本的优良品质。						

续 表

课序	时间	教学内容	运动负荷			教与学的活动 ◎教师◇学生☆学习要求▲评价要点	组织与队形	信息技术应用
			次数	时间	强度			
一	1′	课的导入—— 1. 集合整队 2. 师生问好 3. 明确目标				◎集合队伍，师生问好 ◎引入主题，宣布内容。创设情境，激发兴趣（今天，我们要化身超级飞侠，学习投掷本领，完成任务挑战！） ◇迅速排队集合，认真聆听 ☆快静齐、精神饱满	练习队形——四列横队	1. PPT创设超级飞侠的场景
二	4′	热身活动（音伴）韵律操：向前冲	1	3′40	中	◎语言导入，播放音乐带领学生一起进行音律热身活动 ◇观察老师动作，模仿练习热身 ◎表扬模仿动作到位的学生 ☆认真模仿，充分热身	练习队形——四列横队	2. 介绍学习主题
三	16′ 5′	投掷：投掷轻物 1. 化身小飞侠（玩转纸飞机）	尽时	2′	小	◎引导学生带着问题进行戏耍纸飞机练习并强调安全提示（如何使纸飞机飞得快？如何飞得更久更远？） ◇认真听清要求 ◎邀请组长分发飞机，带领学生回顾投掷动作 ◇跟随教师进行动作学练 ◎引导学生散点进行练习并巡视指导 ◇积极尝试练习，自主思考学练 ◎打开纸飞机并根据图文提示，引出本课重点。（下面请小朋友们打开纸飞机，看看里面有什么秘密？）	练习队形——散点	多媒体播放音乐 多媒体播放练习要求和安全提示

续 表

课序	时间	教学内容	运动负荷			教与学的活动 ◎教师◇学生☆学习要求▲评价要点	组织与队形	信息技术应用
			次数	时间	强度			
	5′	2. 飞机大变身（两人一组投掷纸团比远）	尽时	2′	小	◇遵守要求，了解投掷秘诀 ☆注意观察四周，避免拾物时冲撞 ▲结合投掷动作，大胆表达观点 ◎组织学生两人一组进行投掷练习并巡视、指导 ◇认真听讲，两人一组结伴分散于场地内进行投掷练习 ◎在练习中巡视并给予鼓励与指导 ◇利用标志物定位同伴投掷的第一落点，比比谁投得更远 ◎互动交流，邀请学生进行展示 ◇主动参与交流，大胆表现 ☆积极学练，良性竞争 ▲2人一组练习，能给对方的动作进行评价（一个大拇指） ◎引导学生回收场地闲置器材并小结	练习队形——两人一组分组散点	多媒体播放练习要求和安全提示
	6′	3. 包裹大投递（投掷纸团过一定高度的彩带） 方法：组织学生在不同远度的投掷点进行练习，	尽时	1′	中	◎简述"包裹大投递"练习的方法与评价要求 ◇认真听讲，根据自身能力选择适宜的高度进行练习 ◎对不同远度的起掷点设定相应分值，在规定时间内比一比谁能获得更多的小星星。 ◇明确活动方法与评价，踊	练习队形——（散点）	多媒体播放练习要求和安全提示
			4—5次	2′	中			

续　表

课序	时间	教学内容	运动负荷			教与学的活动 ◎教师◇学生☆学习要求▲评价要点	组织与队形	信息技术应用
			次数	时间	强度			
		尝试投掷过一定高度的彩带，并以不同的跳跃形式去拾取纸团				跃练习 ◎对结果进行评价 ◇表达学习感受 ☆遵守规则，合理选择 ▲能进行纵向比较（与前一次自身投掷点比较），横向比较（与其他同学比）		
四	12′	综合活动——环游打卡（两人三足）	1 1 1	1′ 2′ 3′	小 中 中	◎引导学生在就近补给站处拿取练习道具（回收纸团），回忆活动方法 ◇快速结伴，自主练习 ◎引导学生熟悉场地，根据标志垫上的数字依次进行环游练习 ◇协力合作，仔细观察路线 ◎说明游戏规则及方法，教师引导学生根据路线图指示，进行游戏。 ◇快速集合至指定地点，积极互助练习 ◎共同小结比赛情况，进行评比 ☆积极合作，规避冲撞 ▲遵守规则，诚信评价	练习队形——两人一组	多媒体展示路线图并播放音乐
五	2′	放松与小结—— 1. 放松活动：天黑请闭眼 2. 小结与讲解	1	1′	小	◎引导学生进行放松活动 ◇共同进行放松 ◎总结并讲评 ◇认真听讲，明确要求 ☆心情愉悦，自然放松	练习队形——四列横队	

续表

课序	时间	教学内容	运动负荷			教与学的活动 ◎教师◇学生☆学习要求▲评价要点	组织与队形	信息技术应用
			次数	时间	强度			
场地器材		四色纸飞机50个、跳高架4个、绑腿带20个、彩色橡筋3根、标志桶40个、标志垫30个、星星地贴24个 一块平整的场地、多媒体电脑一台				安全保障	1. 保证场地平整 2. 做好充分的准备活动 3. 合理安排学生练习队形及练习路线和方向 4. 加强学生学练安全意识，以免发生碰撞	
						预计	练习密度		强度
							全课	内容主题	中
							50%左右	46%左右	

图6-7 二年级基本运动技能"投掷轻物"3-（2）教学课时计划

3. 设计意图与评价

二年级基本运动技能"投掷轻物"3-（2）的教学选择"飞侠伴我学投掷"作为学习主题，本着"以动为本，快乐互助"的指导思想，以趣味性游戏创设生动活泼的教学情境，优化学习方式，倡导合作互动，培养学生在体育健身活动中自主学习与合作互助的能力，让学生在学练过程中体验投掷的乐趣，在游戏中遵守规则，改进动作，互帮互勉，感受成功的喜悦。

（1）巧选器材，动态学练

本课选用A4纸作为主要投掷练习的道具。从纸飞机变化至纸团贯穿主教材的各个练习环节。彩色的纸张能引发学生的视觉冲动，激发学生的游戏欲望，变化成纸团又可以减少器材更迭带来的时间浪费，同时，将投掷动作重难点提前"藏"在纸飞机内，以秘诀的方式给予学生参照，能进一步加深学生的认知与印象。充分做到一物多用，物尽其用，将它们变成激发孩子学习兴趣、帮助落实教学目标的有力帮手。

(2) 创景激趣，愉悦身心

通过创设学生熟悉的"超级飞侠"陪伴学投掷的情境，激发学生学习热情，以"向前冲"（韵律热身操）、"化身小飞侠"（带着问题复习投掷动作）、"飞机大变身"（两人一组投掷纸团比远）、"包裹大投递"（投掷过一定高度橡筋的练习）、"环游打卡"（两人三足）等一系列既独立又互相关联的故事情节，引导学生投入课堂学习，同时为接下来学练阶段的合作学习做铺垫。课堂运用多媒体创设场景，打造动态的学练环境，带领学生完成任务挑战的课堂，激发学习的兴趣，体验学习的快乐。

(3) 多元评价，渗透育人

激励性和过程性评价不仅能有效激发学生的学练兴趣，而且能促进教学目标的达成。在本节课中设计的自我评价（化身小飞侠环节）、两人一组互相评价（飞机大变身环节）、集体评价（包裹大投递环节），运用直观的即时评价帮助学生了解自己，正确分析自己，并通过学生互助、教师指导的方式，调整学生的学习行为，树立学生对自身的客观评价，使其获得学习成功的体验。同时，本课设计时将育人价值立足于诚信守则，体现在课堂常规的细节中，如：学习习惯、练习方法、比赛诚信等，并与课末出示的"超级任务评价表"（见表6-9）相结合，形成阶段性自我评价。

表6-9 二年级基本运动技能"投掷轻物"自我评价表

项目 评价		淘淘丫丫任务章
投掷： 投掷轻物	第一环：化身小飞侠	
	第二环：飞机大变身	
	第三环：包裹大投递	

续　表

项目\评价		淘淘丫丫任务章
综合活动：环游打卡	第一次比赛	
	第二次比赛	
总计		（　　）枚徽章
诚信守则是一种美德		
你认为本节课中你做到"诚信守则"吗？		是（√）　否（×）
1. 遵守体育课堂常规，认真听讲，令行静止		是（√）　否（×）
2. 练习中能够按照活动方法与要求，安全学练		是（√）　否（×）
3. 小组竞赛时客观诚信地评价自己（同伴）的比赛成绩		是（√）　否（×）
班级_____　　　　　　　姓名_____		

二、打造"燃社团"，提供丰富的学习平台

"燃社团"的设立初衷是满足学生的学习需求和兴趣爱好，引入更多类型的体育运动课程，供全校学生在课后服务时间进行自主选择。燃社团的成团以学生自主意愿为主体，采取网上申报与线下教师推荐组合的形式，最终以年级为单位，每项体育活动达到自然班的人数下限则组团成功。

（一）"燃社团"类型

1. 民间体育。作为课堂教学的延伸与提升体能的有效手段，开设内容如下：武术、花式跳绳、花式踢毽、防身术。

2. 运动项目。拓宽学生对体育运动的认识，尝试接触不同类型的运动项目，开设内容如下：剑道、体育舞蹈、艺术体操、羽毛球、乒乓球、篮球（普及）。

3. 棋牌益智。在室内开展的棋牌类相关益智活动，开设内容如下：桥牌、五子棋、国际象棋、围棋。

4. 体育特色。围绕学校体育特色项目开展的社团，开设内容如下：陆地冰壶、篮球（进阶）。

（二）"燃社团"评价模式

社团活动的多元化给予学生不同的选择，不同的社团内容都会聚焦于学生的"所学"与"所得"，并通过日常课时的表现性评价与单元学习的过程性评价"所现"。最终将获得教师给予的社团荣誉认证，以资肯定与鼓励。以武术社团为例（见表6-10和表6-11）。

表6-10 "武术社团"单元学习自我评价表

姓名_____ 班级_____	是 √	否 ×
评 价 内 容		
1. 在开天辟地练习中，你做到出手迅速、行步跑了吗？		
2. 你知道户型跑与行步跑的区别吗？		
3. 搭档动作不到位时，你能提醒并指导他吗？		
4. 你能根据自身情况，合理选择练习区域吗？		
5. 练习过程中，你是拍手的同时抬脚吗？		
6. 在今天的课中，你有做到认真听讲，遵守活动规则吗？		

表6-11 "武术社团"单元学习互评、师评表

	合 作 程 度	交 流 表 达		活动参与	遵守规则
他评 （小组评）	□高 □中 □低	□无	□有 □很满意 □较满意 □一般	□积极 □一般 □不积极	□守则 □不守则
教师评星	完成情况 ☆☆☆☆☆	正确率 ☆☆☆☆☆		进步幅度 ☆☆☆☆☆	
教师评语					

三、组织"燃赛事"，以赛代练检验学习成果

"燃赛事"一年双赛。秋末冬初以冬季运动营为主题，注重学生体能发展，开

展跑、跳、踢类比赛；春末夏初，以春季篮球节为主题，注重运动技能发展，开展篮球技巧比拼与校内联赛（高段年级）。比赛以班级为单位，分设个人一、二、三等奖与团队前三名，颁发奖状以资鼓励。活动旨在以赛促练，以点带面，互助提升，进一步激发学生比学赶超的学练情绪，提升学生的身体发展与班级凝聚力。

（一）冬季运动营

比赛项目主要有短绳、长绳、爬行、跑动四大项六小项。依据年级划分低学段（1—3）年级进行两个项目比拼，高学段（4、5）年级进行三个项目比拼（见表6-12）。

表6-12 冬季运动营比赛项目表

	一年级	二年级	三年级	四年级	五年级
单人跳短绳	全班	全班	全班		
爬行比赛	6男6女				
往返接力赛跑		6男6女			
迎面接力赛跑			6男6女	6男6女	6男6女
双人跳短绳				全班	全班
8字跳长绳				6男6女	6男6女

（二）春季篮球节

比赛项目主要有运球、传接球、投篮、班赛四大项九小项。依据年级划分低学段（1—3）年级进行两个项目比拼，高学段（4—5）年级进行三个项目比拼（见表6-13）。

表6-13 春季篮球节比赛项目表

	一年级	二年级	三年级	四年级	五年级
1′原地运球	全班	全班			
2′拍球接力	全班				

续 表

	一年级	二年级	三年级	四年级	五年级
2′投移动篮		7男7女			
2′原地投篮			全班		
计 运球接力			7男7女		
2′传球接力				7男7女	
计 绕杆运球				7男7女	10男10女
3′三步上篮					5男5女
三对三篮球赛				5人	5人

四、推行"燃文化",开展学科融合式主题探究

(一)"燃文化"内涵

燃文化概念,起源于我校开展的主题式综合活动实践课程。基于学校文化将"绿梦树乐园"定为主题,体育学科作为其中一个分支,分别开发了"体育器材我慧用""我与球鞋交朋友"两个课程与相关资源包。经过两年的探索与实践,将身体活动与知识学习相结合,培养学生敢于尝试、喜欢提问的探究精神,同时引导学生在合作中认知与实践,逐步形成友善坦诚、求同存异的学习伙伴关系,有效增强了学生良好的社会适应能力。跨学科融合性的综合活动渐渐点燃了老师挖掘生活、构思课程的激情,丰富了学生的学习体验和学习经历,并在教学相长的实践过程中让彼此都有所收获。

(二)"燃文化"实践

燃文化的实施包含不同的主题内容,可以是体育运动的历史由来,可以是比赛项目的规则释义,可以是体育运动的衍生事物,也可以是运动习惯的养成,当然还可以是与自身息息相关的健康知识,其中的话题并不局限于体育学科自身,与其他学科有诸多交汇之处,更多的是来源于生活实践活动。下面以"我与球鞋交朋友"进行示例。

案例 6-2　　　　"我与球鞋交朋友"探究案例分享

1. 探究背景

在参与各类体育活动或身体练习时，一双适宜的运动鞋必不可少。优秀的运动鞋其内鞋柔软舒适，贴合足部，根据不同运动项目设计的运动鞋基本都能有效支撑足底、保护脚踝，同时也能提供保暖、透气、减震、防水等作用，而色彩丰富的个性外观也同样颇受各年龄层的喜爱。探究活动以运动鞋为主线，通过引导学生观察运动鞋的结构、鞋底花纹、鞋身材质，分组学习并了解不同的运动鞋与参与的运动和技术之间的关系，并通过头脑风暴的形式融入个性元素，完成设计一双"超级运动鞋"的创意挑战。整个过程中，学生通过观察阅读、运动体验、合作绘画、交流演示等环节，借助对运动鞋的整体学习衍生至对不同体育运动项目的认知，同时对运动安全与保护也有了一定的理解，为其树立终身体育的意识埋下一颗小小的种子。

2. 活动过程

面向低年级学生，我们主要采取观察、阅读、体验、绘画、合作交流的手段，拟定了三项基本任务内容：1. 了解运动鞋的各部分结构；2. 实践体验运动鞋的特性；3. 创意绘制专属品牌"超级运动鞋"。

（1）看一看、读一读：通过观察与阅读了解运动鞋的整体构造

活动由话题热身：你了解自己的运动鞋吗？引导学生观察运动鞋有哪些组成部分，通过教师图示及讲解了解整体结构。

启发学生思考接触地面最多的是鞋子的什么部分，让学生可以通过视觉与触觉来感知，并能够对不同材料的材质进行比较。

通过学习中心＋拼图式小组的模式分组阅读拓展材料，以小组分享的模式了解鞋底凹槽的作用以及花纹的仿拟设计的应用。

最后尝试根据自己的脚型及大小，绘制鞋底图纸，并与同伴比较鞋底相似处——数量、宽度、长度、形状等，考验学生的眼力及脑力，以及相互合作的能力，让学生在实践中进一步认知鞋底花纹的用途。

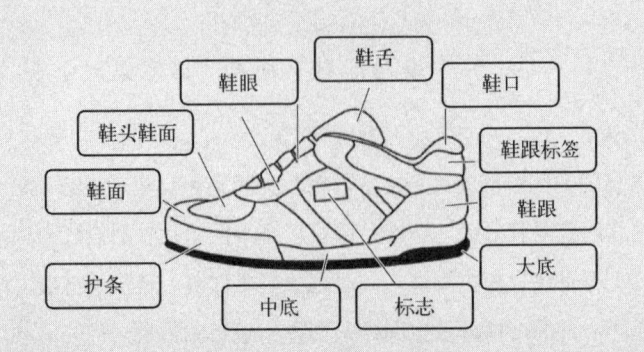

鞋舌　鞋眼　鞋口
鞋头鞋面　鞋跟标签
鞋面　鞋跟
护条　中底　标志　大底

（2）动一动、想一想：在运动中亲身感受运动鞋的特性

事先备好足球鞋、羽毛鞋、综合训练鞋、乒乓球鞋、篮球鞋、板鞋、慢跑鞋等，以4-6人为一组，以抽签的形式让组内学生体验不同的运动，并对球鞋的特性进行记录，完成表格内容的填写，了解运动鞋的选择与运动种类及技术是相关的。

通过观看视频中的内容，了解日常生活中高科技是如何嵌入运动鞋的，并通过头脑风暴的方式进行思维碰撞，激发学生创作灵感，将预想的特性融入自己理想的运动鞋的设计中。

	质量	吸汗	减震	缓冲	柔软	抓地	稳定	透气	保护	耐磨
足球鞋										
羽毛球鞋										
篮球鞋										
乒乓球鞋										
网球鞋										
慢跑鞋										
综合训练鞋										

（3）画一画、说一说：以看图说话的形式对设计的球鞋进行阐述

以"我为球鞋代言"为主题，通过小组讨论探究可行性的特点，尝

试着将创意融入设计，设计一款个性球鞋。

分组将自己理想中的运动鞋画在宣传画上（包括它的正面、侧面与底部花纹），能够用语言描绘它的材质、特性、功能、亮点等，思考如何能让顾客有购买欲望；展示交流过程中，其余小组作为评委为展示组分别进行评分，教师根据各组表现进行综合评价。

3. 学习成果展示

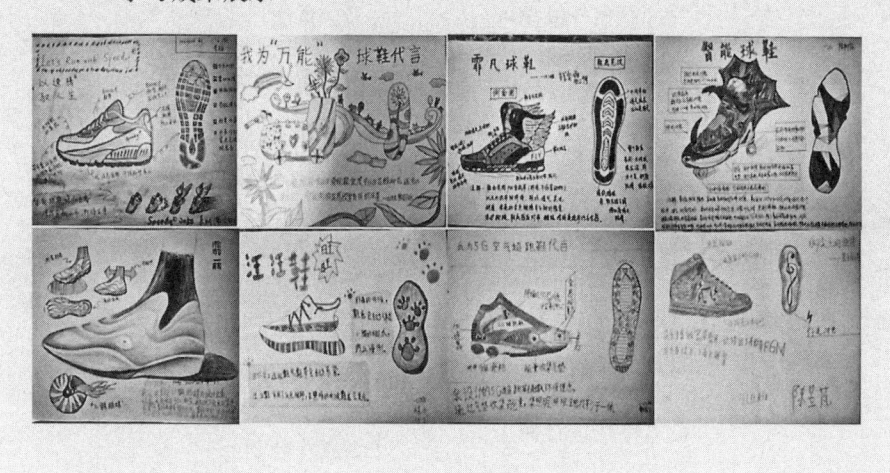

（三）"燃文化"评价

"燃文化"体育探究活动的评价，主要以过程性评价为主。活动中的某些环节可适当运用星级标准进行衡量，但更应关注其学习兴趣与小组活动中的互动与角色完成度。这更多来源于教师对不同学生的观察与组内学生的客观评价（见表6-14）。

表6-14 "我与球鞋交朋友"活动评价表

活动名称	问题描述	评价标准	评价标准描述	提交模式
填一填：运动鞋的组成部分		3星=优秀 2星=良好 1星=合格		个人
读一读：运动鞋鞋底花纹仿拟设计				小组

续 表

活动名称	问题描述	评价标准	评价标准描述	提交模式
画一画：运动鞋底部的凹槽	1. 根据自己脚型与大小绘制鞋底图纸，勾画出凹槽	3星=优秀 2星=良好 1星=合格	能够根据自己的鞋底，准确勾画出所有鞋底的凹槽，且凹槽存在宽度	个人
	2. 与小伙伴的图纸进行对比，说出相似与不同处		能够根据两幅图找到相似与不同处。例如：数量、宽度、长度、形状等。（相似与不同处合计3点以上为优秀标准）	
动&想：不同运动鞋的特性	1. 感知不同运动鞋的各类特性		能够用语言描述不同运动鞋的特性。例如：重量、材质、舒适度、抓地能力等。（相似与不同处合计3点以上为优秀标准）	小组
	2. 与组内小伙伴合作，对不同运动鞋的特性进行测试并记录图表		能够综合组内小伙伴的测试意见对运动鞋进行客观评价	
画&说：设计运动鞋小报	设计一款运动鞋小报		以小组为单位，按照要求绘制小报，说明运动鞋的特性，相关运动及创新点。（绘画整洁，描述清晰，创新符合科学规范）	小组

（本章执笔人：上海市黄浦区卢湾二中心小学　杨骏秋）

第七章
价值建构性：对教育本质的课程化体现

每一个时代的课程都应该有其价值取向，课程价值取向决定了课程建设的整体走向，涵盖映射到课程的各个要素，即课程目标、内容、实施和评价，从而直接决定学校教育的品质。在核心素养培育的背景下，核心素养与学校课程建设的终极价值都是明确"培养什么人、怎样培养人、为谁培养人"，优化学校育人蓝图。学校课程深化发展的出发点和落脚点就是充分实现课程价值。只有以儿童发展为中心，结合校情和学情，优化补充课程内容，促进学生的全面发展、个性发展与可持续发展，才能确保学校课程的价值体现。

实现学校教育高质量发展需关注学校课程的价值取向，没有价值取向引导的课程不是"课程"，而每一个时代的课程都应该有其价值取向，课程价值取向决定了课程建设的整体走向，涵盖映射到课程的各个要素，即课程目标、内容、实施和评价，从而直接决定学校教育的品质。

在核心素养培育的背景下，核心素养与学校课程建设的终极价值都是明确"培养什么人、怎样培养人、为谁培养人"，优化学校育人蓝图。[1]学校课程深化发展的出发点和落脚点就是充分实现课程价值。只有以儿童发展为中心，结合校情和学情，优化补充课程内容，促进学生的全面发展、个性发展与可持续发展，才能确保学校课程的价值体现。

学校课程建设的过程也应该是课程价值意义形成的过程，课程价值取向能够指导学校构建宗旨明确的课程体系。

因此，我们在运用课程坐标构建三大领域课程的过程中，自始至终坚持把儿童发展置于中心的价值取向，按照课程的育人价值需要来组织课程要素和学习进程，体现课程坐标的横向要素价值和纵向过程价值，通过对课程领域、时序和价值的精心选择、组织和设计，让课程更好地为学生的知识扩展、能力提升、人格完善和个性发展服务。

以德育"智慧成长三十事"中的"给爸爸妈妈写一封信"课程为例，在设计"课程矩阵图"时，首先保证课程理念的正确性，其次对学生在课程中需要达成的学科课程目标进行横向的要素设计，设计学生需要掌握的核心素养分别是"责任担当""学会生活"和"健康生活"，还细分为多个基本要点。这样横向坐标的明确，有利于教师在课程内容的选择和对学生课程的组织上有的放矢。

课程坐标中的纵向价值体现在它的过程价值中。例如，考虑到学生个体需要的不同，社会对未来人才的特殊需要以及社会生活方式的变化，学校结合校园文化设置相关的系列课程，当教师的课程实施按照课程内容进行时，课程内容就把潜在课程价值转化为现实价值。

总之，课程实践的过程就是使课程中预设的价值从潜在价值转化为现实价值

---

1 中华人民共和国教育部. 义务教育课程方案（2022年版）[S]. 北京：北京师范大学出版社，2022：1.

的过程。在课程价值实现过程中,课程坐标将横向的要素价值和纵向的过程价值结合在一起,体现价值构建性,清晰地将价值选择、价值转换、价值创造等有机交织在一起,帮助教师更好地完成课程价值的实现。

课程坐标

启智育人:在德育活动课程中探索育人价值

上海市黄浦区卢湾二中心小学是一所百年老校,学校深入贯彻落实习近平总书记系列重要讲话精神,落实立德树人根本任务,不断增强中小学德育工作的时代性、科学性和实效性,近几年获得上海市文明校园、上海市依法治校示范校、上海市中小学行为规范示范校、上海市少先队工作示范校、上海科技馆馆校合作共建学校等荣誉称号。学校一直十分重视德育工作,由党支部书记带领德育处、教导处、大队部等各部门全员育德,每一位老师都参与学校德育活动课程,人人都是德育工作者,是我校"启智育人"德育活动课程的设计者和执行者。

近几年来,德育改革不断推进与深化,依据教育部《中小学德育工作指南》的要求,围绕学校的办学理念和办学目标,对学校原有的德育活动课程进行全面梳理,系统规划,构建了上海市黄浦区卢湾二中心小学"启智育人"活动课程体系并绘制德育活动课程坐标。

第一节 奠定"立德树人"的育人愿景

小学阶段的德育对学生价值观、人生观的形成具有重要的作用,直接影响到学生未来的发展,乃至社会的发展。不过,学生在认识和判断事物的过程中,通常有直观思维,分析能力比较差的特点,简单的说教式的教学并不能达到良好的教学效果，因此我们通过设计"启智育人"课程，在小学课堂中设计贴近生活的教学场景，营造良好的教学氛围，让学生在课程学习中建立起正确的道德认知、道德情感、道德意志、道德行为。

在建设"启智育人"课程时，全体教师始终做到坚持正确方向，坚持遵循规律，坚持协同配合，坚持常态开展德育活动。

一、"启智育人"活动课程性质

2017年教育部颁布的《中小学德育工作指南》中指出：全面贯彻党的十八大和十八届三中、四中、五中、六中全会精神，深入贯彻习近平总书记系列重要讲话精神和治国理政新理念新思想新战略，始终坚持育人为本、德育为先，大力培育和践行社会主义核心价值观，以培养学生良好思想品德和健全人格为根本，以促进学生形成良好行为习惯为重点，以落实《中小学生守则（2015年修订）》为抓手，坚持教育与生产劳动、社会实践相结合，坚持学校教育与家庭教育、社会教育相结合，不断完善中小学德育工作长效机制，全面提高中小学德育工作水平，为中国特色社会主义事业培养合格建设者和可靠接班人。

我校"启智育人"活动课程正是通过一系列体现以学生成长目标为核心，研究、开发、实施、改进主题鲜明的德育课程架构，发展学生道德认知，注重学生的情感体验和道德实践，努力将立德树人的根本任务落到实处。

二、"启智育人"活动课程理念

我校设计构建的"启智育人"课程，"启"原意是开导，"智"原意是有智慧，"启智"是要开导学生的道德认知，通过实践体验，促进学生形成良好行为习惯，培养学生用道德思维和法治观念来解决问题，厚植爱党爱国的家国情怀，成就真善美的人生。

（一）"启智育人"为人生奠定基础

"启智育人"课程旨在培养学生爱党爱国爱人民的情怀，增强国家意识和社会责任意识，教育学生理解、认同和拥护国家政治制度，了解中华优秀传统文化和革命文化、社会主义先进文化，增强中国特色社会主义道路自信、理论自信、制度自信、文化自信，引导学生准确理解和把握社会主义核心价值观的深刻内涵和实践要求，养成良好政治素质、道德品质、法治意识和行为习惯，形成积极健康的人格和良好心理品质，促进学生核心素养提升和全面发展，为学生一生成长奠定坚实的思想基础。

(二)"启智育人"内涵丰富多彩

"启智育人"课程内容涵盖面广，贯穿于学校教育和学生日常生活的各个方面，渗透在智育、体育、劳育、美育之中，包含理想信念教育、社会主义核心价值观教育、中华优秀传统文化教育、生态文明教育和心理健康教育五个大类的内容。

在上述五个大类中，还可以细分出许多分支，如心理健康教育，学生从认识自己开始，可以开展认识自我、尊重生命的教育，到认识他人，涉及人际交往的教育等，指导学生认识社会时，培养他们应对挫折、适应环境的能力，德育课程螺旋上升式地逐步培养学生健全的人格、积极的心态和良好的个性心理品质。

(三)"启智育人"多途径育人

"启智育人"通过课程育人、文化育人、活动育人、实践育人、管理育人、协同育人等多种方式落实育人目标，课程开发和实施过程中各部门协同配合，做到三全育人、全员育人、全程育人、全方位育人。在发挥学校班主任老师的主导作用的同时，各科老师互相协调、协同作战，除此以外，活动设计中要引导家庭、社会的参与，提高家长和社会对学生道德发展的重视程度和参与度，形成学校、家庭、社会协调一致的育人合力。

(四)"启智育人"评价以人为本

坚持以人为本，尊重每位学生的主体差异和个性发展需求。德育课程的评价者要切实转变思想观念和价值观，正确认识人的基本特性和本质，尊重人的发展需求，始终坚持平等、宽容的态度，认真聆听学生的声音。

"启智育人"课程评价形式多样，坚持以学生成长为导向，通过对学生活动过程的观察、记录、分析，把握学生的成长规律，了解学生的个性与特长，采用丰富多样的形式不断激发学生的潜能，更好地促进学生成长。

(五)"启智育人"资源开发以生为本

"启智育人"要开启学生的"智慧"，寻找适切的资源，首先要回归于现实生活，发现学生的问题所在，找准学生薄弱环节再去寻找与之匹配的资源。其次，重视社会教育资源的渗透，从学生身边熟悉的资源找起，挖掘校园周边资源，拓宽德育资源开发范围，丰富课程内容。同时，还可以深度挖掘校园开展的主题式综合实践活动，开展项目化学习，同步开发德育校本课程资源。

重视与各类教学的充分衔接，发挥社会、生活、网络的教育资源优势，在丰富的校本课程资源的支撑下，助力德育校本课程体系的构建，促进学校德育工作实效的提升。

第二节 强化"课程育人"的育人目标

我校的德育活动课程以"理想信念教育""社会主义核心价值观教育""文化审美教育""生态文明教育""身心健康教育"五个板块确立课程目标，引领儿童通过小学五年持续性主题德育课程，努力成为有理想会做人、有学力勤探究、有毅力敢拼搏、有个性能合作、有情趣懂生活的脚踏实地、心存高远的智慧人。落实学校育人目标，培养学生核心素养。

一、德育总体目标

教育部印发的《中小学德育工作指南》中指出，德育的总体目标是："培养学生爱党爱国爱人民，增强国家意识和社会责任意识，教育学生理解、认同和拥护国家政治制度，了解中华优秀传统文化和革命文化、社会主义先进文化，增强中国特色社会主义道路自信、理论自信、制度自信、文化自信，引导学生准确理解和把握社会主义核心价值观的深刻内涵和实践要求，养成良好政治素质、道德品质、法治意识和行为习惯，形成积极健康的人格和良好心理品质，促进学生核心素养提升和全面发展，为学生一生成长奠定坚实的思想基础。"

二、"启智育人"活动课程具体目标

结合"启智育人"的课程理念，我们细化了每个年级德育活动课程目标。

表7-1 "启智育人"活动课程具体目标

	有理想会做人	有学力勤探究	有毅力敢拼搏	有个性能合作	有情趣懂生活
一年级	温文尔雅 热爱家庭	学有兴趣 习惯良好	敢于尝试 乐观开朗	学会相处 乐意合作	自我服务 热爱劳动
二年级	真诚待人 热爱班级	乐于学习 不懂就问	不怕挫折 平和心态	情绪稳定 互帮互助	培养兴趣 发挥所长

续 表

	有理想会做人	有学力勤探究	有毅力敢拼搏	有个性能合作	有情趣懂生活
三年级	诚实守诺 热爱学校	勤于思考 善于质疑	勇于担当 心胸开阔	愿意分享 沟通交流	真诚助人 关爱环境
四年级	文明守纪 热爱家乡	讲究方法 独立思考	迎难而上 坚持到底	表达见解 换位思考	提倡勤俭 光盘行动
五年级	知法守法 爱国爱党	勇于探究 睿智创新	突破自我 自信阳光	面对矛盾 友善解决	热心公益 参与环保

第三节 指向"核心素养"的育人课程

一、"启智育人"活动课程结构

《中小学德育工作指南》中指出，德育内容包括理想信念教育、核心价值观教育、传统文化教育、生态文明教育和心理健康教育五个方面的内容。据此，"启智育人"课程内容包含"启智信念""启智价值""启智文化""启智生态""启智心理"，见图7-1。

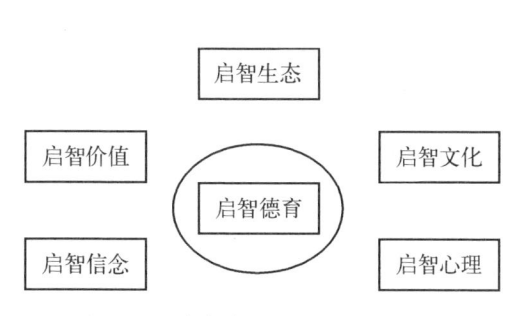

图7-1 "启智育人"活动课程结构图

（一）"启智信念"即理想信念教育

开展马列主义、毛泽东思想学习教育，加强中国特色社会主义理论体系学习教育，引导学生深入学习习近平总书记系列重要讲话精神，领会党中央治国理政新理念新思想新战略。加强近现代史教育、革命文化教育、中国特色社会主义宣传教育、时事政策教育等，传承红色基因，深刻领会实现中华民族伟大复兴是中华民族近代以来最伟大的梦想，培养学生对党的政治认同、情感认同、价值认同，不断树立为共产主义远大理想和中国特色社会主义共同理想而奋斗的信念和信心。

（二）"启智价值"即社会主义核心价值观教育

把社会主义核心价值观融入国民教育全过程，落实到中小学教育教学和管理服务各环节，深入开展爱国主义教育、国情教育、国家安全教育、民族团结教育、法治教育、诚信教育、文明礼仪教育等，引导学生牢牢把握富强、民主、文明、和谐作为国家层面的价值目标，深刻理解自由、平等、公正、法治作为社会层面的价值取向，自觉遵守爱国、敬业、诚信、友善作为公民层面的价值准则，将社会主义核心价值观内化于心、外化于行。

（三）"启智文化"即中华优秀传统文化教育

开展家国情怀教育、社会关爱教育和人格修养教育，传承发展中华优秀传统文化，大力弘扬核心思想理念、中华传统美德、中华人文精神，引导学生了解中华优秀传统文化的历史渊源、发展脉络、精神内涵，增强文化自觉和文化自信。

（四）"启智生态"即生态文明教育

加强节约教育和环境保护教育，开展大气、土地、水、粮食等资源的基本国情教育，帮助学生了解祖国的大好河山和地理地貌，开展节粮节水节电教育活动，推动实行垃圾分类，倡导绿色消费，引导学生树立尊重自然、顺应自然、保护自然的发展理念，养成勤俭节约、低碳环保、自觉劳动的生活习惯，形成健康文明的生活方式。

（五）"启智心理"即心理健康教育

开展认识自我、尊重生命、学会学习、人际交往、情绪调适、升学择业、人生规划以及适应社会生活等方面的教育，引导学生增强调控心理、自主自助、应对挫折、适应环境的能力，培养学生健全的人格、积极的心态和良好的个性心理品质。

"启智育人"活动课程以发展学生核心素养为出发点，以系列课程为实施载体，整合上海市德育实践基地资源，并根据学生的年龄特点，阶梯式设置了主题项目内容，从而培养学生社会责任、国家认同、国际理解；人文底蕴、科学精神、审美情趣；学会学习、健康生活、实践创新的核心素养，全面落实立德树人的根本任务。

二、"启智育人"课程坐标

我们根据《中小学德育工作指南》德育教育的五大内容，将课程坐标坐标轴确定为"理想信念教育""社会主义核心价值观教育""文化审美教育""生态文明教育""身心健康教育"五个核心内容，并对每个核心内容进行细化，确立了分坐标。如我们将"社会主义核心价值观"个人层面坐标又细化为"爱国""敬业""诚信""友善"四个分坐标；又如我们将"文化审美"坐标细化为"博物馆奇妙日"和"环游系列"两个分坐标。每个分坐标都对应一个具体的课程矩阵图，轴上由低年级到高年级分设不同年龄段开设的子课程"坐标点"，见图7-2。

三、"启智育人"课程矩阵

"启智育人"德育活动课程聚焦学生核心素养培育，在图7-2中我们看到的只是大致的分类，在具体的每学期的德育活动实施中，我们还会将每个条块进行细分，多条线同时铺开并进，让德育活动充满学生的日常生活。在课程坐标下，我们每门课程细分"课程矩阵图"工具，有序推进德育活动课程的建设与完善。

以"文化审美教育"板块中的"环游系列"主题为例，老师们充分挖掘整合相关资源，从以学生最熟悉的"黄浦区"为学习研究的对象——环游黄浦，逐渐扩展为我们的家乡上海——环游上海，再把眼光放向我们最亲爱的祖国——环游中国，随后拓展为——环游亚洲，最后走向世界——环游世界，这样，从一年级到五年级的课程中，学生能够系统且完整地对身处的世界有所了解，进行社会参与，不但自主发展，学会学习，还使自己具有了国家意识、全球意识和开放的心态。

"课程矩阵图"是基于学生核心素养发展的课程架构序列图。横轴是基于核心素养，将学校课程结构与体系进行有逻辑的维度设计和分类。如进行二年级"环游上海"教学时，我们就采用了图7-3的"环游上海"课程矩阵。

在二年级德育活动课程"环游上海"课程矩阵中，纵列根据课程内容分为"上海之'衣'""上海之'食'""上海之'住'"和"上海之'行'"4个系列活动。图中的分值从低到高分别表示每一个课程对目标支持度的赋值，其中，"上海之'食'"创设了情境，和学校的劳动活动课程结合，也是和学生日常生活关系最为密切的一课，赋值最高，表示对学生学会学习、健康生活最为关键且重要，显示出本德育活动课程根据学生需要而设计；"上海之'衣'"和"上海之'住'"的特色相较于其他两个主题，不是那么明显，学生听老师讲解多一些，课程本身面向的是二年级的学生，他们自己了解得可能也不是太多，因此赋值2分相对来说少一些。而在所有的课程学习中，提升学生的责任意识，让学生有意愿参与最为关键且重要，赋值4分。因此，根据此课程矩阵，担任这节德育活动课教学的老师可以迅速在课程实施过程和评价过程中有所侧重，用行之有效的方法进行教学和评价。

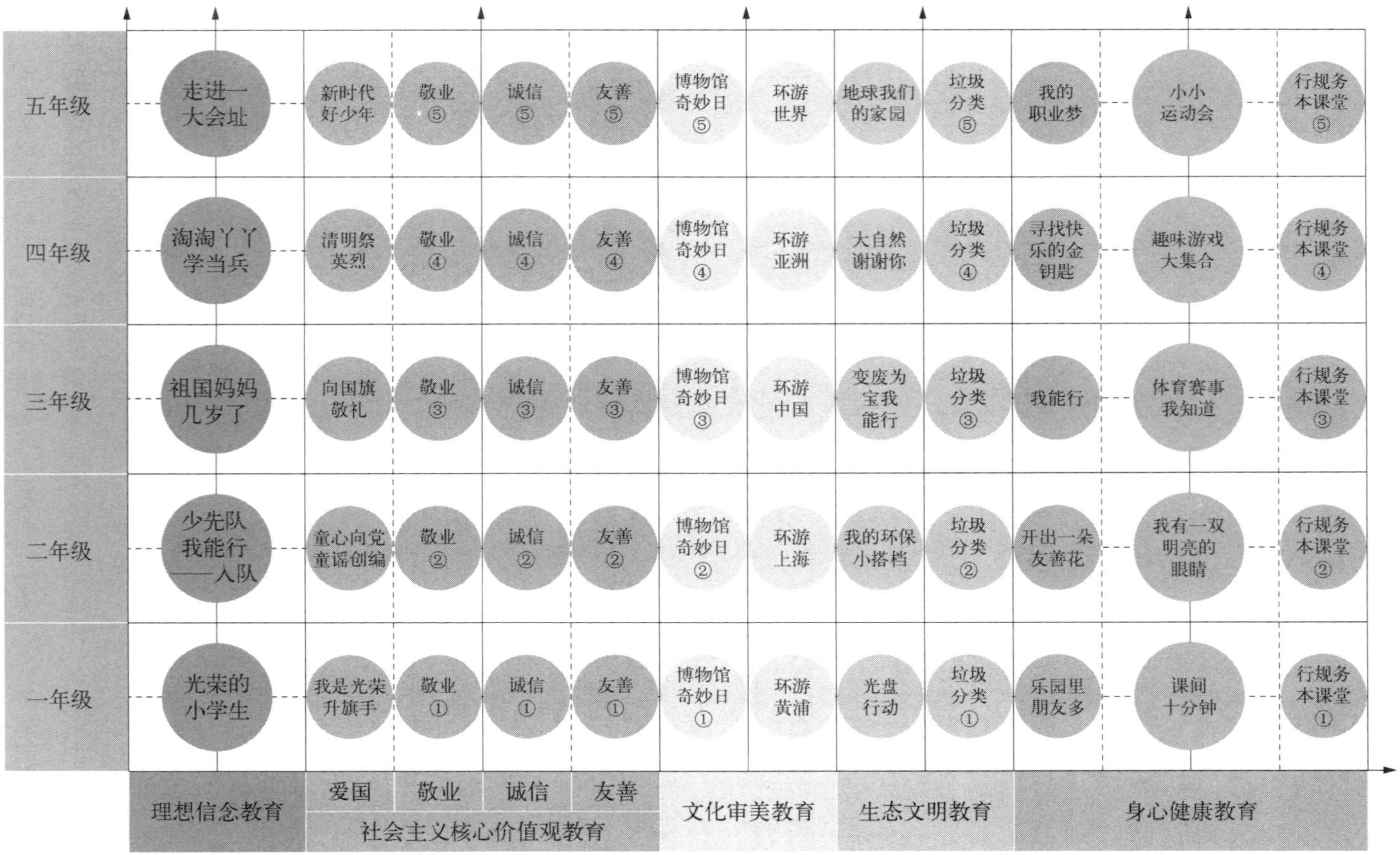

图 7-2 "启智育人"活动课程坐标图

目标\内容	责任担当		学会学习			健康生活
	热爱祖国和家乡	愿为家乡发展努力学习	有学习兴趣	认真思考与发言	参与小组合作	合理分配时间完成任务
上海之"衣"	4	3	4	3	2	2
上海之"食"	4	3	4	3	3	3
上海之"住"	4	3	4	3	2	3
上海之"行"	4	3	4	3	3	3

图 7-3 《环游上海》课程矩阵图

第四节 丰富"知行合一"的育人实践

一、课程育人:"先锋启智课堂"德育活动课程的实践与评价

"启智育人"究竟要帮助学生开启怎样的智慧,直截了当地说,就是我们要帮助学生从小树立大局观,开展马列主义、毛泽东思想学习教育,加强中国特色社会主义理论体系学习教育,引导学生深入了解中国革命史、中国共产党党史、改革开放史和社会主义发展史,继承革命传统,传承红色基因,深刻领会实现中华民族伟大复兴是中华民族近代以来最伟大的梦想,培养学生对党的政治认同、情感认同、价值认同,不断树立为共产主义远大理想和中国特色社会主义共同理想而奋斗的信念和信心。

"先锋启智课堂"是我校"启智育人"德育活动课程中最为重要的思想道德建设中的一环,从知识、价值观和行为三个维度对学生进行教育。

(一)"先锋启智课堂"德育活动课程的实践操作

通过开设"从小学先锋 长大做先锋"的主题课程,探索先锋教育构建德育"点面块链结合"的专题教育体系,形成不同年级循序渐进的教育生态链,摸索方法,总结经验,以此促进学生全面而又生动活泼的主动发展,促进教师们的德育专业发展。

1."先锋启智课堂"的课程目标。具体如下:

(1)推进党建带团建、队建,引导学生在先锋的影响和感召下,厚植爱党爱

国的情怀，树立社会主义接班人的理想信念。

（2）探究学校德育活动实施先锋教育的内容，形成各年级系列活动，总结经验，优化成果，推广做法。

（3）尝试"先锋新媒体"研究，以红领巾公众号、红领巾电视台、广播台等为抓手，线上线下拓展德育活动空间，融合传统阵地宣传媒介，帮助学生多形式、多方位地认识身边的先锋，全面学习先锋的精神。

2."先锋启智课堂"的课程内容。具体如下：

（1）身边的先锋系列课程

"家风中的先锋人物"："家风中的先锋人物"系列课程引领广大学生寻找身边的先锋人物，学一学红色伟人的家风及名言；找一找家风的变迁，感受时代的变迁；传一传，传承自己家中的经典家风，激发爱党爱国的情怀。每个学生完成一份学校德育处设计的特色任务单，参与最佳活动任务单评选，最终在学校公众号上进行展示。

"学校的先锋"：学先锋，首先要理解"先锋"的含义，知道先锋来自各行各业，在自己平凡的岗位上散发着光和热。"先锋"其实离我们并不遥远，甚至就在我们身边。我们走入新时代，就要继承"先锋"的事业，从小立下志向，向先锋学习。上海市优秀少先队员，新时代好少年都是学生们身边的小先锋，能使学生更直观地感受到"先锋"的具体要求。

（2）市、区先锋系列课程

依托我区红色教育资源聚集这一特色，把红色资源变为先锋教育的重要载体。组织各小队沿着黄浦的红色路线寻访先锋雕像，了解先锋人物身上的故事，学习先锋的精神，增强少先队员的光荣感和使命感。

3. 全国先锋系列课程。以伟大建党精神为源的中国共产党人精神谱系为课程内容，选择具有代表性的全国级先锋人物，如航天英雄、中国女排等，宣讲先锋故事，引导学生从先锋身上汲取力量，并把它化作自己的实际行动。

（二）"先锋启智课堂"德育活动课程的评价标准

针对目前小学生德育评价存在的目标异化、信效度不高、评价框架简单无序、评价方式单一片面等问题，提出构建"先锋启智课堂"德育活动课程评价体系的5项评价原则：

1. 遵循社会主义核心价值观，发挥德育评价指导作用。
2. 遵循学生成长规律，一体化设计评价内容。
3. 坚持多种评价方式相结合，促进学生知情意行相统一。
4. 坚持评价主体多元化，形成"三位一体"综合评价体系。
5. 坚持评价方法多样化，增强德育评价信效度。

该体系具有开放性、自主性、导向性、多元性等特点，学生的道德认识在日常生活中有所提升，道德情感在实践体验中得到升华，道德行为在实际生活中成为自觉行为。

案例 7-1　"我身边的先锋"单元教学设计

1. 单元课程目标

（1）沿着红色路线寻访先锋雕像，了解先锋的含义，增强学生的光荣感和使命感。

（2）寻找身边的中国先锋，感受先锋的力量和先锋对于时代的意义。

（3）引导学生从小立志学习先锋人物，为实现中华民族伟大复兴的中国梦时刻准备着。

2. 单元课程内容

阶段	活动内容	活动目标
构思阶段	探究先锋雕像	1. 学生能沿着黄浦的红色路线寻访先锋雕像。 2. 学生能带着问题仔细参观先锋雕像。 3. 学生能收集先锋故事，结合自己的调查资料进行反思。
	拟定采访问题	1. 学生能整理所查资料。 2. 学生能根据资料拟定采访问题。
采访阶段	聆听先锋故事	1. 学生能在学校、家庭或社区中找到一位先锋并预约好采访时间。 2. 学生能独立采访先锋并记录。

续 表

阶 段	活动内容	活 动 目 标
反思阶段	制作采访视频	学生能挑选精彩的采访片段并剪辑成片。
	做项目任务单	1. 学生能绘制心爱的先锋雕像并作简单介绍。 2. 学生能把采访的所思所想写入任务单。
	分享采访成果	1. 学生能学习同伴的学习成果。 2. 学生把视频与任务单和同伴进行分享，拉近与先锋的距离。

3. 单元课程实施

"我身边的先锋"是"先锋启智课堂"德育活动课程中的一个单元，旨在帮助学生理解先锋不一定离自己很遥远，也可以是身边的一个小人物，每个人都有潜力成为先锋，要向先锋努力学习。从下页矩阵图中可以看到，本单元三个阶段的6个活动构成纵列，学生需要达成的五个核心素养构成横列，形成此次单元课程矩阵图。

矩阵图中有三个能力要求的数值一直很高：人文积淀、勤于反思以及社会责任。因为学生通过对"我身边的先锋"单元的学习与实践，首先应该对我国著名的先锋有所认识，从而加深人文积淀。其次，在认识并了解了先锋后，学生应提高社会责任感，继承革命先辈的光荣传统，从小埋下爱国的种子。另外，在参观、查询、采访、完成任务单以及分享等一系列过程中，学生也应具备反思的能力，从先锋和同伴的身上学到做人的道理。

本单元的活动也需要学生具备审美情趣，学会合理运用信息化技术，让本次的单元任务成果能够结合项目任务单以形象生动的多媒体形态呈现，使德育活动能够打破传统，与信息教育相融合，走在前沿，实现多学科统整。

内容 \ 目标		人文底蕴		科学精神	学会学习		责任担当	实践创新	
		人文积淀	审美情趣	勇于探究	勤于反思	信息意识	社会责任	问题解决	技术运用
构思阶段	探究先锋雕像	4	2	4	4	4	4	2	2
	拟定采访问题	4	2	4	2	1	4	2	2
采访阶段	聆听先锋故事	4	2	4	4	1	4	2	2
反思阶段	制作采访视频	4	4	1	4	2	4	4	4
	做项目任务单	4	4	2	4	3	4	4	1
	分享采访成果	4	4	4	4	1	4	1	1

情境任务1：构思阶段

学习活动1：探究先锋雕像，结合自己的调查资料进行反思

学习活动2：拟定采访问题

情境任务2：采访阶段

学习活动：聆听先锋故事

情境任务3：反思阶段

学习活动1：制作采访视频

学习活动2：完成项目任务单

学习活动3：分享采访成果，学习先锋榜样

4. 单元课程评价

	学习态度		活动过程		最终成果	
	认真 参与活动	提高 思想觉悟	拓展 红色知识	采访顺利 合理	任务单 精美	先锋视频 生动
学生 自评	☆☆☆	☆☆☆	☆☆☆	☆☆☆	☆☆☆	☆☆☆
同学 互评	☆☆☆				☆☆☆	☆☆☆
老师 评价	☆☆☆	☆☆☆	☆☆☆	☆☆☆	☆☆☆	☆☆☆
先锋 评价	☆☆☆			☆☆☆		
点评	学生自评： 同学互评： 老师评价： 先锋评价：					

（案例提供者：上海市黄浦区卢湾二中心小学　丁辰）

二、文化育人："启智视野"——环游系列德育活动课程的实践与评价

"启智育人"德育活动课程以开拓学生"启智视野"为目标，开发了环游系列课程。

环游系列德育活动课程涵盖"环游黄浦、环游上海、环游中国、环游亚洲、环游世界"五大板块。该课程分年级由低向高，依次推进。在五个板块的层层推进中，选取了不同视域下的优秀人文教育资源，图、文、声、像多维展示，把课堂从校内延伸至校外，引导学生从自主设计到实地探究，逐步了解身边的黄浦、熟悉的上海、广袤的中国、亚洲乃至世界各地的历史文化，领略不同地域的风土人情和文化底蕴，感受自然万物的神秘、人类智慧的伟大。在课堂任务的驱动

下,在社区活动的参与中,学生们看一看、辩一辩、走一走、游一游……打开眼界,锻炼思维,提高能力,激发情感,努力成为有创见、有审美、有实践、有思想的学生。

(一)"启智视野"——环游系列德育活动课程的实践内容

1. 一年级"环游黄浦"以上海市黄浦区为焦点,选择三处代表性地点为出发点,探究以"中国共产党第一次全国代表大会纪念馆"为代表的悠久的红色文化、以"思南公馆"为代表的历史文化风貌、以"新天地"为代表的优秀历史建筑发展史。

2. 二年级"环游上海"按照"衣、食、住、行"脉络挑选优秀的上海人文景观、历史故事、传统制作、文化作品等主题,在学生需要和兴趣的基础上进行系统学习,培养学生结合历史、基于现代、放眼未来的城市视角,为了解家乡城市、增强家乡荣誉感、激发为家乡发展学好本领的志愿奠定基础。

表7-2 二年级"环游上海"课程单元主题

上海之"衣"	"衣"的历史演变
	现代"衣"
	旗袍与中山装
上海之"食"	饮食的演变
	上海本帮菜
	传统小吃
上海之"住"	上海特有建筑演变
	现代建筑与历史建筑
	上海"弄堂"
上海之"行"	上海交通演变
	现代交通
	地铁与磁悬浮

3. 三年级"环游中国"以上海、北京、南京、杭州等8个城市和地区为主题，探究不同城市的地理特征、自然风光、人文风景、传统美食等信息，挖掘城市旅游路线，完成"行万里路"的综合学习目标，见表7-3。

表7-3 三年级"环游中国"课程单元主题

我的故乡——上海	上海的昨天与今天
	上海最经典的住宅——老洋房
	一条多伦路 百年上海滩
伟大的首都——北京	中国的象征——天安门广场
	永远的耻辱——圆明园
	迷路情境探究
十朝都会——南京	六朝金粉地 金陵帝王州
	伟大的民主革命先行者孙中山先生陵墓——中山陵
	侵华日军南京大屠杀遇难同胞纪念馆
华贵之城——杭州	红顶商人胡雪岩
	龙井问茶
碧海青天——海南岛	寻根问祖海南岛
	风景秀丽海南岛
	迅速发展海南岛
天府之国——四川	省会——成都
	九寨沟旅游攻略
	长江三峡
蝴蝶王国——台湾	中国第一大岛——台湾岛
	风景这边独好
	台湾的蝴蝶谷

续 表

紫荆之花——香港	东方之珠——香港
	维多利亚港和海洋公园
	回归后的香港更精彩

4. 四年级"环游亚洲"以亚洲板块为依托，带领学生了解世界上占地面积最大、人口最多的洲。本单元从了解亚洲概况入手，了解亚洲地貌、人口、气候、资源；设计旅游路线，环游日本、韩国、新加坡、马来西亚等6个主要亚洲国家，了解不同国家的国土资源、民族风情、旅游景点等内容。在每个国家主题下，还着重对比中国和其他亚洲国家在经济、地理、文化、教育、生态方面的发展异同，感受中国发展的迅速。同时，从历史角度，了解中国文化对亚洲周边国家文化的辐射和影响，加强对中国优秀文化的认同感，提高传承中国传统文化的责任感。

5. 五年级"环游世界"则跨出亚洲，迈向世界。该课程带领学生去往世界各地，每个大洲都游览一个国家，欣赏美国、法国、埃及、新西兰等六个国家美丽的自然风光，领略家喻户晓的名胜古迹，了解当地的风土人情。同时还将继续教会学生一些解决旅游途中实际问题的方法，掌握一些有关旅游的简单策略，让学生在家庭旅游中，成为家长的好帮手，见图7-4。

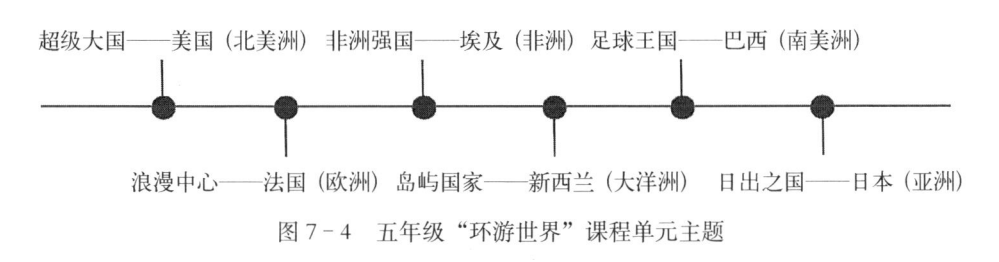

超级大国——美国（北美洲）　非洲强国——埃及（非洲）　足球王国——巴西（南美洲）

浪漫中心——法国（欧洲）　岛屿国家——新西兰（大洋洲）　日出之国——日本（亚洲）

图7-4　五年级"环游世界"课程单元主题

(二)"启智视野"——环游系列德育活动课程的评价标准

课程评价是对学生课程学习过程和结果进行的综合评判。课程评价以课程活动目标为依据，对教学过程以及学生阶段性学习的表现和结果进行测量、分析和评定，并给予价值判断，为学生的自我发展和教师的活动教学改进提供依据。作为活动质量保障体系，"启智视野"——环游系列德育活动课程评价主要采用过程性评价和结果性评价，围绕课堂学习表现、课后作业、访学情况三方面进行，最后进行活动课程综合总评。其中评价维度也依据行为表现、作业情况和活动情况进行细化，分为"优秀、良好、合格、须努力"四个等第，最后进行等第总评，详见表7-4、表7-5、表7-6、表7-7。

表7-4　课堂学习表现评价表

	优秀	良好	合格	须努力	总　评
在课堂中积极主动地参与学习，踊跃发言。					
善于倾听别人的意见，并通过思考，勇于表达自己的见解。					
乐于与他人合作，在小组中，分工合作，完成学习任务。					

表7-5　课后作业评价表

	优秀	良好	合格	须努力	总　评
能按时独立完成作业，并准时交作业。					
态度认真，质量高，书写端正。					
符合作业要求，主题明确，中心突出，能表达自己的想法。					

表7-6　访学情况评价表

	优秀	良好	合格	须努力	总　评
访学前，能搜集好相关资料，做好准备工作。					
访学时，能仔细观察，认真倾听，积极动脑思考，提出问题。					
访学后，能将信息进行归纳、整理，认真完成访学任务单。					

表7-7 综合评价表

	优秀	良好	合格	须努力	总　评	老师的话
课堂学习表现						
课后作业表现						
访学情况						

三、活动育人:"启智理财"——金贝贝学经济系列德育活动课程的实践与评价

在校园中我们精心设计、组织开展主题明确、内容丰富、形式多样、吸引力强的德育活动,始终以鲜明正确的价值导向引导学生,用积极向上的力量激励学生,促进学生形成良好的思想品德和行为习惯。

学生的价值取向,是其终身发展和社会发展需要的必备品格和关键能力,"启智理财"——金贝贝学经济系列德育活动课程正是为此设计的一门德育校本课程,结合一些学生触及的经济活动,让学生在活动中能够较为理性地认识与经济相关的现象与问题,寻找并发现适合自己的理财方案,养成良好的记账、阅读习惯,做行为较为理性的未来理财人。

(一)"启智理财"——金贝贝学经济系列德育活动课程的实践操作

考虑到学习对象的年龄结构与身心发展特点,本课程选用一些生活中常见的问题为切入点,深入浅出地阐释经济学的有关理论,比如价值规律、通货膨胀等。但是真正在教学实施的过程中不是直接阐释这些专业术语,而是通过现象引发讨论,让学生逐渐意识到专业术语背后的经济规律。一些发散性的问题,也在课上摆出来,让学生根据他们的生活经验加以分析研究,比如促销、失业、信用卡使用等。还有一些实践性较强的问题,可以让学生走出校门,开展实地考察,体验调查、统计、分析的方法。

(二)"启智理财"——金贝贝学经济系列德育活动课程的评价标准

1.评价的原则

(1)注重学习的过程性评价。

(2)学生自评、互评与教师评价结合。

2. 评价的方法

(1) 学生对自己参与活动的自主评价。主要从以下三个方面进行：

① 对本次主题活动兴趣的程度：没有兴趣；兴趣一般；很有兴趣。

② 对本次主题活动任务单的完成情况：完成任务单需要大人帮助；基本由自己独立完成任务单；自己顺利地独立完成任务单。

③ 本次主题活动自己的收获。

(2) 教师对学生参与主题活动的参与度与活动效果进行评价。主要从以下四个方面进行：

① 对学生课堂参与度的评价：积极参与课堂活动；有时能参与课堂活动；较少参与课堂活动。（注：可以从学生举手发言、对其他学生的发言进行质疑或者补充等行为表现作为参与课堂活动的积极性评价依据）

② 对学生课外实践活动的评价：能够独立完成任务单，并且有自己的独特方法或见解；能够完成任务单；能够在大人的帮助下完成任务单。

③ 对学生独立思维的评价：能够经常提出自己的独立见解和看法，能够经常对同学的发言进行补充或者质疑；有时能够提出自己的独立见解和看法，对同学的发言进行补充和质疑；较少能够提出自己的独立见解和看法，较少能够对同学的发言进行补充和质疑。

④ 对学生团队合作能力的评价：总能认真倾听他人的发言，尊重他人，能与人顺利地合作完成小组任务；大多数情况下能认真倾听他人的发言，尊重他人，能与人比较顺利地合作完成小组任务；对他人的发言不能做到认真倾听，小组合作任务经常出现障碍。

案例 7-2　　"举办一次义卖会"单元教学设计

1. 单元课程目标

(1) 通过对义卖活动方案的设计、实施、反思、调整，体验团队合作、计划先行的规则意识。

(2) 尝试通过不同的办法搜集同类义卖商品相关信息，通过信息的分享、交流、分析,做出合理的选择或决策,锻炼学生的信息搜集与处理、问题分析与解决能力。

(3) 通过参与体验竞卖慈善公益活动,培养学生的财经素养与美好品德。

2. 单元课程内容

阶段	活动内容	活　动　目　标
准备阶段	设计团队义卖方案	1. 通过团队交流、讨论,明确义卖活动的主要环节,以及需要考虑的关键要素。 2. 团队交流、讨论,选择义卖产品形成方式,明确成员责任分工。
	修改完善方案	1. 搜集义卖产品相关信息,根据搜集到的信息内容,进一步细化完善方案。 2. 参考义卖产品细化方式,对义卖活动方案进行细化、修改、完善。
执行阶段	准备义卖物品	1. 能根据方案准备义卖物品,并做好实施记录。 2. 能给义卖物品合理定价。
	实施义卖	1. 能根据义卖方案开展义卖活动。 2. 能做好义卖情况记录。
收尾阶段	义卖小结	1. 能准确统计义卖情况。 2. 能根据统计数据,对义卖收支情况进行简单的分析。
	完成捐赠	1. 能参与捐赠仪式。 2. 能评价、交流分享活动感受或收获。

3. 单元课程实施

将"举办一次义卖会"单元活动内容中三个不同阶段的六项内容作为矩阵图的纵列,以单元教学目标对应的四项核心要素为横列,创建单元课程矩阵图。从矩阵图上可以更方便地看到,在准备阶段,设计义卖方案和修改方案时,学生的团队合作精神显得尤为重要,从整张矩阵图来看,这一模块对目标的支持度大多具有关键性的支持作用;而到了收尾阶段,活动课程内容对"人文情怀"和"责任担当"这两个素养仍具有相当大的影响力,而课程探究和解决问题就显得不那么迫切。

内容 \ 目标		人文情怀		责任担当		勇于探究		问题解决	
		以人为本	关心他人	热心公益	团队合作	信息搜索	信息处理	问题分析	设计方案
准备阶段	设计团队义卖方案	4	3	3	4	3	3	4	4
	修改完善方案	4	3	2	3	3	3	4	4
执行阶段	准备义卖物品	4	2	4	4	2	2	3	4
	实施义卖	4	3	4	4	3	3	3	3
收尾阶段	义卖小结	3	2	3	2	3	3	4	3
	完成捐赠	4	4	4	3	1	1	1	1

情境任务1:准备阶段

学习活动1:设计团队义卖方案。

学习活动2:修改完善方案。

情境任务2:执行阶段

学习活动1:准备义卖物品。

学习活动2:实施义卖。

情境任务3:收尾阶段

学习活动1:义卖小结。

学习活动2:完成捐赠。

4. 单元课程评价

评价指标	规则意识		关　键　技　能			
	认同行动有计划	团队合作能参与	信息收集注来源	信息处理不遗漏	遇到问题会分析	解决问题能商议
互评1	☆☆☆	☆☆☆	☆☆☆	☆☆☆	☆☆☆	☆☆☆
互评2	☆☆☆	☆☆☆	☆☆☆	☆☆☆	☆☆☆	☆☆☆
自评	☆☆☆	☆☆☆	☆☆☆	☆☆☆	☆☆☆	☆☆☆
一句话评价	互评1： 互评2： 自评：					

四、实践育人:"启智地图"德育活动课程的实践与评价

德育活动需要让学生在充分的实践中获得教育。我校"启智地图"德育活动课程引导学生深入校外各个场馆、社会上的各类实践基地开展活动。学生围绕主题设计活动和学习任务，通过各类活动丰富学习经历，在"做中学"，感受、体验与探索真实世界，满足好奇心和发展需求，为后续学习和终身发展奠定基础。

以学校为核心进行区域划分，绘制"启智地图"，形成若干"启智地图"课程方案，整合区域红色、教育、文娱、体锻等实践资源，进行课堂教学或开展教育活动，使德育活动课能充分利用社区资源，为学生就近开展实践活动提供便利，实现组织教育、自主教育、实践教育相统一。

(一)"启智地图"德育活动课程的实践操作

1. 探询学校周围的场所，构建"二中心启智地图"，见图7-5。

2. 设置相关主题项目。根据学生年龄特点，配合学校周边的人文教学资源，依托黄浦区"一大会址"等红色教育资源聚集的特色，打造出校内校外、课内课外、线上线下联动链接的"启智地图"德育活动课程。我们在课程中设置了"走近名人故居（历史）""神秘的老宾馆（欧洲建筑）""探'书房'闻书香（文化）""亲近时尚文化（传统—创新）""优雅的复兴公园（欧洲园林）""'坊'和'里'的探究（旧时里弄）""繁荣的淮海路（商业）"7个主题的内容，详见表7-8。

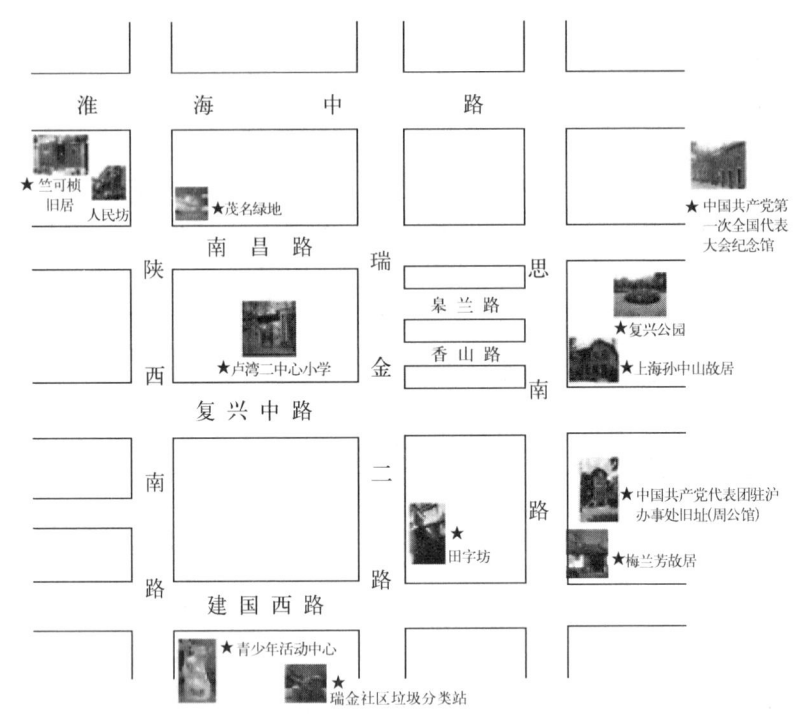

图 7-5 卢湾二中心小学德育活动课程"启智地图"

表 7-8 "启智地图"课程资源表

"启智地图"主题	适用年级	项 目 名 称	相关资源地点
走近名人故居	四年级	魅力京剧	梅兰芳故居
		中国共产党的历史	中国共产党第一次全国代表大会纪念馆
	五年级	国父——孙中山	上海孙中山故居纪念馆
		科学家在我们身边	竺可桢旧居
		为中华之崛起	中共代表团驻沪办事处旧址纪念馆（周公馆）
神秘的老宾馆	一年级	图画作业：绿	复兴公园
	三年级	老洋房的故事	瑞金宾馆

续 表

"启智地图"主题	适用年级	项 目 名 称	相关资源地点
探"书房"闻书香	一年级	我的校园地图	学校
	三年级	少儿图书馆藏书小探究	明复图书馆
		书香满"路"	绍兴路
亲近时尚文化	二年级	游泳池的安全工作	鲁班游泳池
	三年级	活动中心的设施	黄浦区青少年科技活动中心
		垃圾分类小调查	瑞金社区垃圾分类站
	五年级	我的小创造	田字坊
优雅的复兴公园	一年级	秋游任务单	秋游场地
	二年级	各式各样的活动秩序	街道社区活动中心
"坊"和"里"的探究	三年级	我眼中的弄堂	老式弄堂
	四年级	石库门的故事	人民坊
繁荣的淮海路	一年级	邮电局的工作	中国邮政（卢湾支局）
	二年级	环保小卫士	茂名南路 淮海中路
	三年级	我的购物清单	好德超市
	四年级	淮海路的高雅	淮海中路

由于上述资源都在学校周边，学校在制作地图后，立即与表中单位签订了"课程资源开发项目合作协议书"，书中明确了合作单位的权利和义务，为德育活动的实施提供了长效的保障。为充分体验本课程的开拓性，学科教师按照任教年级，在教学中选择适合本班的课程教学资源，根据项目实施行动路线完成项目任务书。

3. 制定项目实施的行动路线。"启智地图"德育活动课程的项目实施分七个步骤进行：聊一聊→走一走→说一说→听一听→查一查→画一画→写一写。每一步骤的具体行动路线是：

(1)聊一聊——教师给出地图；学生分小组选定一项作为研究对象，并说说理由。

(2)走一走——教师带队，依据课程内容和小组讨论，形成项目任务单；学生参观课程资源地，收集表象资料，及时记下新的发现。

(3)说一说——学生在课程资源地进行小组交流；课程资源地的专业教师帮助学生丰富地图的表象资料。

(4)听一听——教师从学生的交流中挖掘人文内容，给予启发性的提示；学生继续思考可以了解人文景观的哪些内容。

(5)查一查——学生利用互联网有效收集人文景观资料并整理。

(6)画一画——学生设计相关艺术作品。

(7)写一写——学生完成项目任务单。

(二)"启智地图"德育活动课程的评价标准

1. 评价原则。具体如下：

(1)评价方式多元化：学生学习的过程性评价及结果评价相结合。

(2)评价主体多元化：学生自评、学生互评、教师评价与家长评价相结合。

2. 评价方法。具体如下：

(1)学生对自我态度及表现的评价。主要从以下四个方面进行评价：

① 对本次主题活动的投入程度：不投入；比较投入；非常投入。

② 本次主题活动中小组展示的情况：基本没有参与小组展示；能完成小组内分配的工作；能领导小组成员，并取得出色成果。

③ 本次主题活动的课后任务完成情况：需要借助他人帮助才能完成；独立完成基础部分；独立完成且有创意。

④ 参与本次主题活动后自己的思想变化：没什么感悟和变化；比较有感触；深受感动，为中国的伟大复兴而骄傲。

(2)教师对学生参与主题活动的综合表现评价。主要从以下三个方面进行评价：

① 对学生活动态度的评价：对主题活动参与度不高，没有积极性，不能认真

聆听教师或同学的发言；能完成教师布置的任务，有一定参与度，主动思考提问次数较少；积极性非常高，踊跃参与并经常能提出新的想法。

② 对学生团队精神的评价：没有主动性，不愿意参与讨论，也不能完成自己分内的任务；能配合小组成员，适时说出想法，认真完成自己的任务；有出色的领导力和逻辑能力，可以发起讨论并归纳出小组想法，能根据不同成员的能力性格分配不同任务，带领组员朝共同的目标前进。

③ 对学生课后任务的评价：学生没能独立自主完成课后任务；学生能完成课后任务；学生能够出色地完成任务单，并且极具创意，可以反映出他的所思所想。

（3）同学对伙伴此次主题活动表现的评价。主要从以下两个方面进行：

① 对伙伴小组合作的评价：不太合作，对小组工作不上心；能认真完成交给的任务；是个优秀的小组长，带领大家打破陈规，进行了精彩的展示，大家合作得很开心。

② 对伙伴最终成果的评价：没有完成；完成了，中规中矩；很喜欢他的成果，非常有意思，很有特色。

（4）家长对孩子此次主题活动表现的评价。主要从以下两个方面进行：

① 对孩子作业成果的评价：需要我帮忙一起完成，希望孩子下次可以继续努力；孩子可以自己独立完成作业；孩子非常喜欢这次任务，完成得很出色，很有创意。

② 对孩子思想变化的评价：孩子对于这次主题活动没什么心得体会；孩子对于这次主题活动比较有感触；孩子很满意这次主题活动，深有感触，长大了不少。

案例 7-3　　"走近孙中山先生"单元教学设计

1. 单元课程目标

（1）学生通过准备阶段的资料收集、任务单制定、参观路线规划等活动，能提高团队合作能力，培养信息意识，增强逻辑思维。

（2）学生在参观孙中山故居的过程中，通过馆内专业人员的讲解及带队老师的点评，能开阔视野，积累人文知识，并通过小组展示锻炼语言表达能力。

(3) 学生在参观完毕后,通过绘制伟人形象及完成任务单,能激发爱国情怀,学会反思。

2. 单元课程内容

阶段	活动内容	活动目标
准备阶段	收集生平资料	1. 学生通过投票、讨论等形式能决定此次项目活动的目的地。 2. 教师分配好不同主题的任务;学生进行小组组队,每组能根据认领的不同任务进行网上相关资料的搜寻。 3. 小组内分工合作,准备好参观时的小组展示内容。
	定项目任务单	1. 学生能根据讨论结果与教师一起制定项目任务单。 2. 学生能根据任务单及场馆实地情况制定合理的参观路线图。
参观阶段	聆听馆内讲解	1. 学生能带着问题仔细参观孙中山故居。 2. 学生能认真聆听馆内专业老师的讲解,并结合自己的调查资料进行反思。
	进行小组展示	1. 学生能与组内成员合作,完成小组展示。 2. 学生能在其他小组展示时认真听。
	聆听老师点评	学生能从带队老师的点评中对孙中山先生感悟更多,并进行深入思考。
展望阶段	绘画伟人形象	1. 学生通过参观后能把心目中的孙中山先生的形象描绘在画纸上。 2. 学生能把画作与家人进行分享,并讲述在馆内的所见所思。
	做项目任务单	1. 学生能独立完成项目任务单。 2. 通过班内分享,学生能完善自己的任务单。

3. 单元课程实施

"走近孙中山先生"隶属于"启智地图"德育活动课程中的"走近名

人故居"主题,面向小学高年级的五年级学生。本单元三个阶段的七个活动构成纵列,学生需要达成的五个核心素养构成横列,形成单元课程矩阵图。

内容	目标	人文底蕴		科学精神		学会学习		责任担当		实践创新
		人文积淀	人文情怀	理性思维	勇于探究	勤于反思	信息意识	社会责任	国家认同	问题解决
准备阶段	收集生平资料	4	3	3	3	2	4	4	3	1
	定项目任务单	2	2	3	2	1	1	4	2	2
参观阶段	聆听馆内讲解	4	4	3	4	3	1	1	4	3
	进行小组展示	4	4	4	2	3	1	3	4	1
	聆听老师点评	4	4	4	2	4	1	1	4	1
展望阶段	绘画伟人形象	4	4	2	2	2	1	1	4	4
	做项目任务单	4	4	4	4	4	4	2	4	4

情境任务1:准备阶段

学习活动1:收集生平资料。

学习活动2:定项目任务单。

情境任务2:参观阶段

学习活动1:聆听馆内讲解。

学习活动2:进行小组展示。

学习活动3:聆听带队老师的点评,并深入思考。

情境任务3:展望阶段

学习活动1:绘画伟人形象。

学习活动2:做项目任务单。

4. 单元课程评价

	自我态度		能力结果		
	专业讲解 认真聆听	组内工作 认真完成	小组展示 精彩深入	伟人画像 形象生动	做任务单 极具创意
学生自评	☆☆☆	☆☆☆	☆☆☆	☆☆☆	☆☆☆
同学互评	☆☆☆	☆☆☆	☆☆☆	☆☆☆	☆☆☆
老师评价	☆☆☆	☆☆☆	☆☆☆	☆☆☆	☆☆☆
家长评价	☆☆☆	☆☆☆	☆☆☆	☆☆☆	☆☆☆
点评	学生自评： 同学互评： 老师评价： 家长评价：				

（案例提供者：上海市黄浦区卢湾二中心小学　任吉星）

五、协同育人："启智足迹"——"智慧成长30事"的实践与评价

《中小学德育工作指南》中提到：要积极争取家庭、社会共同参与和支持学校德育工作，引导家长注重家庭、注重家教、注重家风，营造积极向上的良好社会氛围。"智慧成长30事"德育活动正是这样一系列特别注重融合家校社一体的德育活动。

（一）"启智足迹"——"智慧成长30事"德育活动课程实践操作

"智慧成长30事"德育活动课程围绕六个大类：语言表达类、动手制作类、文化积淀类、科学探究类、家庭礼仪类、社会实践类，整合语文、自然、美术、少先队活动等多个学科及活动，设计了二中心学生在小学要完成的30件事，让学生在整个小学生涯中实实在在做事，学会做人，留下足迹，形成智慧。

各年级学生在班主任和学科教师的德育活动课程指导下，一年中完成相应的6件事，并邀请家长、邻居、朋友等不同的社会角色参与到学生学习的评价中。将德育活动课程的空间由校内转向校外，通过校内学习——校外实践的途径，帮助学生将学校与家庭、社会相连接，将书本与现实相联通，达到学以致用、丰富

经历、提升感悟的课程活动课程目标。

(二)"启智足迹"——"智慧成长 30 事"德育活动课程评价标准

该项目的德育活动设计者在制定对学生的评价方案时,注重评价的目的是帮助教育者比较全面、深入地理解学生知道什么、可以做什么。通过评价让学生体验成功,用评价引领学习。评价内容要结合本活动的特点,凸显的育人导向。

评价方式包括过程性评价、阶梯性评价和激励性评价:

1. 过程性评价。注重"30 事"的学习和实施过程中学生的各方面表现,注重学生知识的获得和运用、能力的发展、情感态度价值观的表现。

2. 阶梯性评价。完成相应的任务,将获得"大拇指章"肯定,表现出色的将获得"皇冠章"的肯定,累计获得一定数量的"皇冠章"的学生还将被授予我校"智慧之星"的殊荣。

3. 激励式评价。"智慧成长 30 事"中表现有进步即获得 STAR 章、淘淘丫丫贴纸的鼓励。淘淘丫丫表扬信,随时肯定学生在德育课程中的出色表现。

案例 7-4　"写给父母的一封毕业感言信"单元教学设计

1. 单元课程目标

（1）给父母写一封"毕业感言信",能在信中回忆父母对自己的关心和爱护,有感恩父母的愿望。

（2）了解自己的现状,并对自己的未来中学生活有明确的目标,并愿意通过自己的努力达成。

（3）语句通顺连贯,用词丰富,描写生动,能准确表达自己想对父母说的话。

2. 单元课程内容

整个单元中老师首先带动同学们共同回忆父母对自己的关心和爱护,并交流各自的理想。接下去,老师指导学生为父母写一封"毕业感言信",能在信中回忆父母对自己的关心和爱护,对自己的将来有明确的目标,并愿意通过自己的努力达成。在给父母的毕业感言信写完之后,在班中交流，并与大家分享父母给自己的回信。征得学生的意愿后，有条件的班级可以在壁报上对信进行展示、交流，并完成评价和总结。

3. 单元课程实施

本课程的实施时间是在五年级的第二学期，抓准了学生即将要毕业的时机，对他们进行理想信念教育及感恩教育，所以对应的核心素养中"责任担当"这一块最为吃重。而"学会学习"则侧重于学生对自己的学习状况有正确的认识，具有可操作性。值得一提的是，在这个单元的课程矩阵图中，我们发现还有一项核心素养，要学生达成目标持续行动力，要让学生明白，信上所写并不是泛泛而谈，有了理想是要依靠持久的行动力去推动才能达成的。

内容＼目标	责任担当		学会学习			健康生活
	有意愿为建设社会出力	有感恩之心	理解学习的价值	了解自己学习状态	有积极学习的态度	具有达成目标的持续行动力
情境感悟	4	4	2	3	3	1
学写家信	4	4	3	3	4	3
交流互评	4	4	4	3	2	4

情境任务1：情境感悟

学习活动1：闪回小学生活，思考：除了这些重要时刻，父母还在何时何地默默支持。

学习活动2：交流感言与规划未来生活。

情境任务2：学写家信

学习活动1：小组讨论，罗列提纲。

学习活动2：书写邮寄，与父母互动。

情境任务 3：交流互评

学习活动 1：读信讨论。

学习活动 2：布置壁报并互评。

4. 单元课程评价

评价内容		评价	自评	同学互评	师评	家长感言
品质	感恩	对父母充满感恩之情，能在信中回忆父母对自己的关心和爱护，有愿望要去回报父母。				
	理想	对自己的将来有明确的目标，并愿意通过自己的努力达成。				
能力	写作	语句通顺连贯，用词丰富，描写生动，能准确表达自己想对父母说的话。				
	格式	写信格式完全正确，能正确书写信封。				
	书写	字迹端正、整洁，字与字之间距离相等，无错别字。				

六、管理育人：做有"智慧"的教育工作者

在学校的德育活动课程实施中，学校严格落实管理育人，把规范管理的严格要求和春风化雨、润物无声的教育方式结合起来，完善校规校纪，健全自律公约，加强法治教育，全面推进依法治教，促进教育治理体系和治理能力现代化，强化科学管理对道德涵育的保障功能，大力营造治理有方、管理到位、风清气正的育人环境。我校实施的管理措施：

1. 价值管理，全面加强党建。在党支部的坚实保障下，践行办学理念，落实立德树人根本任务，突出德育实效，坚持五育并举，为加快推进教育现代化、建设教育强国，培养德智体美劳全面发展的建设者和接班人。

2. 文化管理，全面提升品位。树立"环境即课程、生活即教育"理念，大力

推进以育人为导向的学校文化建设。秉承学校务本传统，体现学校"启智"德育特色，塑造二中心"启智育人"品牌形象。

3. 制度管理，全面提升效能。加强现代学校制度建设，明确学校制度价值取向，建立依法治校的管理机制，实行目标责任制，建立科学管理模式，提升管理水平、调整管理职能、将小学德育工作的要求贯穿于学校管理制度的每一个细节之中。

4. 激励管理，全面考核制度。利用激励管理，通过目标激励、文化激励、榜样激励、信任激励以及精神和物质激励提高学校管理效能，加强师德师风建设。培育、宣传师德标兵、教学骨干和优秀班主任、德育工作者等先进典型，引导教师争做"四有"好教师。实行师德"一票否决制"，把师德表现作为教师资格注册、年度考核、职务（职称）评审、岗位聘用、评优奖励的首要标准。优化完善以个人项目和团队学期考核为主的基础性评价、学生（教师、家长）满意度调研为抓手的人文性评价，建设以人为本的高满意度、高质量学校。

我校德育活动课程实施过程中，教师是落实课程的最重要的环节，其中，班主任是全面实施德育课程的关键群体，学科教师也是执行的中坚力量。在实施过程中，教师要不断反思与学习，还可从外界获得各种形式的课程帮助。在课程实施前，可以进行主题统筹，做好各学科间的整合；课程实施中，对项目进行分解，各学科教师分工合作完成教学，提高教师团队的课程执行力；课程实施后，继续进行研究并总结。在学校的德育课程建设中，我们每一位教师都是有前瞻性、善于钻研、勤于思考的有大智慧的德育工作者。

（本章执笔人：上海市黄浦区卢湾二中心小学　谭健）

第八章
文化传达性：学校课程文化的空间培育

哲学和文化都与课程有着密切的关联。在课程设计和实施中，如若摒弃了对文化的关注，缺少了在哲学层面上的思考，就等于放弃了对人的关注，放弃了对儿童的关注。在运用课程坐标进行课程设计时，应使用文化分析模式，凸显其文化传达性，梳理办学理念，发现课程内涵，创设丰富的课程，把获得的价值、态度、规范、动机隐含在学校的"非正式文化的传递"之中，让课程成为一种文化范式。

哲学和文化都与课程有着密切的关联。在课程发展和设计中，如若摒弃了对文化的关注，缺少了在哲学层面上的思考，就等于放弃了对人的关注，放弃了对儿童的关注。课程既是传递知识和技能的途径，也是传播文化的渠道，因此课程的文化性不言而喻。课程与文化的关系有两种，一是课程是传承文化的工具，这是工具化课程观；二是课程本身就是文化，这是文化化的课程观。但不管是哪种关系，课程具有文化性都是不争的事实。因此，我们在运用课程坐标进行课程设计时，可以使用文化分析模式，凸显其文化传达的功能。

特别是在课程观念不断革新的背景下，在对儿童课程的不断探索之中，将"空间"作为课程的观点越来越引起广大研究者的重视，对儿童成长具有潜藏的教育引导作用。"课程核心的内涵是文化"，空间课程是由学校课程理念转化而来的，是将抽象的课程文化具象为看得见的空间文化，是一种隐性课程。

学校在基于儿童核心素养培育的空间课程的开发设计中，通过课程坐标梳理办学理念，发现学校空间的课程内涵，创设丰富的儿童教育空间课程，搭建沉浸式的主题空间、营造浓厚的情境氛围、提供丰富的资源支持，从而推动基于课程坐标横向维度的主题设计与空间创意，达到情感体验和实践价值的统一，使课程坐标彰显课程文化内核。它可以帮助我们深入到学校空间内的潜在课程，研究校园文化的隐性教育功能，把获得的价值、态度、规范、动机隐含在学校的"非正式文化的传递"之中，让课程成为一种文化范式。

学校的空间课程通过学习环境建设、课程整合、资源搭建、主题构建等形成空间课程育人文化，从而凸显空间对于学生的育人功能，让空间赋能儿童的学习。美国教育心理学家罗伯特·格雷泽曾说："有意义的学习并不一定是从单个任务逐渐发展至完成复杂的任务，而往往是在有效的学习环境里才能实现。"我们聚焦以儿童为中心的有效学习空间，以更儿童的方式开展课程教学和学习实践活动。

在学习环境建设上，我们重新审视校园空间价值，规划可利用的校园空间。学习空间的打造不是对原有学习空间的颠覆，而是从空间的视角，对学校原有的学习场域进行改造、延伸和完善，从而为儿童提供更为有力的浸润体验。

在课程的规划上，我校空间课程依据《义务教育课程方案（2022年版）》中的学生培养目标，结合学校"务本尚智"的办学理念，整合空间资源，着眼于核心素养背景下的课程内容。通过打造六大空间即校史空间"务本馆"、科学空间"绿梦树"、体育空间"健趣园"、艺享空间"美立坊"、劳动空间"创智坊"、阅读空间"乐满地",培养学生"德智体美劳"五育融合发展,渗透文化内涵。

课程坐标

创空间课程:走进浸入式文化创享空间

黄浦区卢湾二中心小学是一所环境优美,极富历史底蕴的学校。学校不断探索开发校园空间,创设的空间课程集合了学校多学科教师的参与,涉及语文、数学、英语、音乐、体育、美术、科学、道法、劳动。在校园内,这是一支充满活力,融合了跨学科力量的强大队伍。现依据《义务教育课程方案(2022年版)》对学生的培养目标与学校"务本尚智"的办学理念绘制空间课程坐标。

第一节　凸显文化哲思的空间课程理念

空间课程具有情境浸入性、课堂开发性、学习自主性、资源共享性、育人无痕性的特点,这些特点打破了传统教学在时空、空间上的限制,使教师可以更自如地对课程知识进行积累、重构、提升,促使学生主动学习、体验学习的乐趣,在潜移默化中感受空间课程带来的价值导向、激励赋能、人格塑造、行为规范等多元体验与影响。

一、空间课程观

《义务教育课程方案(2022年版)》强调进一步深化课程改革要坚持创新导向,进一步深化课程的综合属性和时间属性,关注育人方式的变革,着重发展学生的核心素养，聚焦以学生为中心的课程，让作为主体的学生在课程中获得个性发展、多样学习支持、满足他们发展的需求，增加课程的适宜度。随着科学技术的迅猛发展，课程也要顺应时代的潮流，在课程中体现社会新变化、体现时代特性。

随着"以学生为中心"的理念下教师探索课堂教学新模式新方式的深入，校园作为学生学习的主场所，应当紧跟教育改革的步伐，探寻新的改变。学生在学校的活动主要涉及学习求教、交流表达、游戏互动等。对他们而言，最重要的学习活动主要依托课程的形式展开，有别于传统课堂教学的空间课程因其沉浸式的空间体验感、浓厚的情境感、丰富的资源支持感、开放的课堂参与感，为学生带来了别样的学习体验。所以，发展空间课程符合义务教育课程改革的方向和课程建设所坚持的导向。

空间课程服务于学校课程的实施，服务于学生的发展，服务于学校育人目标的实现。空间课程是一种学习空间，但它有别于传统的学科课程，空间课程也是一种隐性课程，它充满了人文关怀和文化内隐性。

学习空间是教与学的桥梁，是提供学习发生所需要的场所及其他过程性支持条件。[1]因此学习不再局限于传统教学空间，它可以发生在更具延展性的场所中。传播学家麦克卢汉认为，借助媒介，可以让个体置身其中。空间作为学生学习的媒介，具有更为真实的情境属性。空间的情境属性为学生在学习中提供了某些线索、背景和支撑，调动了学生原有的认知结构。通过思维的整合，学生在潜移默化中产生新的认知结构，激发自身的积极情绪和学习兴趣。空间课程还激发了学生的学习适应性。由于学生学习能力、学习兴趣、认知范围等内在因素的不同，不同学生对学习资源的需求各不相同，随着学习过程的推进，学生的个性化需求会不断增加，促使学生在学习过程中调整自我，不断尝试并适应学习环境。随着"互联网＋教育""人工智能＋教育"等一系列新型教育模式悄然从知能本位的教学范式转向为素养培育的学习范式，空间课程的学习场域也在发生着新一轮的变革和挑战。

---

1 景玉慧，沈书生. 理解学习空间：概念内涵、本质属性与结构要素［J］. 电化教育研究，2021，42（4）：5—11.

此外，空间课程也是一种隐性课程。学校课程一般由显性课程和隐性课程构成，两者具有相对的概念。《国际课程百科全书》中这样定义了隐性课程："在课程方案和学校计划中没有明确规定的教育结果和实践，但属于学校教育有效的组成部分，可以看作是隐含的、非计划的课程。"[1]

隐性课程蕴藏在学校的各种情境中，可以是学校建筑、人文环境、班级布置等物质形态的。每个校园都有自己独特的校园文化，校园的布局、环境的布置、配套设施的规划不仅为学生提供了学习的场所，也呵护着学生的心灵与成长。它也可以是校园氛围、班级融合、师生情谊等精神形态的。每一所学校都会有自己秉承的办学理念，有的也传承着独有的历史精神。这样的校园文化培养了学生的兴趣爱好和人文素养，也传递着积极的人生观和价值取向。隐性课程还可以走出校园，学生通过走入社会、内外联动、合作探究，激发个人潜能，在社会实践中感受知行合一的重要意义。隐性课程将抽象的物质形态或精神形态的课程具象化为看得见的空间，这就是一种空间课程。无边界的空间课程具有很强的隐蔽性，往往会在学生无意识的耳濡目染中达到教育的效果，让学生在潜移默化中获得预期或非计划中的情感体验。

空间课程无论是被视为学习空间还是隐性课程，我们都可以看到它的独特性，它有激发学生发挥创意才智的魅力，也有洞察创新的前瞻意识。因此基于上述思考，结合学校办学理念，我们提出了"创空间"的理念，并以此为内核开展课程的设计与实施。

《现代汉语词典》中与"创"相关的词语有：创造、开创、创立、创新、创意、创享等。"创空间"关键在于"创"，本质在于以学生为本。"创空间"的课程设计和实施，聚焦以学生为中心的课程。学校通过创立多样的学习空间，让学生在沉浸式的情境空间中，在多元学习资源的支持中，满足发展的需求，深化自主学习和个性发展，学会用创新的视角洞察与分析，培养创意智趣。

二、空间课程理念

"创空间"的理念主要由三个方面构成，一是在浸入式情境中体验创享文化

---

[1] Arieh Lewy. The International Encyclopedia of Curriculum [M]. Oxford: Pergamon Press Ltd, 1991: 15.

的趣味，二是在开放式空间中品鉴师生协同的创智意味，三是在交互式资源中探寻实践发展的创造韵味。"创空间"是隐性的情境体验课程，蕴含了文化内核和认知规律，通过师生协同实践，不断激发学生的能力。

（一）"创空间"即情境体验空间

浸入式情境的创设与学生的现实生活息息相关，让学生从日常生活中去探索文化的魅力，挖掘文化的价值，促使学生感受课程的文化内涵，享受学习的乐趣。

小学阶段的学生由于生理和心理发展并未成熟，对于理性知识的认知往往通过先体验、后认识、再实践这三个步骤实现。这是一个由感性认识逐步上升到理性认识的过程。学校的办学理念、校园文化、空间情境的创设从不同角度反映了价值规范和意识形态。学生在这样的环境体验中，获得感性认识，不断积累经验。这些由学生体验到的文化内核和情感会进一步发展他们的非智力因素，以此激发他们的学习热情，最终提高他们求知的积极性，逐步形成较为系统的认知规律。

（二）"创空间"即师生协同空间

在不局限于空间和时间的空间课程的学习活动中，强调学生为主体的地位，改变了传统教学中以"教师为中心"的教学模式，学生从被动接纳知识转而在教师的指导下互相讨论、交流，成为学习的主动者。这样互相促进，彼此协同的课堂师生关系可以激发学生自主学习的能力，从而解放学生的创意才智。

（三）"创空间"即实践探索空间

空间课程中提供的交互式资源，开拓了学生的视野，让学生逐步从单向个体学习转向为多向集体学习模式，利用资源开展小组讨论，整合资源信息分享交流经验。在实践中，让学生相互影响相互帮助，在营造浓厚学习氛围之际提升个体在群体中的认同感和自信心，增强学习的动力，从而为学生理解知识、运用知识等创造条件。

总之，"创空间"是学生主动参与的课程，渗透了育人理念和创新意识。学生通过空间课程这样一种隐性课程，较容易在相对自由和无压力的环境中尝试更加主动积极地参与课程的学习。学生因而也在潜移默化中得到感化，受到教育，获取知识，提升育人素养，主动得到充分发挥。这样的特性也是激发学生创造性的基础，这样的教学方式对培养学生创新精神和创新能力有着积极的意义。

第二节　基于文化创生的空间课程目标

《义务教育课程方案（2022年版）》在指导思想部分提到坚持德育为先，关注学生德智体美劳全面发展，要提升学生的智育水平，加强体育和美育，落实劳动教育的渗透。在对学生培养目标的界定中提到学生要有理想、有本领、有担当。

"有理想、有本领、有担当"与学校一直秉承的"务本尚智"的办学理念有着相似的内涵。"务本"既是为人处事之道，也是办学之道。对于学生而言，"务本"回归教育本源，致力于美好人性的塑造，它告诉了学生热爱祖国的重要意义，传承优秀中华文化和时代精神是一种理想、一种积极的人生态度。"务本"也探寻着个性发展、践行着温诚勤朴的生活态度和品质，它告诉了学生应具有自信自强、勤劳节俭、奋斗向上的精神状态，遵纪守法、明辨是非的意识观念，团结友好、孝亲敬长的良好品格等责任担当。"尚智"则启示了学生立德修身之真谛、待人接物之道、博问多学之理，它告诉了学生获得乐学善学、勤于思考、具有良好习惯、审美趣味等本领的重要意义。"务本尚智"的办学理念与《义务教育课程方案（2022年版）》对学生的培养目标有着相似的诠释。

一、空间课程总体目标

结合《义务教育课程方案（2022年版）》的指导思想和学校办学理念，空间课程总体目标旨在帮助学生通过课程学习，主动参与课程活动，灵活使用空间学习资源，延展学习的深度和广度；在整合多学科和跨学科的学习资源中，丰富学习经历；开展多元智创的学习活动，培养自主学习和合作沟通的能力，提升思维品质和思维发展。

1. 营造空间氛围。建设多样的学习空间，设置契合空间的环境布置，给予学生浸入式空间体验，激发学生的学习动力和学习兴趣。

2. 融合学科优势。整合多学科和跨学科的课程结构，根据核心素养发展的要求，选择重要的观念、主题和知识内容。在丰富的学习资源支持中，增强课程内容和育人目标的联系。

3. 聚焦智创发展。开展基于校情、学情的多空间课程活动，通过项目学习和主题学习，不断丰富学生的实践体验与学习经历。进一步拓展学生自主创造、合作学习、研究探索等能力。

二、空间课程具体目标

1. 通过打造六大空间即阅读空间"乐满地"、艺享空间"美立坊"、科学空间"绿梦树"、体育空间"健趣园"、劳动空间"创智坊"、校史空间"务本馆"的空间学习,助力学生"德智体美劳"五育融合发展,渗透文化内涵。

2. 通过空间课程的打造,转变传统教与学的模式,引导学生自主创新学习,让学习的过程变得可触、可感、可悟。

3. 汲取信息化和互联网教育资源优势,在选取、理解、分析、筛选、创新等建模过程中,发展学生的逻辑思维、科学素养和信息技术能力。

结合"创空间"课程理念,我们形成了以空间为媒介,以单元为单位的课程目标。以三年级乐满地空间课程单元目标为例,见表8-1。

表8-1 三年级"乐满地"空间课程单元目标

上 学 期	下 学 期
第一单元 1. 能积极阅读有关四季的英语绘本。 2. 能记录阅读笔记,向同伴和他人介绍自己阅读的绘本内容。 3. 在四季变换中,感受自然界的魅力。	第一单元 1. 能积极阅读有关中国节气的英语绘本。 2. 主动与同伴分享有中国节气的英语绘本,并制作推介手册。 3. 感受节气带来的气象农事、传统民俗、文化情趣。
第二单元 1. 能积极利用空间的影音视频和书籍等资源,进一步了解更多有关四季主题的内容。 2. 能制作有关四季的小报或尝试创作主题绘本。 3. 体验季节给生活带来的变化。	第二单元 1. 能利用空间的影音视频和书籍等资源,进一步了解更多有关中国节气的内容。 2. 能制作有关中国节气的小报或尝试创作主题绘本。 3. 跟着节气体验季节的变化,感受中国传统文化的魅力。

第三节 构建文化引领的空间课程架构

学校结合学科特色和教师专长,以"创空间"课程理念为核心,建设了具有指向未来人才需求的空间课程。此外,学校也根据不同年级学生的年龄特点、兴趣爱好、心智发展等,制定了符合学生身心发展规律的"创空间"课程。

一、空间课程结构

"创空间"课程融合了学校原有三类课程和办学特色,以学生的五育发展为培育点,建立了指向学生习惯、能力、修养、勇气、创新、传承六个方面的课程结构,详见图8-1。学校的校史空间"务本馆"给予学生守正创新的信念,科学空间"绿梦园"培养学生科学素养,体育空间"健趣园"激发学生拼搏的勇气,艺享空间"美立坊"聚焦学生艺术修养,劳动空间"创智坊"发展学生创造能力,阅读空间"乐满地"关注学生阅读习惯。

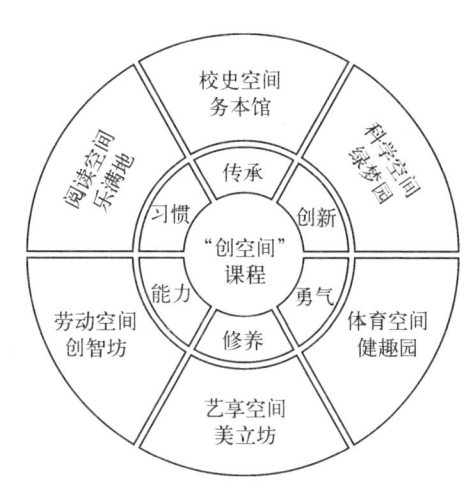

图8-1 "创空间"课程结构图

校史空间"务本馆":传承历史向未来致敬。校史馆通过声、电、光、影、形等新颖模块和展陈形式,让学生与杰出校友实现跨越式交流,坚定理想意志,立志成为有创造才能、为中国特色社会主义现代化努力的一代新人。

科学空间"绿梦园":徜徉在飞升宇宙、探寻自然、逐梦海洋等乐趣中。学生在小实验、小创造、小发明、小项目化的探寻里,探究自然与人、自然与社会、自然与未来、自然与时空的无限可能。

体育空间"健趣园":让学生在有益于身体机能发展的小项目、小锻炼、小游戏中感受体育运动的乐趣,感悟拼搏的体育精神与勇气。在"互联网+"与AI等信息技术的支持下,实现多重体育效能。

艺享空间"美立坊":让艺术成为一种享受。这个空间让学生可以描摹属于自己的梦想,用色彩、器乐,甚至自己的肢体来创设属于自己宣泄情绪、追寻梦想的一种音符、色块和符号。

劳动空间"创智坊":劳动即生存,劳动最光荣。劳动空间可以让学生模拟生活中的场景,通过小技能、小习惯的复现与复刻,获得角色转换的快乐与体验。还可通过生活场景的模拟劳动实践,帮助学生形成指向未来的职业观和价值观。

阅读空间"乐满地"：让阅读成为一种习惯。这个空间让学生自由选择与伟人交流，遨游于中外优秀名著中，在汲取人类文明的优秀遗产的基础上成长为爱思考、有品质的一代新人。阅读空间还可以成为学生思维碰撞的地方，培养学生的品读能力、宣讲能力和创造能力。

二、空间课程坐标

我校的空间课程以空间（学习空间）、师生（师生协同）、情境（文化环境）、资源（资源支持）、素养（育人素养）的"空间课程五维设计"，打造了六大空间：即校史空间"务本馆"、科学空间"绿梦园"、体育空间"健趣园"、艺享空间"美立坊"、劳动空间"创智坊"、阅读空间"乐满地"，既链接了国家课程，也融合了校本特色。以学生为中心，让空间赋能儿童学习，详见图8-2。

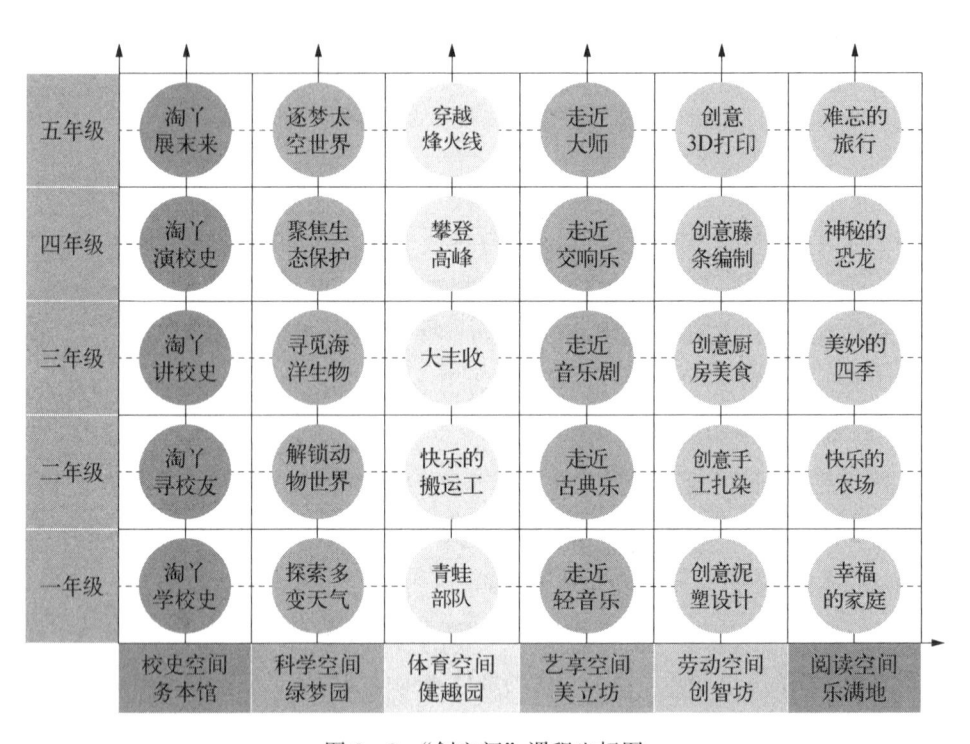

	校史空间 务本馆	科学空间 绿梦园	体育空间 健趣园	艺享空间 美立坊	劳动空间 创智坊	阅读空间 乐满地
五年级	淘丫展未来	逐梦太空世界	穿越烽火线	走近大师	创意3D打印	难忘的旅行
四年级	淘丫演校史	聚焦生态保护	攀登高峰	走近交响乐	创意藤条编制	神秘的恐龙
三年级	淘丫讲校史	寻觅海洋生物	大丰收	走近音乐剧	创意厨房美食	美妙的四季
二年级	淘丫寻校友	解锁动物世界	快乐的搬运工	走近古典乐	创意手工扎染	快乐的农场
一年级	淘丫学校史	探索多变天气	青蛙部队	走近轻音乐	创意泥塑设计	幸福的家庭

图8-2 "创空间"课程坐标图

每一空间在五个年段各设有不同的主题，主题的设定考虑了学生的年龄特点、学习兴趣和能力范围。在课程的时间上打通了以往的课时限制，每一个主题学习项目横跨学生一整个学段。在主题学习项目引领下，涉及多门基础型学科知识和技能的运用,通过学生完成任务的过程,培养能力,建构知识系统,感受主题学习项目所带来的文化内涵。

例如:体育空间"健趣园"的主题学习项目之一"穿越烽火线",就为学生搭建了一个"硝烟四起的战场"。在学习项目中,学生需要整合数学与体育的内容,他们既要运用数学知识快速算出通过时间,又要在团队合力中突破重重障碍成功突围。这中间也包含了学生团队合作的能力,让学生感受到了"不抛弃不放弃"的体育拼搏精神。

三、空间课程矩阵

我校"创空间"课程基于六大空间,开设了聚焦守正创新信念的校史空间"务本馆",关注学生科学素养的科学空间"绿梦园",激发学生拼搏勇气的体育空间"健趣园",提升学生艺术修养的艺享空间"美立坊",发展学生创造能力的劳动空间"创智坊",培养学生阅读素养的阅读空间"乐满地"。以校史空间"务本馆"为例,构建了以课程目标为横列,以课程内容为纵列的中观课程矩阵图。

目标 内容	利用空间资源自主学习提升的能力	与同伴合作学习的能力	能感受空间带来的文化情感体验
淘丫学校史	1	2	3
淘丫寻校友	2	2	3
淘丫讲校史	3	3	4
淘丫演校史	3	4	4
淘丫展未来	4	4	4

图8-3 校史空间"务本馆"课程矩阵图

校史空间"务本馆"包括五个主题的学习内容,分别是"淘丫学校史""淘丫寻校友""淘丫讲校史""淘丫演校史""淘丫展未来"。通过对课程目标和课程内容的分析,每个主题对达成课程目标的支持程度各不相同,对学生能力和情感态度价值观的培养也各有侧重。如五年级"淘丫展未来"主题,对学生能利用空间资源提升自我的学习能力、团队合作能力、感受文化内涵的能力起到了关键支持的作用，因此赋值4分。由于一年级的学生是初始年段，他们能利用空间资源、团队协作和情感体验的能力还不足，因此赋值1分。随着学习的深入，这三个方面的比重越来越大，赋值也就随之增加。

由此可见，本坐标矩阵不仅体现了课程目标与课程内容的关联程度，也充分体现出课程动态推进的过程，有利于教师制定合理的教学计划和评价方案。

第四节　注重文化体验的空间课程实施

在空间课程实施的过程中，关注素养导向，聚焦对学生价值观、必备品格和关键能力的评价。强调学生自我评价和反思的能力，引导学生运用评价改进自己的学习态度和学习方法。因此，"创空间"通过课堂教学、社团活动、校园节日、个别指导、项目学习五个途径，展开了课程实施与评价。

一、空间课程与课堂教学

（一）"创课堂"的实践操作

"创课堂"的教学通过环境创设、资源支持和师生协同打造课程学习空间。以"环境创设+资源支持"激发学生于浸入式学习空间学习的兴趣；以"师生协同+资源支持"发展学生利用空间资源展开合作学习与自主学习；以"师生协同+环境创设"帮助学生从空间中获得人文素养和情感体验。通过多元主体和表现性评价，观测学生的空间学习成效。

（二）"创课堂"的评价标准

《义务教育课程方案（2022年版）》提出："加强知行合一、学思结合，倡导'做中学''用中学''创中学'。"[1]"创课堂"积极践行将课堂与学生实践密切融合，创设了丰富的主题实践活动，让学生在真实的探究学习中学有所思，学有所获。教师通过表现性任务的设计与实施，将评价融入空间课程的课堂教学中。我们从学生参与空间学习的兴趣度，利用空间资源展开合作学习与自主学习度和从空间中获得人文素养和情感体验度三个方面进行评价。

1　中华人民共和国教育部. 义务教育课程方案（2022年版）[S]. 北京：北京师范大学出版社，2022：5.

表8-2 "创课堂"教学评价标准

评 价 维 度	评 价 标 准		评 价 主 体
参与空间学习的兴趣度	能参与空间课程的学习	☆	自评
	能积极参与空间课程的学习，有浓郁的探索兴趣	☆☆	
利用空间资源展开合作学习与自主学习度	愿意利用空间资源展开学习并有成果展示	☆	自评 他评 师评
	能自主尝试和积极利用空间资源研究探索并能和同伴合作学习，并有较为显著的成果展示	☆☆	
获得人文素养和情感体验度	能感受空间课程带来的情感体验	☆	自评 师评
	能体悟空间课程带来的育人意义和文化内核	☆☆	

"创课堂"教学评价制度以学生为中心，遵循学生身心发展规律和教育规律。"创课堂"也关注创新评价方式的运用，对学生学习过程进行分析与记录，强调评价的总结、反思和改进的意识与能力，聚焦动手实践、作品呈现、汇报展示等多种方式的综合运用，关注学生的行为表现，推进表现性评价，同时利用课程矩阵来优化"创课堂"。

案例8-1　　"创课堂"之"美妙的四季"课程设计

我校积极打造空间课程，通过建设六大空间即阅读空间"乐满地"、艺享空间"美立坊"、科学空间"绿梦园"、体育空间"健趣园"、劳动空间"创智坊"、校史空间"务本馆"的学习空间，助力学生"德智体美劳"五育全面发展，渗透文化内核。同时，转变传统教与学的模式，引导学生自主创新学习，让学习的过程变得可触、可感、可悟。此外，该课程也充分汲取了信息化和互联网教育资源优势，在选取、理解、分析、筛选、创新等建模过程中，发展学生的逻辑思维、科学素养和信息技术能力。结合"创空间"课程理念，以坐标图中三年级阅读空间"乐满地"中的"美妙的四季"课程为例，构建了以课程目标为横列，课程内容为纵列的"课程矩阵"图。

内容＼目标	空间的文化传递		空间的信息赋能		空间的学习变革		空间的思维创新	
	文化建构	文化体验	资源利用	信息筛选	学习方式	学习评价	思维品质	思维能力
绘本中的四季	4	2	2	1	2	3	3	3
古诗词中的四季	4	3	3	2	3	3	2	2
节气中的四季	4	4	3	4	3	3	3	3
我眼中的四季	4	4	3	4	3	4	3	3

阅读空间"乐满地"之"美妙的四季"课程矩阵图

结合《义务教育课程方案（2022年版）》的指导思想和学校办学理念，学生应通过本课程的学习，主动参与课程活动，体验和建构文化内核；灵活使用空间学习资源，延展学习的深度和广度；在整合多学科和跨学科的学习资源中，丰富学生学习的经历；开展多元智创的学习活动，培养学生自主学习和合作沟通的能力，提升思维发展和思维品质。因此，我校的阅读空间"乐满地"的课程目标从"空间的文化传递""空间的信息赋能""空间的学习变革""空间的思维创新"四个层面展开设定。

课程为学生带来的文化建构和文化体验体现了空间的文化传递性的影响；学生就资源利用的情况和信息筛选的能力体现了空间的信息赋能效果；学生学习方式和学习评价的变革体现了空间的学习变革的历程；学生思维品质和思维能力的提升体现了空间思维创新的变革。

本空间课程包含四个课程模块：绘本中的四季、古诗词中的四季、节气中的四季和我眼中的四季。通过对课程目标和课程内容的分析，每一个模块的课程对课程目标的支持度各不相同，每一个模块的核心素养也各有侧重。因此我们根据不同模块不同内容，为"课程矩阵"中的目标进行了赋分。如四个模块分别从中西方绘本、中国传统古诗词、极具中国特色的二十四节气对四季进行了深入了解与探索，这对学生文化的建构具有极强的影响力，因此赋值4分。模块一"绘本中的四季"，让学生通过独立的绘本阅读，在观察、比较、提取中找寻四季特征，再通过小组合作完成对四季绘本的制作，因此我们对空间的学习评价和思维品质与能力赋值3分。模块二"古诗词中的四季"，需要搜集有关四季的古诗词并进行阅读，学生在感悟、学习和理解中，完成对古诗词的吟诵，这对学生的资源利用和学习评价有较高的要求，因此这两个部分赋值3分。模块三"节气中的四季"，需要学生搜集大量有关中国传统二十四节气的资料，并在欣赏有关二十四节气的影音作品中，经过信息筛选，制作一份关于节气的自然笔记。这对学生资源利用和学习评价有较高的要求，因此这两个部分赋值3分。模块四"我眼中的四季"是以小组汇报的形式，在学习了以上三个模块的内容后，进一步探索并呈现对四季的认识，感受四季的美妙。这是一个对各方面综合能力都有较高要求的模块，学生需要有效利用空间资源，在与同伴的合作共建中完成对四季的介绍。因此在学生资源利用、信息筛选和学习评价方面赋值4分，其余方面赋值3分。

1. 对应"美妙的四季"课程矩阵的实践诊断

根据"课程矩阵"图，我们精心设计了课堂活动，见下图。

模块与主题	活 动 任 务
模块一 绘本中的四季	任务一：读一读关于四季的绘本
	任务二：找一找并记录四季的特征
	任务三：制作一份四季绘本

续 表

模块与主题	活 动 任 务
模块二 古诗词中的四季	任务一：阅读关于四季的古诗词
	任务二：交流喜欢的古诗词
	任务三：吟诵一首关于四季的古诗词
模块三 节气中的四季	任务一：搜集并阅读有关二十四节气的资料
	任务二：欣赏有关二十四节气的影音作品
	任务三：制作二十四节气的自然笔记
模块四 我眼中的四季	任务：成果汇报——我眼中的四季

阅读空间"乐满地"之"美妙的四季"课程内容结构图

然而，在课程实施的过程中，出现了学生的表现没有达到"课程矩阵"标准的现象。

比如模块一"绘本中的四季"，学生需要在阅读空间中阅读有关四季的中英文绘本，并在观察、比较和分析中记录四季的特征。通过反馈我们发现，学生对四季特征的记录是比较片面的，在学习方法上有一定的缺失。这也导致了学生并不能较好地完成模块最后需要独立完成一份有关四季的绘本任务。

模块二"古诗词中的四季"，需要学生搜集并阅读有关四季的中国古诗词。然而在实施中，我们发现虽然三年级的学生已具备一定的古诗词学习经历，但在古诗词的理解和情感的把握上仍有不小的缺失，导致学生在文化的建构和体验上达不到 4 分的标准，在对空间资源的利用和信息的筛选上也达不到相应的标准。

模块三"节气中的四季"，需要学生走近中国传统的二十四节气。但在实际学习过程中，因为二十四节气距离学生们的生活较远，许多学生会停留在死记硬背的层面,缺少相应的了解和知识的拓展,因此在文化的建构和体验上打折扣,并且在学习方式和评价方面也没有达到相应的标准。

模块四"我眼中的四季"需要学生以小组的方式呈现对四季这一主题的介绍和诠释。在实施过程中,大部分小组仍然较多以PPT、海报和笔记的方式展示成果,并没有很好地体现自己在学习中的思维性和探索性。

我们就此分析了原因,发现主要有以下三点不足。

一,资源支持不足。本课程对于学生学习资源的支持有较高的要求,阅读空间"乐满地"虽然给予了学生沉浸式的阅读环境体验,但是并没有较好地引导学生充分利用阅读空间的现有资源,比如未能自由支配对视听或阅读的选择,导致学生的学习方式单一。特别是本课程中需要学生从古诗词和二十四节气的角度了解四季,这对许多小学阶段的学生而言,在理解感悟和生活经验方面是极具挑战的。这影响了学生的文化建构与体验,也影响了学生对所获取的信息进行筛选,使其获得的学习体验较为乏味,也使得课堂的教学活力不足。

二,教学评价较单一。在模块一"绘本中的四季"中,学生需要在阅读绘本和记录四季的特征后,独立完成一份四季的绘本制作。这一模块的任务其实对于学生的要求较高。由于学生全程都是独立完成阅读和提取信息,教师在其中缺少指导和及时的评价,使得学生在作品最终呈现的效果上受到影响。此外,学生间也缺乏交流,未能在实践中获得思想的碰撞。

三,作业设计有局限。本课程中,前三个模块的课后作业看似内容丰富,涉及绘本制作、古诗词吟诵和自然笔记制作,让学生有读、有说、有写,但是在方式上均以学生独立完成为主,作业的时间周期设定较短,对于学生后续持续学习和进一步探索仅仅停留在表面。此外,学生在第四模块汇报成果时形式较为单一，缺少创新性和探索性的思考。由于后续缺乏对呈现方式的探究以及对学生可能出现的生成性问题提出的鼓励，导致作业设计较为单调。

通过"课程矩阵"图的诊断，我们直观地感受到阅读空间课程中教学行为的不足，于是采取了以下措施，对"美妙的四季"的课程设计进行了改进，见下图。

模块与主题	活动任务	调整改进
阅读空间乐满地之——美妙的四季课程		
模块一 绘本中的四季	任务一：读一读关于四季的绘本	
	任务二：找一找并记录四季的特征	提供学习任务单
	任务三：制作一份四季绘本	小组合作共同完成
模块二 古诗词中的四季	任务一：阅读关于四季的古诗词	利用空间多元资源搜集资料
	任务二：交流喜欢的古诗词	
	任务三：吟诵一首关于四季的古诗词	教师吟诵指导
模块三 节气中的四季	任务一：搜集并阅读有关二十四节气的资料	
	任务二：欣赏有关二十四节气的影音作品	
	任务三：制作二十四节气的自然笔记	用镜头记录节气
模块四 我眼中的四季	任务：成果汇报——我眼中的四季	多模态形式探索

阅读空间"乐满地"之"美妙的四季"课程内容结构图进阶版

首先，针对学生在阅读空间这一资源的利用上情况不足的问题，我们在课程中充分利用空间特性，规划了以四季为主题的四个独特的空间设计，也提供了多元的资源支持，比如通过提供学习任务单的方式，让学生更有目的地思考和实践。再比如，学生们不仅可以选择相关主题的书目进行阅读，也可以视听或浏览相关的语音视频等资源。让学生在空间课程中获得浸入式空间体验，激发学生的学习动力和学习兴趣，收获丰富多彩的视、听、说的三维体验。

其次，在这一课程中，原先以需要学生独立完成任务的要求居多，致使学生在学习方法和学习评价的赋值上低于预期目标。经过调整，比如在第二模块增加了教师对学生吟诵古诗词的指导，通过这样的方式使教师能够采取适时的指导和对学生有效的及时评价。针对学生在课程学习间缺乏交流的问题，我们也在进行调整，比如第一模块"绘本中的四季"需要学生以小组合作的方式完成四季绘本制作的任务。希望以此激发学生思维的火花，在学生互评互助中共同学习和收获。

第三，在课程实施中我们发现，例如二十四节气这样距离学生生活经验较远的内容，不是单凭一堂课、一个任务就能理解的，这需要我们在日常生活中不断去发现、去体验、去感受。因此我们调整设计了一个长周期作业，需要学生在余下的一年中用视频和文字的方式记录节气的变化。以项目问题设计为载体，以学用结合为核心，通过人与人、人与物、人与环境的互动，促进学生养成良好的学习习惯和解决问题的能力。此外，针对学生不同的学习能力，我们还设置了分层的作业内容。比如在第四模块"我眼中的四季"，每个小组不同形式的汇报成果体现了学生不同的学习能力和思考方式。通过交流和教师引导，学生发现可以通过声音记录、建模、计算机编程等多种方式呈现所思所想。同时，学生也可能出现生成性的问题，教师进一步地引导和启发，也能激励有探索欲望的学生进一步深入探究。

二、空间课程与社团活动

（一）"创社团"的实践操作

"创社团"融入了戏剧教学，"戏剧"作为一种综合性的艺术形式，包含了音乐、舞蹈、空间、人物、思维、文史等诸多方面，对学生团队合作能力、社交能力、思维发展、学习兴趣与习惯等方面的发展有着深远的意义。"创空间"创设了一个真实的戏剧过程，从试音、选角、训练、排演，直到最后在台上面对观众演出，让学生学到有效沟通的技巧，同时帮助他们建立自信，提升团队精神、情商、创意以及对戏剧和外国文化的鉴赏能力。

（二）"创社团"的评价标准

《义务教育课程方案（2022年版）》提出："关注学生真实发生的进步，积极探索增值评价。"加强谈话交流，增强评价双方自我总结、反思和改进的意识与能力。[1]在"创社团"中，学生的学习兴趣、学习习惯和学业成果具有动态的评价过程。教师和学生互相总结、反思与跟进，使"创社团"的评价更具激励效能。

案例 8-2　　"创社团"戏剧实践之"即兴表演"教学设计

1. 单元课程目标

（1）掌握戏剧表演的基本技能，包括角色表演、声乐演唱等。

（2）初步具有在戏剧表演中灵活运用英语进行表达与沟通的能力。

（3）初步具有在戏剧表演中团队合作的学习能力。

（4）能在英语戏剧表演的实践活动中，感受用英语演绎戏剧的魅力，激发学生对戏剧表演的兴趣，培养学生善于沟通、学会合作并勇于创新。

2. 单元课程内容

本单元主要由即兴表演、剧本指导和排演、彩排与剧目汇报演出三个主要内容展开。在具体内容中，通过指定场景表演和指定人物表演两个教学主题激活学生的即兴表演能力。

1　中华人民共和国教育部. 义务教育课程方案（2022年版）[S]. 北京：北京师范大学出版社，2022：15.

3. 单元课程实施

情境任务 1：模拟在医院场景发生的故事片段。

学习活动 1：独立演绎呈现场景故事。

学习活动 2：以小组合作的方式呈现场景故事。

学习活动 3：根据教师指导建议，调整演绎方式。

情境任务 2：模拟一名在安静的书店寻找一本年代久远书籍的读者。

学习活动 1：独立演绎场景中的人物。

学习活动 2：以小组合作的方式，演绎场景中的不同人物。

学习活动 3：根据教师的指导建议，调整演绎方式。

4. 单元课程评价

基于"创社团"戏剧教学的评价标准，在实际教学中，我们针对不同主题的教学设计了相匹配的评价量表。

"创社团"戏剧实践之"即兴表演"主题教学评价标准

评价维度	评价内容	观察点	评价标准	
学习兴趣	表达兴趣	表演的情况	☆能在老师或同伴的指导下，完成自己角色部分的表演。 ☆☆能独立完成自己角色部分的表演。	自评
学习习惯	倾听习惯	指导环节问答的情况	☆能倾听教师的指导与指令。 ☆☆能认真倾听教师的指导，并对指令准确作出反应。	师评
学业成果	表演实践	运用所学即兴表演的情况	☆能在教师或同伴的帮助下，完成自己角色部分的表演。 ☆☆能独立且自信地完成自己角色部分的表演。	家长评

三、空间课程与校园节日

（一）"创节日"的实践操作

为了迎接学校"英语读书节"活动，"创空间"与校园节日相结合，在各年级选取了学生们喜爱的书中人物,发挥"创空间"的阅读空间特色,还原书中人物,让学生走进英语阅读,与喜爱的书中人物亲密接触,感受英语阅读的乐趣,培养学生的阅读能力。

(二)"创节日"的评价标准

《义务教育课程方案(2022年版)》提出:"倡导评价促进学习的理念,注重提高学生自我评价、自我反思的能力,引导学生合理运用评价结果改进学习。"[1] 在"创节日"的评价体系中,除了教师评价以外,我们给予了学生更多在阅读兴趣与阅读习惯上的自我评价,以期促进学生阅读兴趣和习惯的培养。

案例 8-3　　"创节日"之 Have a date with characters in the books——All about Peppa 教学设计

1. 单元课程目标

(1) 阅读有关 Peppa 的英语绘本,了解 Peppa 的基本信息。

(2) 在阅读中,能基本了解故事大致脉络。

(3) 能写一段关于 Peppa 的人物简评并说一说。

(4) 能认真阅读,并保持较好的阅读习惯。

2. 单元课程内容

在"英语读书节"活动中,四年级的学生围绕主人公 Peppa,展开绘本阅读。在绘本阅读中,学生需要建立 Peppa 人物小档案、深入故事复盘故事脉络、阐述自己心中的 Peppa。

3. 单元课程实施

情境任务 1:探秘 Peppa 的信息

学习活动 1:通过绘本阅读,记录有关 Peppa 的人物信息。

1　中华人民共和国教育部. 义务教育课程方案(2022年版)[S]. 北京:北京师范大学出版社,2022:15.

学习活动2：为Peppa建立人物小档案。

情境任务2：走近Peppa的故事

学习活动1：通过阅读，梳理故事脉络。

学习活动2：撰写自己眼中的Peppa并与同伴交流。

4. 单元课程评价

为了更好地检测与评价学生的阅读情况，我们设计了关注学生阅读兴趣、阅读习惯和阅读成效的阅读指导评价表和关注学生阅读情况自查表，希望学生在自我评价、自我反思中不断改进阅读方法，提升阅读效能。

阅读指导评价表

Reading direction
I can earn Peppa stamps 🐷 if I can...

维度	观察点	指标	评价主体
兴趣	绘本阅读	1. 能认真阅读绘本，得1个🐷 2. 能阅读更多关于Peppa的绘本，得1个🐷	自评
习惯	My checklist (Reading habits)	1. 有3-4个阅读好习惯，得1个🐷 2. 有5-6个阅读好习惯，得2个🐷	自评
	My checklist (Reading comprehension)	1. 能答出2-3题，得1个🐷 2. 能答出4题，得2个🐷	自评
成效	Task 1	1. 完成Peppa的档案，每个方面写对一项信息，得1个🐷 2. 完成Peppa的档案，每个方面写对一项以上信息，得2个🐷	师评
	Task 2	1. 能了解故事的起因、经过、结果，了解故事发展脉络，得1个🐷 2. 能答对15-20题，得1个🐷 3. 能答对20题以上，得2个🐷	师评
	Task 3	1. 能根据提示，写一写我眼中的Peppa，有3-4处错误，得1个🐷 2. 能根据提示，写一写我眼中的Peppa，错误在3处以下，得2个🐷 3. 能进行个性化表达，内容基本准确，再奖1个🐷	师评

Standard:	12-14个	9-11个	6-8个	0-5个
	A	B	C	D

My score: _____

阅读情况自查表

My checklist
How is your reading?

Check for reading habits (Think and tick 勾选)

☐ I can read the book quietly (安静地) and sustainably (持续地).
☐ I can read the pictures and sentences together.
☐ I can read the book independently (独立地).
☐ I can guess the new words and phrases according to the pictures.
☐ I can finish (完成) the tasks and understand (理解) the story.
☐ I can retell the story in my own words.

Check for reading comprehension (Think and write 填空)

1. Can Daddy Pig drive very well?
   _____
2. Can Peppa take care of her Teddy?
   _____
3. What does Peppa do with her new friends?
   She goes to_____ and eat_____ with her new friends.
4. Does Peppa like her home or her holiday more?
   She likes _____.

四、空间课程与个别指导

（一）"创沟通"的实践操作

低年级的学生步入小学以后，如何"与人交往"是他们要学会的重要一课。在校园中，学生们不仅需要与同伴结识交往，还需要与老师交流沟通。学生与老师之间建立着特殊的关系，他们亦师亦友，了解身边的老师也是一个有趣的话题。"创沟通"就为刚步入校园的孩子们架起了与教师亲密沟通的桥梁，为需要提供个别指导的孩子搭建了更儿童化的沟通空间。

（二）"创沟通"的评价标准

《义务教育课程方案（2022年版）》提出："严格遵守评价的伦理规范，尊重学生人格,保护学生自尊心。"[1] "创沟通"评价设计关注了低年级学生的学习特点和发展情况,也关注了学生的个体差异。我们将活动过程中的评价设计做了更多元和细化的处理,给予学生更多的空间去评价自己的兴趣与成果。

案例8-4　"创沟通"之"我与老师交朋友"教学设计

1. 单元课程目标

(1) 与教师共读一本英语绘本《My Best Teacher》。

(2) 能画出心中老师的形象。

(3) 能设计采访问题,并向喜欢的老师展开采访。

2. 单元课程内容

(1) 画一画,讲一讲,学做绘画师。

在这一板块中,学生需要发挥自己的绘画能力,在指定的画框内根据每一画框中的提示,画出心目中老师的形象。为了启发学生的创作构思,学生可以借鉴阅读《My Best Teacher》绘本。通过观察和分析绘本中的图文内容和布局结构,结合自己的想象和创新,呈现属于自己的绘本作品。学生在制作完绘本作品后,与老师一起朗读自己的绘本作品,分享自己的创意设计。

(2) 写一写,问一问,学做小记者。

在这一板块中,学生需要设计采访问题,并向喜欢的老师展开采访。根据调查表,学生可以参考图示写出问题,也可以另外补充其他的问题。学生在完成提问设计后,需要采访一位喜爱的老师,做好调查记录并分享自己的调查成果。

3. 单元课程实施

情境任务1:我为老师绘张像

学习活动1:画一画喜爱的老师。

学习活动2:讲一讲喜爱的老师。

1　中华人民共和国教育部. 义务教育课程方案(2022年版)[S]. 北京:北京师范大学出版社,2022:15.

情境任务 2：我向老师来提问

学习活动 1：写一写采访提纲。

学习活动 2：向喜爱的老师提问。

4. 单元课程评价

我们给予学生更多的空间去评价自己的阅读兴趣（见图："学做小记者"评价表）、阅读习惯和阅读成果（见图："学做绘画师"评价表），这样的方式也为学生提供了更清晰的评价指标，从而更好地发展自己的阅读能力和实践运用能力。

"学做小记者"评价表

Knowing more about my teacher

Direction: Write and survey. 你还想了解关于老师的哪些问题？

1.＿＿＿＿＿＿＿＿＿＿＿＿＿＿＿＿＿＿＿

2.＿＿＿＿＿＿＿＿＿＿＿＿＿＿＿＿＿＿＿

3.＿＿＿＿＿＿＿＿＿＿＿＿＿＿＿＿＿＿＿

Interest
兴趣

如果我能写出 2-3 个问题，我能圈 1 个 Stamp。

如果我能写出 3 个问题并询问老师，我能圈 2 个 Stamp。

"学做绘画师"评价表

Knowing about my teacher

Direction: Write and draw. 写一写并画一画自己的老师。

My teacher is ＿＿＿＿＿＿.

My teacher can ＿＿＿＿＿＿.

Achievements
成果

如果我能写出或画出自己的老师，我能圈 1 个 Stamp。

如果我能写出并画出自己的老师，我能圈 2 个 Stamp。

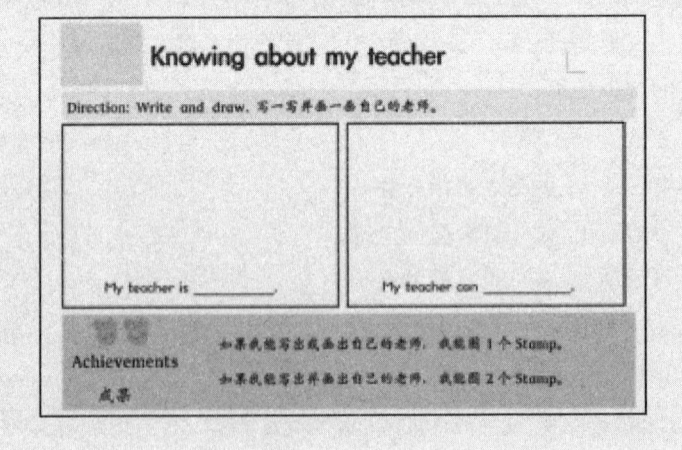

五、空间课程与项目学习

(一)"创项目"的实践操作

"创空间"也在不断推进项目化学习的进程。然而当学生长期宅家又缺乏自律时,容易出现作息不规律、饮食不合理、运动量不足等问题,影响身体健康和生长发育。为了帮助学生合理规划居家饮食安排,我们根据健康饮食的知识内容,鼓励学生运用所学展开项目化学习。学生需要根据家庭食物储备情况,绘制家庭营养金字塔,并以此设计一周的一日三餐健康饮食和运动计划表,向家人和同伴介绍设计意图并分享成果。在项目化学习中,引导学生树立健康的饮食生活观,培养学生均衡膳食和乐于运动的意识。

(二)"创项目"的评价标准

《义务教育课程方案(2022年版)》提出:"注重动手操作、作品展示、口头报告等多种方式的综合运用。"[1] "创项目"给予了学生更多发挥的可能,学生可以通过多元的方式展示自己的学习成效,并获得更具针对性的评价。

> 案例 8-5　"创项目"之 Making a plan for my healthy life 教学设计
>
> 1. 单元课程目标
>
> (1) 学习有关不同种类的食物及其摄入情况的表达,能辨析和描述健康的饮食习惯和生活习惯,理解均衡膳食和运动锻炼的意义。
>
> (2) 将所学知识运用到实际生活中,加以实践并内化迁移。
>
> 2. 单元课程内容
>
> 本单元一共划分为两个课时,在第一课时中学生需要根据家庭食物储备情况,绘制家庭营养金字塔。在第二课时中,学生需要基于绘制的家庭营养金字塔,设计一周的一日三餐健康饮食和运动计划表。

---

[1] 中华人民共和国教育部. 义务教育课程方案(2022年版)[S]. 北京:北京师范大学出版社,2022:15.

3. 单元课程实施

情境任务1：为居家在线学习的自己绘制家庭营养金字塔

学习活动1：想一想并说一说自己居家在线学习的饮食和运动情况。

学习活动2：查找有关均衡膳食和营养金字塔的资料。

情境任务2：为居家在线学习的自己设计一周一日三餐健康饮食和运动计划表

学习活动1：设计一周一日三餐健康饮食和运动计划表。

学习活动2：拍摄视频介绍自己一周一日三餐的健康饮食和运动计划。

4. 课程评价

为了更直观地便于学生和教师关注项目学习的情况，我们在项目推进的过程中，就前期准备、任务实践和成果展示三个方面进行了评价。

"创项目"之 Making a plan for my healthy life 教学评价表

项目进程	评 价 内 容	评 价 标 准
前期准备	交流分享居家在线学习的饮食和运动情况	基本参与（ ） 积极参与（ ）
	主动查找有关均衡膳食与营养金字塔的资料	
任务一	统计家庭食物储备情况，绘制家庭营养金字塔	基本参与（ ） 积极参与（ ）
	设计一周的一日三餐饮食和运动计划表	
任务二	录制视频介绍一周的居家健康生活计划	基本完成（ ） 高质量完成（ ）
成果展示	录制视频介绍一周的居家健康生活计划	基本完成（ ） 高质量完成（ ）
	钉钉平台展示交流，互相评分给予评价	基本完成（ ） 高质量完成（ ）

（本章执笔人：上海市黄浦区卢湾二中心小学　唐佳莹）

后 记

历经三年多的实践，《课程坐标及其应用：教师专业视角》一书终于可以与大家见面了。合上刚审核完的书本样稿，我感慨万千。作为卢湾二中心课程变革研究成果的第四本成果专著，它是卢湾二中心人一千多个日子夙兴夜寐、百计千心、潜心钻研的结晶。

课程坐标是一个全新的概念，刚接触这个课题项目时，大家的心情都很忐忑，总觉得理论基础底气不足，每一个研究实践的过程都充满挑战，举步维艰。但是使命感推动着每一个卢湾二中心教师立足专业提升，不断追求卓越和超越自我。

"越是艰难处，越是修行时"，通过一次次的学习共同体研究、实践和反思，我们的双眼渐渐有了自信的光芒，头脑有了睿智的思想，研究有了创新的火花。

学校从操作层面形成技术支持，通过研发课程坐标及其衍生工具课程矩阵，助力每一位教师深入课程建设，给予课程领域的专业支持；通过掌握对课程工具的科学合理运用的技巧，形成教师提升课程领导力的技术觉悟。

教师们基于核心素养发展要求，精心研读新课标，提炼学科、活动和空间课程的特色；全面分析需求，设计课程方案；通览学段要求，拟订课程目标；整合课程资源，创造自己的课程坐标；编拟大单元教学方案，构建新型的教学课堂；推进课程实施，评价课程效能……在课题核心研究团队的带领下，教师们主动探索，乐在其中，收获满满。

《课程坐标及其应用：教师专业视角》一书是在上海市教育科学研究院杨四耕老师的悉心指导下完成的，它也是我校承担的上海市教育科学研究课题的研究成果。全书由黄沁主编、修改和统稿，学校课程领导实验室核心成员为著作的出版付出了智慧与汗水：前言，黄沁；第一章，乔燕、杨学敬、罗芸；第二章，何琼；第三章，吴汉红；第四章，谈雯倩；第五章，施颖琼、陈默华；第六章，杨骏秋；第七章，谭健；第八章，唐佳莹。学校许多参加课题研究与实践的老师提供了精彩的案例和原始资料，众人的精诚合作使本书的观点更成熟，内容更丰富，数据更充实。更令人欣喜的是，在总课题的引领下，产出了众多的子课题和子项目，众多教师的案例和论文在各级各类层面获奖。

此外，还要特别感谢潘国青、杨文斌、季晓军、陈玉华、江欣怿等专家老师对课题组提出的宝贵建议和殷切期望；同时还要感谢华东师范大学出版社刘佳老师对本书成稿的倾力相助，是他们使本书更为精致地呈现在读者面前。

弹指一挥间，卢湾二中心的课程改革已历经 20 余年，时光易逝，使命永恒。实践告诉我们，大雁能够飞越千里，不是因为个体本身有多强大，而是因为有一个充满凝聚力的团队，教师们的专业和团结造就了现在的卢湾二中心，学校的发展为师生个体的发展创造了广阔的空间和无限的可能。未来的卢湾二中心人将继续互相扶持，用务实和坚守在办学实践中砥砺奋发，求索创新，让每一个卢湾二中心学生实现生命最美丽的绽放……

上海市黄浦区卢湾二中心校长　黄沁

2023 年 11 月 3 日